PHP経営叢書 日本の企業家

中内 㓛

理想に燃えた
流通革命の先導者

石井淳蔵
著

PHP

PHP経営叢書「日本の企業家」シリーズ刊行にあたって

社会を変革し、歴史を創る人がいる。企業家といわれる人々もそれに類する存在である。溢れる人間的魅力が他人を惹きつけ、掲げる崇高な理念のもとに、人と資本が集まる。優れた経営戦略は、構成員の創意工夫を生かす。そうして新たな価値が創造され、事業が伸展する。社会の富も増進され、進化・発展は果てることがない。その歴史に刻まれた足跡に学ぶべきところは限りない。成功も失敗も現代のよきケーススタディである。

日本近代の扉を開いた比類なき企業家・渋沢栄一はいう。子孫に遺すべき家宝は「古人のいわゆる『善以テ宝ト為ス』ただこの一言のみである」と。けれども理想の実現に邁進した日本人企業家たちの実践知、そこにみられる「善」を「宝」となし、次代に継承するのは現代を生きる読者諸兄である。〝経営の神様〟と称された松下幸之助が説くように「人はみな光り輝くダイヤモンドの原石のようなもの」であり、個の絶えざる自己練磨の集合体が世の中であることを我々は忘れてはならない。

松下幸之助が創設したPHP研究所より、創設七〇周年を記念して刊行される本シリーズでは確かな史実、学術的研究の成果をもとに、企業家活動の軌跡を一望できるようにした。経営史・経営学の専門家が経営思想や戦略を掘り下げ、その今日的意義を考察するだけでなく、人間的側面にもアプローチしている。

各巻が、日本のよき伝統精神、よき企業家精神の継承の一助となれば、編集委員としてこれに勝る喜びはない。

二〇一六年一一月

編集委員　宮本又郎
　　　　　加護野忠男

序

中内㓛《いさお》は、不思議な人物だ。ダイエーという戦後最大級の企業を創り上げながら、企業人や経済人の枠をはみ出している。その不思議さは、自身の『中内㓛　回想録』（御厨貴氏・松島茂氏・中村尚史氏のインタビューによる。中内は二〇〇五年に亡くなったが、その翌年に流通科学大学から刊行された）の中にも見受けられる。その回想録は中内の最後の言葉を編集したものである。

同書の最後のところで、〝なぜ総合的なビジネスを始めたのか〟を三氏が質問する。質問した三氏の意図は、本来「単品主義」のスーパーマーケットとして成長し始めたダイエーが、どうして品揃えを広げ、総合スーパーという経営が難しい業態へと変容していったのか、そこにどのような経済合理性があったのか、ということだったのだろうと思う。

それに対する中内の答えは意外なもので、「それはアメリカを見たからです。アダムとイブの原罪みたいなものです。見ていなかったら、商売だけをやっていればよかったんだ」というものだった。

そして、初めてのアメリカ視察の帰りにロスアンジェルスに寄ったときの経験を話す。シティーコーポがやっていた建売の住宅を見たこと、四万ドルでニューポートビーチのピア付きの建売を買えること、各家にはヨットが一台と車が二台あることなどを述べる。中内は、そうした豊かなアメリカの姿を見てしまったというのだ。アメリカの豊かさを見て、豊かさを実現すべく総合スーパーに取り組んだ。その答えから素直に聞くと、そう理解できる。

そうかもしれないが、私は「商売だけをやっていればよかったんだ」という中内の最後の言葉に潜む思いのほうに気を馳せてしまう。商売以外の何かに気をとられたと言うのだが、それは何だったのか。それは〝思想〟だった、と私は思う。つまり、中内は、アメリカの豊かさの背後に潜むアメリカの〝自由とデモクラシーの思想〟をこそ見てしまったのではなかったか。

その思想なしに、ドラッグストアからスーパーマーケットそして総合スーパー、さらにはまちづくりやエンターテインメントへと及ぶ事業展開、そして士農工商の偏見に挑む政治的な言説、そして戦後教育体制への厳しい批判と大学の設立……、こうした広がりをもった諸実践と一連の言動を理解することはできそうもない。本書の主題はもちろん〝企業家・経営者中内㓛〟にあるが、その中に〝思想家中内㓛〟の通奏低音が響いてくるだろう。

さて、本シリーズの方針に沿い、本書は三部構成となっている。第一部は中内㓛の「詳伝」、第二部は中内にかかわる「論考」、第三部「人間像に迫る」は、中内の人となりが表れたエッセイ等の再収録、という構成になる。それぞれの部について解説しよう。

まず第一部の詳伝である。自身の手による『流通革命は終わらない――私の履歴書――』や、作家の佐野眞一氏による『カリスマ』をはじめとして、中内の伝記はすでに公になっている。本書に新しさがあるとすれば、デモクラシーや自由という時代の思想の中で、中内の活動の一貫性を捉えようとしたこと、ダイエーの戦略や組織的な展開に注目したこと、そして実業界だけでなく政治や教育分野での活躍にも光を当てたことである。

第二部と第三部については、筆者独自の考えを反映させているので、それぞれについて解説しておこう。第二部では、中内ダイエーにとって、そしてまたわが国の流通業界にとっても、重要なターニングポイントとなった中内の一つの別れと一つの出会いを取り上げる。あらためて、歴史は人と人との関係を機縁として創発することを実感するだろう。

最初の論考「二つの『流通革命』――中内㓛と中内力」では、一九六九（昭和四四）年初頭における中内力《つとむ》専務のダイエー退社事件を扱う。㓛と力は一九五七年に兄弟でダイエーを創業し、両輪となってダイエーを業界ナンバーワンの総合スーパーに押し上げた。だが創業一〇年を過ぎた頃から、社の基本方針について、二人のあいだで意見の食い違いが目立つようになり、互いに譲ることができないままに力は退社することになったというのがその経緯である。ただし二人が直面した社の方針上の対立点とは、今から見ても、理論的にも実践的にも是非の判断は難しいものである。本論考ではそれらの問題群を探り、もう一つの「流通革命への道」がありえたことを明らかにするとともに、現実化した「流通革命」の性格を浮き彫りにする。

第二の論考「中内㓛と河島博――ロマンティストとプラグマティスト」では、一九八〇年代初頭のダイエーの「V革」が扱われる。中内は一九八二年六月、日本楽器製造（現ヤマハ）社長

日本の流通革命の先導者・中内功

を退任した河島を三顧の礼をもってダイエーに迎える。そして入社間もない河島に、当時マネジメント不全の状態にあったダイエー再生の仕事を委ねる。中内は、河島の「マネジメント力」を評価し、信頼し、河島はまた短い期間でその期待に応えた。本稿では、後に「ダイエーのV字回復」と呼ばれることになるダイエー再生の経緯と、河島流マネジメント手法とを明らかにする。その分析を通じて、流通業界の転機にあって、時代が河島の力を必要としていたことを示唆するとともに、河島のそれとは対照的な、中内の経営スタイルの特徴を浮き彫りにする。

第三部は、中内功のエッセイ等で構成される。中内の著作は処女作の『わが安売り哲学』をはじめ、それこそ数多い。それらから五つほど選び出した。中内は人生最高の友とした加古豊彦の葬儀において葬儀委員長を務めた。その加古に贈った感動的な言葉も含め、中内の人としての優しさや、彼の心に刻み込まれた深い思想の一端に触れることができるものを選んだ。

ところで第一部のような、個人の伝記や時代史に取り組むのは、私には初めてのこと。歴史を書くことは、絵具を塗り重ねる油絵を描くのに似ているように思った。おおよその見当をつけて書き進む中で、新しい資料が見つかったり、大事ではないと思っていた資料が意外に大事であることがわかったりする。軽く見ていたエピソードが人生を決めるエピソードであることがわかってくる。そういうことがいくたびか起こった。

このテーマに取り組んで一年半も経っていないことを考えれば、まだまだ絵具を塗り重ねることが起こりそうな気がする。その意味で、本書はなお完成途上にある。新しい資料や新しい解釈が出てきて、厳しく批判されることがあるかもしれない。それはしかし、中内と中内の時代の研究が深まり多様な議論が生まれることでもある。本書がその一助となれば幸いだ。

二〇一七年三月

学校法人中内学園流通科学研究所 所長　石井淳蔵

中内　㓛

理想に燃えた流通革命の先導者

目次

第二部　論考

〝流通革命の先導者〟とは何者か

一つの出会いと一つの別れ

第三部　人間像に迫る

時代を駆け抜けた革命児の残像

心を揺さぶる数々の言葉とともに

写真提供◉流通科学大学
新潮社（二一五ページ）
装丁◉上野かおる

第一部
詳伝

よい品をどんどん安く

デモクラシーの思想のもとに

I　ダイエー前史

序節　中内㓛の生まれた時代

大正期の記憶

大正一一年八月二日、中内㓛は、父・中内秀雄、母・リエの長男として大阪府西成郡（現大阪市西成区）で生まれた。四歳の時に神戸市兵庫区に移り住み、そこで小学校、中学校、そして高等学校と通った。その後、過酷な戦場での経験を挟み、戦後に至って「流通革命」と呼ばれる大きい渦を巻き起こすとともに、教育事業にも携わり、大学を設立するに至る。

本詳伝では、中内のそうした道を辿る。それに先立って、まずは中内が生まれた大正期とは、いったいどのような時代だったのかを少し見ておきたい。その時代的背景は、中内の戦後の活躍と決して無縁なものではない。なお本書では、通して西暦で年を記すことになるが、この序節のみ、和暦を用いる。

さてその大正期だが、今からほぼ一世紀前、しかも一五年という短い期間にすぎず、人々の記憶から消えていて不思議ではない。だが現代でも大正ロマンをテーマとする美術展が開かれたり、現代のコミックやコンピュータゲームなどにその時代の情景が取り上げられたりするように、なお懐かしい記憶を私たちの中にとどめている。

大正初期から中期にかけての時代は、日清・日露の二度の戦勝があって欧米列強と肩を並べ、さらに第一次世界大戦（大正三年～七年）にも勝利者側で参戦し、国中が国威発揚で沸いた時代であった。その中で欧米の趣向が加味された大衆中心の文化が都会を中心に花開いた。

東京では上野・浅草が賑わった。浅草六区では演劇場、活動写真常設館、オペラ常設館などが誕生し、隆盛を誇った。チャップリンの弁士付きの映画がヒットし、アメリカ流ミュージカルの「浅草オペラ」にも大勢の客が押し寄せた。三越はすでに明治三七年に「デパートメントストア宣言」を出していた。帝国劇場は大正に入る一年前の明治四四年に誕生し、大正期には帝劇のチラシに「今日は帝劇　明日は三越」のコピーが躍った。その三越に対抗して、高島屋、松屋、白木屋（後の東急百貨店日本橋店）が相次いで開業した。

関西ではこの時期、「阪神間モダニズム」と呼ばれる独特の文化が栄えた。当時、日本最大の商業都市大阪と東洋最大の港湾都市神戸に挟まれた地域、大阪湾に臨む風光明媚な六甲山南斜面がその文化の中心地となった。その当時の施設や邸宅で今に残る歴史的建造物は少なくない。

阪急・東宝グループ創始者の小林一三は、そのようなモダニズムの文化を立ち上げた立役者の一人である。後に触れることになるが、小林は中内の憧れの経営者ということで、間接的ではあるが中内に少なからぬ影響を与えることになる。小林は、明治四〇年に箕面有馬電気軌道を創設し専務取締役になり、同四三年に梅田―宝塚・箕面間の鉄道を開業する。同四三年に箕面動物園、翌四四年に宝塚新温泉を開業。大正二年には、宝塚新温泉で婦人博覧会を開催し、また豊中グラウンドを完成させ、後に全国中等学校優勝野球大会が大阪朝日新聞社主催で開催された。同三年には、宝塚新温泉パラダイス劇場において宝塚少女歌劇第一回公演を開き、さらには沿線に沿って五万坪という広大な豊中住宅地の売り出しを開始した。高質な住宅中心で、小林のこだわりで洋館建て住宅も積極的に販売した。

さらに、大正七年には宝塚少女歌劇は東京に進出し初公演を帝劇で行う。同九年には十三―神戸（後の上筒井）間の路線（阪神急行電鉄と改称）を開業し神戸と大阪とを結んだ。梅田駅に白木屋を招致して白木屋出張店を開店したのも同年だ。一四年には宝塚にホテルを開業し、梅田の阪急ビルの二階と三階に直営マーケットも開業する。そのマーケットでは、食堂も設置され四階と五階で営業した。それは、世界初のターミナル百貨店と言われる阪急百貨店の前身となるものだ。こうしてみるみるうちに宝塚・箕面・神戸の沿線を活性化させていった。

当時神戸市兵庫区に住む幼い中内は、小林が開発したそうした文化に触れている。母親に連れられて阪急電車に乗り阪急百貨店に行って、その食堂で二五銭のライスカレーを食べるのが楽しみだったというのだ。そして、「『大衆相手の日銭商売』という考え方で、（中略）鉄道を大阪から宝塚、神戸へと延ばし、沿線を開発し、ターミナル百貨店をつくり、その食堂でカレーを売り、宝塚歌劇団までつくられた」と、思い出と共にその偉業を中内自身語っている。その阪急マーケットの謳い文句は「どこよりもよい品をどこよりも安く」であった。後にダイエーの謳い文句となる「よい品をどんどん安く」とよく似ている。というより、中内はこの小林の謳い文句を拝借している。

大正期には、こうして新しい消費文化がスタートしたのだが、身の回りの商品でも西欧の嗜好・趣向が入ってきた。森永や明治のミルクチョコレート、カルピス、江崎グリコの栄養菓子グリコ（キャラメル）、キューピーマヨネーズなど、今に続く商品がこの期に発売された。壽屋（後のサントリー）の赤玉ポートワインの有名なヌード写真の広告も大正一一年に出ている。このように市場にはカタカナの商品やサービスが氾濫した。カタカナということで言えば、バスガールのようなカタカナ職業も生まれ、世の女性の憧れを集めた。女性の社会進出も始まっていた。銀座の街をぶらぶらする「銀ブラ」やカフェでコーヒーを飲むことも流行った。こうした商品や風俗を生んだ大正期は、現代の私たちの消費文化の起点でもあったのかもしれない。私たちが大正期になんとなく親しみや懐かしさを感じるのは、そのせいかもしれない。

芸術面でも、新しい動きが目立っている。美術界では、黒田清輝たち印象派が支配的であったが、未来派・ダダの影響を受けた「大正期新興美術運動」が起こっている。また、在野の団体が官製の日展から分派した二科展も開かれた。井上章一によれば、一九二〇年代（大正後期）において、美への意識が変化しているという。その象徴的なケースとして女性の美しさの定義が変わっているというのだ。[2]

確かにこの時期、女性の意識（ないしは女性を見る意識）が変わっていることが事業展開の面からも見てとれる。資生堂は、現代に至るまで「女性の美」を一貫して追求している企業だが、創業事業である薬局から化粧品事業に業容転換したのはまさにこの時期だった。三階建ての建物を銀座に構え、一階で香水や化粧品を扱う店舗を、二・三階で意匠部・試験室や製造場を設置したのだ。また、『婦人之友』（婦人之友社は、後に述べる羽仁もと子と羽仁吉一夫妻の創設）や『主婦之友』といった婦人向け雑誌がこの時期に創刊されている。ちなみに、両誌は、主婦の教養と生活技術の啓蒙誌だが、『主婦之友』は大正末期には発行部数二二万部に達した。[3]

これまでになかった、そして現代につながる大衆消費文化が、都会を中心に大正期に芽を吹いていた。

大正デモクラシー

大正期は、政治面でも際立った特徴がある。大正期の前後にあたる明治と戦前昭和期は、どちらかといえば、富国強兵の強権的政治の時代という印象が私たちには強いが、大正期はそれとはだいぶ違った印象がある。この時期、後に「大正デモクラシー」と呼ばれる政治・社会運動が盛り上がった。明治後期から大正末期にかけて（人によっては昭和前期までを含めた時期だが）、国民のあいだにそれまでになかったような権利意識が芽生え、個人の自由を求める運動が多様な分野で展開した。思想的には、現代でも通じるようなところが少なくない。

普通選挙制度を求める普選運動から始まって、言論・集会・結社の自由を求める運動、平塚らいてうによる青鞜社を拠点とする男女平等運動の展開、全国水平社（大正一一年設立）による部落解放運動、労働者の権利を求める運動など、様々な政治・社会運動が盛り上がった。そうした流れの中、本格的な政党政治も始まった。大正七年には、立憲政友会総裁の原敬が首相となり、加藤高明が継承した。(4)

論壇では、デモクラシーを求めて吉野作造や石橋湛山が論陣を張った。特に東洋経済新報社編集長の石橋湛山（一八八四〜一九七三）は、当時の政府や軍部に見られる武断政治、対外膨張政策に真っ向から反対し、満洲・韓国など植民地を放棄せよとの「小日本主義」を掲げた。「一切の責任を民衆に負わせる」民主主義を信奉し、徹底した個人の自由、主権在民を説いた。戦争末期は秋田県横手市で東洋経済新報誌の刊行を続けていたが、敗戦に打ちひしがれる昭和二〇年八月二五日号において「更生日本の門出　前途は実に洋々たり」という題目で論説を書いているほどだ。(5)

また、教育分野でも新しい動きが生まれている。「自由教育」を求める運動がそれだ。教師中心の画一的で型にはめた知識注入型の教育のやり方を反省し、子供の関心を中心にしたより自由な教育を目指すものであった。個性尊重、児童の自発的な活動重視、個人の才能の伸長を図る教育が日本各地で起こっている。この運動は、アメリカのプラグマティズムの創始者となる哲学者のジョン・デューイの影響を受けている。その運動の中で、この時期、自由教育のメッカと目される成城学園や自由学園が創設されている。

成城学園の創始者、澤柳政太郎は、人それぞれの備えている内在的な「天分」を伸ばし、個性の花を開かせることを教育の理想とした。それを実現するために、成城小学校の設立に際しては「個性尊重の教育」「自然と親しむ教育」「心情の教育」「科学的研究を基とする教育」の四つの綱領を掲げた。大正六年のことだ[6]。大正期に、続いて中学校・高等学校を開学した[7]。自由学園は、羽仁もと子と羽仁吉一夫妻によって、中内が生まれる一年前の大正一〇年に設立された。キリスト教精神にもとづいた理想教育の実践を目的とし、教育理念には「自分で考えることを大切にし、実物に即し、本物に触れ、よく身につく勉強を目指す」ことが謳われている。実際、創設当初から学生自治が浸透し、今でもキャンパスは学生が組織する委員会によって維持管理されているという。

以上、中内が生まれた大正期の特徴を急ぎ足で素描してきたが、とげとげしい印象のある明治期や昭和前期に比べ、自由闊達な精神が飛び交い、現代に生きる私たちから見ても親しみや共感をおぼえる時代ではないだろうか。

中内は、すでに述べたように幼いなりにその時代の精神の一端に触れている。母親に連れられて阪急百貨店に行って食べた二五銭のライスカレーがそれだ。それは、中内の幼少期の貴重な記憶となって残った。それが一つの縁になるのだろうか、後に小林一三のロマンあふれた闊達な事業理念に強い共感を示すことになり、小林一三の経営語録[8]をまとめることになるのだが、それは後の話だ。あらためて中内の誕生時に戻り、話を始めることにしよう。

1　神戸市兵庫区東出町での生活

「いつか、龍馬のように」

中内の父・中内秀雄は、一九一六（大正五）年に大阪薬学専門学校（現大阪大学薬学部）を卒業し薬剤師になった。同年、鈴木商店に入社して石鹸工場に勤務するが、その後退社し、大阪の西成郡で薬局を開いた。しかしそれはうまくいかず、祖父が勤めていた神戸の山縣眼科で一時、薬剤師をしていた。

祖父にあたる中内栄の実家は、高知県高岡郡中土佐町矢井賀村にあった。中内の家はもともと長宗我部の遺臣で、江戸時代は坂本龍馬の坂本家と同じ郷土だったという。叨は、そのことを誇りにし、坂本龍馬を郷土の英雄として慕う。「子供っぽいが、執務室に龍馬の写真を飾っている。その写真に自分をだぶらせ、『おれもいつか、龍馬のように世界の海を舞台に商売するぞ』という気宇壮大な夢を抱いた」と自伝『流通革命は終わらない――私の履歴書――』（以下、『流通革命は終わらない』と略す）に書いている。[9]後に神戸市西区に流通科学大学を創設するのだが、その時に、自身、龍馬が同じ神戸に海軍操練所を設けたことに共鳴触発を受けたと語っている(10)。

　祖父の栄は、しかし、若くしてこの小さな漁村を出て大阪の医学校に入り、卒業後は一家をあげて神戸に移り眼科医となった。功の母は、大阪市此花区伝法にある澪標《みおつくし》住吉神社の宮司の親せき筋にあたるという。功には、弟が三人。名前は全員一字で、上から、博、守、力の順だ。「功」の名前は祖父が付けた。功ではなく「功」で、「力」という字の上に突き出た部分を下に押し込め「刀」として、力が抜けないようにしたという。

　一九二六年、中内が四歳の時、秀雄は薬剤師の資格を活かすべく神戸市兵庫区東出町に薬局を開いた。祖父の名にちなんで、屋号を「サカエ薬局」とした。

東出町サカエ薬局での生活

　店は木造モルタルづくりで二階建ての借家。間口二間（約三・六メートル）、奥行き四・五間（約八・一メートル）。三角形になっていて、奥に行くほど狭い。一階に店と調剤室、のれん一つ隔てて茶の間と台所があった。階段があってそれを上がると、二階は三畳と六畳の二部屋。延べ床面積五〇平方メートルの店舗兼住宅で親子六人が暮らした。この建物は、流通科学大学の敷地の中にそのままの姿で移築され、中内功記念館として残されている。また東出町のその地は空地になっていて、「サカエ薬局跡地（ダイエー発祥の地）」の小さな碑が立っている。

　秀雄が薬局を開店したその当時、その周辺は川崎造船所（現川崎重工業）の企業城下町だった。そこには全国から労働者が集まっていた。中内が生まれた周辺の様子については、自身、後にこう語っている。

「昭和二年（一九二七年）三月、金融恐慌が発生して鈴木商店が倒産。川崎造船所も人員整理をした。抗議デモの怒号が大クレーンの並ぶ港町に響いた。サーベルを下げた居丈高な官憲の姿に、私も思わず身をすくめた[11]」。

中内が物心ついた頃は、不況とあって庶民の暮らしは楽ではなかった。しかも、中内が七歳の頃、一九二九年にニューヨーク・ウォール街での株価下落を発端とする「世界恐慌」、わが国では「昭和恐慌」が起こっている。中内は、自身が生まれた時代について、先の言葉に続いて、「思えば陰鬱な時代の到来を予感させる重苦しい空気の中で、私の人生が始まった」と述べる。

サカエ薬局を再現した中内㓛記念館の外観

もっとも、重苦しい空気というのは時代のせいばかりではなく、中内が住む神戸という町の性格も多分にあったろう。神戸は、元町を中心とする地区と、中内が住む長田地区の二つの中心があった。長田地区は、先に述べたように企業城下町で、岡山や広島など中国地方から人が流れ込んでいた。長子相続の時代であり、次男以下は、神戸にやって来て自分で生活するしかなかったのだ。

自宅はちょうど港の近くにあり、その港からはブラジルや満洲へ移民する船が出た。多くの人が片道切符でその船に乗って海外に向かった。「日本で仕事ができないで、あぶれた人が地球の裏側に行く。二度と帰ってこない」。夜逃げ同然で中国大陸に行く人もいたと、中内は『中内㓛回想録』（以下、『回想録』と略す）の中で語る[12]。中内自身、小学生の頃、ブラジル行きの船に見送りに行き旗を振ったことがあるという[13]。

長田には、中国地方からというだけでなく、韓国や沖縄からも労働力として多くの人が集まり、造船所の職工や、港の荷役を担う港湾労働の仕事をしていた。近くには神戸一の歓楽街の新開地と福原遊郭があった。自宅近くの松尾稲荷神社の「ビリケン様」は、遊郭の女性の信仰を集めた[14]。

いろいろな人がそのまちにいた。公衆浴場に行くと、そこにいる男たちは全部入れ墨をしていたと、中内は言う。「男は全部倶利迦羅紋紋の入れ墨で、入れ墨自慢をするんです。風呂に入って身体が温まると彫り物が出てきたり」と語る。「だから、男は全部入れ墨するものだと思っていた」という。

中内が暮らすまちは、本音を隠すことなく生きる人々が暮らすまちだった。「この小さな店から私は激動する社会を垣間見、時代に翻弄されながらも懸命に生きる大衆の姿を眼底に焼き付けた[15]」と中内は語る。

今は悔いず、冬枯れの丘、駆け下る

一九二八（昭和三）年、功は近くの神戸市立入江尋常小学校に入学した。そんなことがありうるのかと思うのだが、誕生日は八月二日だが、役所の勘違いで学籍簿に二月八日と記載され、五歳で入学したそうだ。家業の薬屋の手伝いをするのが日課だったという。店では薬だけでなく、ちり紙、脱脂綿、ガーゼなど日用雑貨も売っていた。中内にとって商売は身近なものだった。そうした中内の学生時代を『回想録』の記述に従ってさらに見ていこう。

一九三四年、兵庫県立第三神戸中学校（現長田高校）に進学。歓楽街の新開地が通学途中にあった。だが、そこへの出入りはもちろん禁止。しかし、功は、中学校の教師で組織する補導連盟の目を盗み、映画を見たり買い食いしたりするのが楽しみだった。中学生になっても店の手伝いをすることには変わりない。健康保険制度のある今と違い、医者にかかる費用は高く、庶民は町の薬屋が頼りだった。体が資本の港湾関係者とも陳列ケース一つを隔てて向き合った。「風邪で体がだるい」「飲み過ぎて気分が悪い」とつらそうな顔をしながら、一日分、二〇銭から三〇銭の頓服を買ってくれたと語る。[16]

父が忙しい時には、違法だが薬の調剤を手伝ったこともあったらしい。乳鉢にアスピリンの結晶を入れ、ゴリゴリすって風邪薬をつくった。「よく効くよ」とお客さんに褒められたこともある。父の秀雄は、お客さんが来ると、食事中でも何回も店に立った。真夜中の二時、三時でも「薬屋さん」と戸をどんどんたたいて起こされることもあった。すると、それが義務であるかのように店を開けた。盆も暮れも正月もない商いだ。

その頃の中内には、毎日、薬が売れていくことが不思議でしかたなかったというが、不思議であれ何であれ、薬が売れなければ中内家の今日の生活さえ成り立たない。その日の日当で買い物に来るお客さんを相手に毎日店を開け、その売上で米を買ってその日の暮らしを立てる。「米びつの底が見えるような貧しい生活だ」と、中内は後に述べる。[17]

中内の学生時代は、戦争に彩られていた時代でもあった。一九三一年に満洲事変、続いて三七年に日中戦争が勃発。国家総動員法が制定された。その真っただ中の三九年、兵庫県立神戸高等商業学校（旧神戸商科大学、現兵庫県立大学）に進学した。自宅から通うことができるところを探した。中内はそこで、貿易を学び海外への雄飛を夢見たという。

高商の時に付けられたあだ名は「カオス」。中内は、「何を考えているのか分からない不気味な奴という意味」だと言う。

当時の中内をめぐるいろいろのエピソードを読んでいると、人づきあいに長けたというのではなく、むしろ一人でいるのが好きだったようだ。自身の思い出でも、「図書館で本を乱読。ドイツ語の原書でゲーテの『ファウスト』に挑戦したかと思えば、俳句班に所属して句を詠み、雑誌班で小説も書いた。文学に浸るときだけが心の安らぎだった[18]」と言っているのだから、どう見ても〝悩み多き文学少年〟の風だ。

一九四一年一二月八日、太平洋戦争が勃発。中内は、学校に遅刻していく途上、米屋さんの店頭のラジオから「帝国陸海軍は今八日未明、西太平洋においてアメリカ・イギリス軍と戦闘状態に入れり」という臨時ニュースを聞いた。同月二七日には、強制的に繰り上げ卒業となった。その卒業アルバムに「今は悔いず、冬枯れの丘、駆け下る」と書いた。ある種、高揚する感覚とそれでいて先の見えない未来、中内の当時の気持ちがよく表れた句だと思う。

その後、一九四二年三月、神戸商業大学（現神戸大学）を受験したが失敗。一〇〇人受けて二人だけ落ちたという。高商の先生にあらためて相談して、日本綿花（現ニチメン）に、同年四月に入社した。ラングーン（ヤンゴン）に軍属として勤務しようと思っていたと、『回想録』では語る。国際商業都市・神戸に生まれ、高商を出て総合商社に入り、海外勤務に憧れる。当時のエリート青年らしい人生だ。だがその一方で、戦後の中内の、既存秩序に対する挑戦的な姿勢や、リスクを恐れない生き方からすると、ちょっと想像もつかないくらいおとなしい希望に見えてしまう。

2　従軍そして過酷な戦場

満洲での兵役

だが、商社マンになる夢はすぐについえた。一九四三（昭和一八）年一月七日、広島で関東軍の独立重砲兵第四大隊に現役入隊する。二等兵だった。高商まで出て二等兵で入営とは意外な感がするが、高商時代にゲタ履きで軍事教練に出て教官ににらまれ、「兵適」の低い評価を受けていたことは後で知ったという[19]。

さて、ここからの三年半の軍隊生活は、青年中内の生き方・考え方を大きく変えるほどに過酷なものとなる。以下、その〝現実〟を『流通革命は終わらない』の記述から見ていこう。

赤い夕日が地平線に沈む広大な満洲原野の、さらに北のソ満国境に派遣され、その酷寒の地で中内は、「関東軍特別演習」の名の下、守備についたという。声がかれるまでの号令練習。八錘型天幕による夜営。外にはオオカミの群れの赤い眼が光る。「逃亡したらオオカミのえじきだ」という古参兵の脅しに震え上がった。

所属した部隊は重砲部隊。重砲とは、「巨大な三十糎（センチメートル）榴弾砲のことで、『㊦《まると》』と呼ばれた。射程距離一万二千メートル、弾丸一発四百キログラム。国境に並ぶソ連軍の堅固なトーチカの破壊が目的」だ。中内の任務は有線通信班の通信兵で、本部指揮班に所属した。砲座と観測所の情報連絡担当だ。「三角法を使って敵の位置を測定するための通信が任務で、通信線の延線や撤収のために十五キログラムもある電話線を肩に掛けて走り回る」のが仕事だ。「兵隊は全国からの寄せ集めで、荒っぽい。日曜日には古参兵が内務班で酒を飲む。目が殺気を帯び、ごぼう剣（三〇年式銃剣のこと―引用者注）を振り回す。夜は『新兵並べ』の声が掛かり総ビンタ」もあった。一年半たった一九四四年夏、大隊長は第四大隊全員を営庭に整列させ、南方への転身を告げた[20]。

中内は、南方へなど、「行きたくない」。その気持ちを次のように語る。

「『軍の要請で南方へ転戦する。志願者、一歩前へ』と号令が下る。だれも死ぬ確率の高い南方へは行きたくない。だが、一人が前へ出ると急に空気が張りつめ、『現役兵は全員一歩前へ』出ざるを得なくなる。結局、本心を押し殺して志願。忸怩たる思い……」[21]。

こうして、中内を含め六〇〇人がフィリピンに向かった。ここからまさに生きるか死ぬか紙一重の生活が始まる。

「野火」――フィリピンでの兵役

フィリピンへは、予定より遅れて到着した。「八月に釜山を出発したが、私の乗った船は途中で故障し長崎へ寄港した。『運が良かった』としかいいようがない」と中内は語る。というのも、順調に航海した先発船団は、台湾南のバシー海峡で敵潜水艦の魚雷攻撃を受け、約二〇隻の船団の半数が撃沈されてしまったからだ[22]。酷寒のソ満国境から炎熱のフィリピンへ。舞台は大転換する。中内は伍長から軍曹に昇進した。所属する比島派遣第十四方面軍(司令官・山下奉文大将)直轄の独立重砲兵第四大隊は、ルソン島北西のリンガエン湾を防衛するため布陣した。

一九四五(昭和二〇)年一月六日、リンガエン湾に米軍の大艦隊が出現し艦砲射撃を始めた。九日には五個師団一九万人が上陸開始。日本軍の榴弾砲の射程を見越し、その外側で展開していたので、発射もできず、ただ敵の橋頭堡確保の様子を見るばかりだった。米軍の攻撃は徹底したもので、「艦載機グラマンの昼夜を問わぬ攻撃によって、陣地は完全に敵の制空権下に置かれた。ナパーム弾で一夜にしてジャングルは焼失して山肌が露出。機銃掃射から逃げ回る日々が続いた」という。[23]

同年一月二三日、日本軍にも総反撃命令が出た。陣地に火を放ち、山を下りて砂浜で残り少ない食料をすべて食べて、「さあ突撃」という時に突然、後方への移動命令が出た。要するに撤退だ。フィリピン北部の山岳地帯に潜み、夜襲を繰り返し、マニラを攻める米兵を一人でも減らす作戦に切り替わった。中内も、重砲部隊ではなく、独立混成第五十八旅団（盟兵団）に編入された。六月六日未明には、軍曹として部下を指揮して山上の敵塹壕へ切り込みを決行したが、負傷。その時の状況を次のように述べている。

「敵の投げた手榴弾が目の前に転がってくる。爆発まで三秒。拾って投げ返そうにも体が金縛りにあって動かない。鼓動が高鳴り、思考は止まる。その瞬間、手榴弾がさく裂。バットで全身を殴られたようだ。背中の飯ごうは穴だらけ。突撃の動作で背中の軍刀を抜く姿勢をとっていた。もう十センチ体を起こしていたら、全身に破片が突き刺さっていた。傷は大腿部と腕の二カ所。ドクドクと血が噴き出し、出血多量で眠くなる。『これで一巻の終わりだ』。走馬灯のように子供のころからの記憶がよみがえる。裸電球がぼーっと照り、牛肉がぐつぐつ煮え、家族がすき焼きを食べている。開戦以来、芋の葉っぱしか食えない日々が続いてきた。神戸で育った私は、死ぬ前にもう一度すき焼きを腹いっぱい食いたいと、来る日も来る日も願った。その執念がこの世に私を呼び戻した[24]」。

偶然、近くにいた衛生兵により三角巾で止血され、古参の上等兵が天幕で担架をつくり収容してくれた。だが、季節は雨季で蒸し暑く、傷口にはウジ虫がわき、腐った肉を食う。その腐った肉を自分で切り取り、なんとか一命は取りとめた。その後の生活は、大岡昇平の小説『野火』を思い起こすような戦場生活だ[25]。

「『芋の葉っぱ』さえ食えず、アブラ虫、みみず、山ヒル……。食べられそうなものは何でも食う。靴の革に雨水を含ませ、かみしめたこともあった。人間の限界を問う飢餓。まさにあの『野火』の世界……[26]」。

仲間が信じられず、寝るのが怖い。しかし、仲間を信じて寝るしかない。そんなギリギリの生活が続いた。八月一九日になって、敵が攻めてこなくなったので、山を下りたところ武装解除された。「ああ、これで生きて帰れる」と心底ホッとしたという。重砲兵六一一人のうち復員者は一一八人。フィリピン決戦では延べ六三万人が投入され、四八万人が戦死した[27]。

人生を変えた軍隊生活

戦場での話が長くなったが、中内を語る上で避けては通れない。中内自身みずからの経歴を語る時、『流通革命は終わらない』でも『回想録』でも、戦争時の話の割合はかなり長い。戦場にいた時間はわずか三年で、中内の人生のわずかな期間なのだが、そうなってしまう。

余談だが、『回想録』のためのインタビューは二〇〇五（平成一七）年四月に始まった。インタビュアーとなった東京理科大の松島茂教授たちは、それまで中内自身語ることがなかったダイエーの盛衰についても聞きたかった。そこで「戦時中の話は簡単に済ませましょうか」と打診したそうだ。しかし、中内は、「うん」とは言わなかった。お盆の間に予定されていた貴重なインタビューのための三日という時間は、すべて戦争時の話で埋まってしまったという。そして、その秋に中内が急逝したため、聞いておきたいと思ったダイエーの盛衰の話を聞くことはできなかった。[28]中内には、どうしても話しておきたいという気持ちがあったのだろう。どうしてそう思ったのか確かめるすべはないが、筆者には、戦後の中内の活躍を語る上で戦時中のそれらの話は欠かすことはできない気がする。

これから述べることになる闇市でのブローカー仕事から始まる中内の戦後の活躍ぶりは、生半可な気持ちの持ちようでやれるものではない。筆者には、そうした戦後の中内の姿が、戦前の青少年期にどちらかと言えばもの静かに暮らす中内、つまり一人で小説や哲学書を読みふける少年期、はたまた大学を出て商社マンになって海外で活躍したいと思っていた青年期の中内とは、似ても似つかないものに見える。中内の人生において、軍隊時代の三年半は彼の人生を決定的に変えたのだ。

中内㓛記念館内展示パネルに映し出される戦時中の中内㓛

3　戦後の混乱の中、生きるための糧を求めて

友愛薬局の開業

一九四五（昭和二〇）年一一月、鹿児島県の加治木港に軍艦「雪風」で中内は復員した。軍医と従軍看護婦一〇〇〇名の梯団の通訳として乗船した。小学校の校舎を改造した事務所で、復員手当六〇円を受け取った。「戦前は二円あれば豪遊できたが、帰ってきたら豆腐が一丁五円だ。命の値段が豆腐十二丁分である。そのショックで二年十一ヵ月間の軍隊生活から一気に目が覚めた」[29]。

そこからようやくにして辿り着いた故郷神戸は、一面の廃墟だった。実家は、だが、幸運にも被害を受けず、父母や弟たちも全員健在だった。川崎造船所の隣にあって激しい空襲もあったのに、不思議なことに家はほぼ無傷で残ったのだ。とりあえずの住まいは確保できた。だが、そこでじっとしていて生きていける時代ではない。まずは仕事を探さないといけない。だが、中内には戦前に勤務していた日本綿花に戻る気はもうなかった。

実家の店では、砂糖の代用品となるズルチンを販売し、大繁盛していた。末弟の力によると、「原料は解熱剤に使われていたフェナセチンと尿素などを「薬局の二階で製造していた。砂糖がほとんど手に入らない当時のこと。少量で甘味が強いので、結構いい値段で売れた」という[30]。

中内は、それを手伝いながら、全国の医療機関から放出される医薬品を扱うブローカー商売を始めた。三宮や元町では、闇市ができていて異様な熱気と活気にあふれていた。そこで、中内は、麻薬以外は何でも売ったと言う。いざこざも日常茶飯事。危ない目にも何度も遭う。サッカリンを手に入れるため、「瀬取り」もやったという。

「初めは知り合いのある中国人に香港から送ってもらっていたんですが、それでは数が少ないですから香港から来る船の船員に頼んで密輸をやろうということになりました。香港で中国人が買い付けてきて、それを船員に託して、その船が着くときに、神戸港に入る前に浅い瀬があるんですが、その瀬の付近で夜中にブイをつけて、それを海に飛ばすわけです。そして『瀬取り』といって、付近の漁船を雇って、それを引き揚げる(31)」。

そんな密輸品の入手法のことを「瀬取り」と呼んだらしいが、若い中内は、そんなリスクの大きい仕事もこなした。荒っぽい商売をしながらも、神戸経済大学(現神戸大学)の夜学に通おうと考えた。一九四七年、神戸経済大学が夜間の第二課程をつくるというのを新聞で見て受験を決めた。大学で新憲法や戦後の新しい経済の仕組みを勉強したかったのだという。闇市商売か大学進学か、気持ちは揺れたが、入学。だが結局は心大学にあらずだったのだろうか、一九五〇年にやめている。

一九四八年に、新しい薬事法が制定されたことで、路上での医薬品の商いが難しいものとなった。そこで父秀雄はみずから出資して、元町のガード下に「友愛薬局」を開業した。功は、同じ闇市仲間の井生春夫と共同で経営にあたった。この頃は結核に効くペニシリンやストレプトマイシンが駐留軍から流出していたので、それをうまく仕入れると高額で飛ぶように売れた。それが友愛薬局の主たる扱い商品だった。

薬局に付けた「友愛」の名は、「貧民窟の聖者」とも言われた賀川豊彦が理事長を務める労働者の相互扶助を目的とする団体である「友愛会」にちなんだものだ。賀川豊彦は、神戸と深い関係がある。彼はクリスチャンで、大正・昭和期に社会運動、労働運動、無産政党運動、生活協同組合運動を切り拓き、神戸灘生協の創設にも貢献した。中内の祖父の栄が眼科医となって勤めた山縣眼科は、賀川豊彦が社会運動の活躍の拠点とした神戸の新川という地にあった。そこで栄は、ブラジルに移民する人のために設けられた国立海外移民収容所で、目の検査を担当した。当時トラコーマという病気が流行っていて、それに罹患すると移民は認められなかったそうだ[32]。中内家と賀川のあいだにはそうした接点があった。

現金問屋、製造業、そして小売業へ

朝鮮戦争特需があった一九五一（昭和二六）年に、父・秀雄は今度は大阪市東区平野町に現金問屋「サカエ薬品」を開いた。ここは次兄の博が社長に就いた。秀雄はこの当時、神戸・東出町の消費者相手のサカエ薬局、元町のペニシリン等の高額薬品を扱う友愛薬局、そして大阪に主に地方の薬局相手のサカエ薬品の三カ所で薬局事業を展開した。しかも長男の㓛は元町の友愛薬局、次男の博は大阪のサカエ薬品の社長と、息子たちに経営を任せた。中内家のファミリービジネスの展開だ。

秀雄自身は、神戸・東出町の薬局には管理調剤師を置き、自分は毎日のようにサカエ薬品に顔を出した。サカエ薬品の営む現金問屋とは、資金繰りの厳しい中小メーカーや問屋から換金目当ての商品を現金で仕入れ、それを小売商に小分けにして売る商売である。

サカエ薬品では、午前中にお客さんが来るとまず買値を聞き前金を受け取り、それから仕入先を探し、その日の午後に商品を渡して代金を決済することまでやったという(33)。売ってから仕入れる商法に損はないが、下手をすると詐欺にもなりかねない綱渡り商法だ。

メーカーや問屋から直に仕入れることで、一流メーカーのビタミン剤でも市価の半値ぐらいで販売できた。安いと評判になり、小売商だけでなく、当のメーカーの社員も社内販売より安いといって買いに来た。店の商圏は岡山、広島へと広がる一方、一般の消費者も押し寄せた。売れれば仕入量も増える。すると原価が下がり、さらに安売りできる。薄利多売の循環が回り始め、新聞には「乱売の元祖、サカエ薬品」と報じられた。

末弟の力も、開店当時はまだ神戸商科大学の学生だったが、この商売を手伝った。その商売の様子を次のように語る。

「サカエ薬品では店頭の販売以外に、トラックに薬を積み込んで東京・神田の薬問屋へ送り出すと、神戸駅を夜八時に出発する特急『銀河』で東京へ向かった。寝台車ではなく、座席の硬い椅子に座ったまま、東京駅着は翌朝の六時。神田まで行って朝食をとると、午前九時から神田の現金問屋と交渉して、トラックで送ってきた薬を売る。売れなかったら別の現金問屋を回って、とにかく一日かけて薬をすべて売り切った[34]」。

当時は同じ薬でも大阪と東京で価格差があった。東京では安い卸価格で手に入る薬で、大阪では高く売れる薬があるとする。それを先ほど神田の現金問屋相手に得た売上金で買い込む。それを、大阪のサカエ薬品へ送る。たいへんな仕事だが、これがうまくいくと東京一往復でざっと一〇万円が儲かる。「サラリーマンの月給が七千円という頃だったから、かなりの稼ぎ」だ[35]。中内家の人々は、㓛だけでなく父の秀雄も弟の博や力も、商才豊かだった。

そうこうするうち、元町の友愛薬局をたたむことになる。㓛も、遅れてサカエ薬品の経営に合流した。一九五五年には、神戸商科大を卒業して東京銀行に勤めていた力も、サカエ薬品の経営陣に参画した。当時サラリーマンだった守を除いて、父秀雄と兄弟三人が、この現金問屋業にかかわった。ここでは、次弟の博が社長で、㓛は店のみんなから「にいさん」と呼ばれた。現金問屋は波に乗り始めた。だが、いつまでも続く話ではないことは彼ら自身わかっていた。そもそも、現金問屋がうまくいくための条件があると彼らは思っていた[36]。

まず、メーカー側で、過剰ともいえる生産能力設備があること。商品が工場から大量に次々に流通に流れ出てくること。第二に、その商品群を扱う流通が整備されていないこと。そして第三に、「再販売価格維持契約」制度があってそれが実施されていること、である。

これらの条件が揃うと、現金問屋はその機能を十全に発揮できる。しかしその一方で、メーカーの意向に沿って定価販売している小売業者にはたまったものではない。その不満をメーカーに直にぶつける。メーカーは、その声を無視できない。対処しないと主販路を失う。

さて、サカエ薬品の人気を苦々しく思う小売薬局の意向を受けて、各メーカーはその製品に通し番号を付けた。サカエ薬品で売られる商品の製品番号を見れば、どのルートを通ってそこにその商品が流れたかを摑むことができる。それを摑んで、現金問屋に商品を流した問屋への出荷停止などの厳しい制裁を科した。

それに対抗するために、サカエ薬品のほうでもその番号を消して、仕入ルートがわからないようにした。だが、番号が印刷された文字と重なったりしているため、商品の名前のところまで消してしまうことにもなった。それが違法とされ、大阪府から営業停止処分も受けた。一九五三年のことである。

こんな有様で、現金問屋は長続きしないと考えた秀雄たちは他分野への進出を試みた。まず、切が製造業に挑戦した。中内家としては、小売業から卸売業、そして製造業へということになる。一九五七年四月、末弟の力と「大栄薬品工業」を設立した。原料メーカーから炭酸や重曹をドラム缶単位で購入、小さい瓶に詰め替え包装した。簡単ならがい薬や洗顔液もつくった。大手メーカーのビタミン剤を小分けし、自社ブランドで販売した。また、中堅の製薬メーカーにビタミン剤などを製造委託して販売したが、無名のビタミン剤はまったく売れなかった。

「仕事は原料メーカーから炭酸や重曹をドラム缶単位で購入して、小さい瓶に詰め替え、包装することだ。簡単なうがい薬や洗顔液もつくった。大手メーカーのビタミン剤を小分けし、自社ブランドで販売したりもした。だが、無名なので全く売れなかった。万事強気の私もメーカーをあきらめ、小売りの道を模索し始めた[37]」。

模索した小売業の道も、すでに「ヒグチ」が北大阪で七軒のドラッグストアを、「一二三堂」も四軒を展開していた。だが、力は、「薬品と化粧品のドラッグストアチェーンだったら、今からスタートしても十分にやっていける」と判断した[38]。

小売業をやろうということになり、切は千林の店舗を見つけてきた[39]。そして、切社長・力専務のコンビで薬局をスタートさせた。先に製造業に進出する判断からわずか五カ月後の転身だ。だが、これが日本最大の小売業となるのだからわからないものだ。

新婚旅行中にも商談をした切

この当時の中内の私生活にも少し触れておこう。一九五二（昭和二七）年一一月、「サカエ薬品」の仕事にも慣れた頃、中内は妹尾萬亀子《まきこ》と結婚した。三〇歳だった。どういう経緯でそうなったのかについては、この間のエピソードも含め、中内自身に語ってもらおう。

「妻は岡山県後月《しつき》郡の旧家の二女である。父に『引く手あまたらしいがどうする』と言われ、見合いする気になった。だが当日、買い付けた薬を一刻も早くリヤカーでサカエ薬品に運ばなければならず、神戸の料亭に設けられた見合いの席をすっぽかしてしまった。先方の両親はカンカンに怒った。翌日、何とか大阪の歌舞伎座で見合いをやり直すことができた。田舎育ちで気立てもよさそうだし、目鼻立ちも私好みで一目ぼれしてしまったのだが、表向きは『田舎から出てきてかわいそうだから、もらってやった』ということにしてある」[40]。

新婚旅行は一週間の予定で、神戸から船で瀬戸内海を別府に向かった。「仕事も忙しかったので、別府では妻をほったらかして取引先を回ったり、ホテルで商談をしたりした」という。三日目に別府から阿蘇を経て熊本に出た時、ちょうど汽車が来たので、『ここにおってもしょうがない。帰ろう』と私は突然走り出した。妻も必死でついてくる。汽車に飛び乗って、神戸に引き返した」という[41]。「とんだ新婚旅行だった」と、中内は自分で言うのだから世話はない。旅行から帰ったその朝から、両親や弟たちとの同居生活が始まったが、中内は朝からすぐに仕事に向かった。現金問屋の仕事は新婚生活を犠牲にせざるをえないくらい忙しいものだったのだろうが、それにしても仕事一辺倒の生活ぶりだ[42]。

「亭主は夜が遅く朝が早い。土曜、日曜も家にいない。会話らしい会話もなく共通の趣味もない」。中内自身、『流通革命は終わらない』の中で「妻には随分勝手な人と思われただろう」と書き、「こんな悪条件で四十七年間（二〇〇〇年当時―引用者注）、よく付いてきてくれたと思う。仕事一筋に打ち込めたのも妻のお陰」と感謝する。そして「最近知ったが、やはり妻も、『最初からこの人、何て変な人だろうと思っていた』そうで、自分たちのことを『おかしな夫婦』と感じていたようだ」(43)とのこと。まことにもって昔風の亭主関白ではあるが、なんとも息の合った夫婦である。

(1)中内㓛［二〇〇〇］、『流通革命は終わらない――私の履歴書――』（日本経済新聞社）七二ページ。同書のもととなる「中内㓛　私の履歴書」は日本経済新聞に二〇〇〇年一月一日から三一日まで三〇回連載で掲載された。

(2)井上章一［一九九一］、『美人論』（リブロポート）を参照（一九九六年に朝日新聞出版にて文庫化）。

(3)『主婦之友』創刊号（一九一七年三月号）には、新渡戸稲造「夫の意気地なしを歎く妻へ」、安部磯雄夫人の「十五人家内の主婦としての私の日常」、他に「子供が出来ぬといはれた私の出産」「共稼で月収三十三円の新家庭」「お女中の心得（お掃除の仕方）」「主婦らしきお化粧法」などで、当時の時代事情と共に、生活全般の啓蒙誌としての姿がうかがえる。表紙は日本画家の石井滴水が担当した。

(4)成田龍一［二〇一二］、『近現代日本史と歴史学』（中公新書）一八二〜一八三ページによる。

(5)石橋湛山については、松尾尊兊編［一九八四］、『石橋湛山評論集』（岩波文庫）（引用は二五七ページ）以外に、増田弘［一九九五］、『石橋湛山：リベラリストの真髄』（中公新書）、船橋洋一［二〇一五］、『湛山読本』（東洋経済新報社）、半藤一利［二〇〇八］、『戦う石橋湛山〔新装版〕』（東洋経済新報社）といった評伝がある。

(6)成城学園HPによる。

(7)その当時の成城小学校の主事であった小原國芳は、昭和に入って全人教育を目指して玉川学園を創始した。

(8)中内㓛編［一九八四］、『小林一三経営語録』（ダイヤモンド社）。

(9)前掲『流通革命は終わらない』一八ページ。

(10) 中内功［一九九七］、「語り継ぐ『龍馬の遺産』神戸海軍操練所と流通科学大学」『CEO中内功 Back to the "Basic"』二一八〜二二〇ページ。（『歴史読本』一九九七年八月号より転載）。
(11) 前掲『流通革命は終わらない』二〇〜二二ページ。
(12) 流通科学大学編［二〇〇六］、『中内功 回想録』（学校法人中内学園流通科学大学）二六ページ。同書は二〇〇五年に行われたインタビューをもとに作成されたオーラルヒストリーといえるものである。
(13) 橋田壽賀子との対談「おしんのモデルは、中内さんあなただったんです」『女性自身』一九九四年一一月二二日号（光文社）二六八ページ。
(14) 前掲『中内功 回想録』二六ページ。
(15) 前掲『流通革命は終わらない』二〇ページ。
(16) 同前二二ページ。
(17) 同前二三ページ。
(18) 同前二四ページ。
(19) 同前二五ページ。
(20) 同前二五〜二八ページ。
(21) 同前二八ページ。
(22) 同前二八〜二九ページ。
(23) 同前二九〜三二ページ。
(24) 同前三二〜三三ページ。
(25) 同前三三ページ。
(26) 同前。
(27) 同前三四ページ。

(28)「松島茂氏へのインタビュー」による（二〇一五年八月一〇日実施。聞き手は著者）。
(29) 前掲『流通革命は終わらない』三六ページ。
(30) 中内力［二〇〇四］、『中内力自伝　選択――すべては出会いから生まれた――』（神戸新聞総合出版センター）九八ページ。
(31) 前掲『中内切　回想録』一〇七〜一〇八ページ。
(32) 佐野眞一［一九九八］、『カリスマ』（日経BP社）七四〜七五ページ。
(33) 前掲『中内切　回想録』一〇九〜一一一ページ。
(34) 前掲『中内力自伝　選択』一〇五ページ。
(35) 同前一〇五〜一〇六ページ。
(36) 同前四一〜四三ページ。
(37) 前掲『流通革命は終わらない』四四ページ。
(38) 前掲『中内力自伝　選択』四四〜四五ページ。
(39) 前掲『中内切　回想録』一一九〜一二〇ページ。
(40) 前掲『流通革命は終わらない』四〇ページ。
(41) 同前四一ページ。
(42) 城山三郎［一九七五］、『価格破壊』（角川文庫）を参照。同書は、医薬品の現金問屋からスーパーマーケットへ転身していく商人を主人公とする城山の代表作だ。中内にかかわると思われるエピソードも取り込まれていて、当時の中内の生活や事業もかくありなんと思わせるものがある。
(43) 前掲『流通革命は終わらない』四一ページ。

Ⅱ　ダイエー創業――流通革命前夜

ドラッグストアから歴史は始まった

さて、功と力の兄弟は、大阪の京阪電鉄千林駅前の商店街に出店した。功に言わせると、「サカエ薬品で販売員をしていた人の兄さんが千林で薬局をしており、その病気見舞いに行ったとき、駅の真ん前だが家賃の安い空き店舗が目に留まった。『何をやってもうまくいかない』いわくつきの場所だった[1]」。千林商店街は、大阪南の心斎橋と肩を並べるほど活気があった。製造業で失敗しただけに、中内は「ここで生き残れなければ後がない」という思いだった[2]。

一九五七（昭和三二）年九月二三日、ダイエー薬局千林店が開店する[3]。一三人の従業員と共に三〇坪（一〇〇平方メートル弱）の店で、医薬品中心の、今でいうドラッグ商品の安売り店だ。

〝主婦の店ダイエー〟という名称がダイエー発祥以来の名と思いがちだが、最初は単に〝ダイエ

大阪・千林での創業時の様子。ここから中内㓛の挑戦が始まった

ー薬局〟だった。ダイエーが〝主婦の店〟という名を冠するのはその年の一〇月以降のことである。〝主婦の店〟の名称も、ダイエー独自のものではなく借り物だ。当時、〝主婦の店運動〟が日本全国で繰り広げられていた。ダイエーもその流れの中で誕生した。流通革命前夜である。その事情を少し見ておこう。

中内ダイエー出現以前の小売業界

流通革命とは、いくつかの商業上のイノベーションの複合体でもある。「セルフサービス」「ワンストップショッピング」「チェーン経営」「仕入と販売の分離という組織」「科学的な店舗マネジメント」「垂直統合」等々がそれにあたる。それらイノベーションのいくつかは、中内ダイエーの出現以前にすでに姿を現していた。

そのうちのいくつかは、実は意外なことに、生活協同組合（以下、生協）において生まれた。戦後の労働組合の結成と労働運動の高揚もあって、生協はそれこそ雨後の筍のように誕生していた。一九四七（昭和二二）年にはすでに、組合数六五〇三（地域生協二〇四四、職域生協四四五九）、組合員数二九七万人に達していた。[4]セルフサービスの店も、職域生協の八幡製鉄購買会が一九五六年に中央区分配所として二五〇坪の売場でもってスタートしていた。[5]

生協はそもそも消費者主導の組織であり、直接生産者と連携しようとする。そのため、生産者と消費者のあいだに介在する商人は排除されることになる。「商人の排除の危機」、そう考え、生協のチェーン化に反対し対抗する意識の高いまちの商人たちの運動が起こった。

喜多村実はそのような運動を主導した一人だった。彼は一九五二年に社団法人公開経営指導協会を設立し、わが国の小売業者に近代的な経営管理を普及すべく尽力する。一九五七年一月には、当時生協の中でも最強といわれた鳥取西部生協のおひざもとの米子市で全国小売業経営者会議を開催した。生協活動に対抗すべく一般小売商の参加を呼びかけ、それに応えて全国から五〇〇人もの参加者が集まった。

そこで講師の一人として自身の小売経営について報告したのが、吉田日出男だ。彼は、日本最初のスーパーマーケット（以下、SMと略す）を北九州で「丸和フードセンター」として一九五六年三月に開店した。それがあって講師として呼ばれたのだが、彼の報告を聞いた日本専門店会連盟幹部は、「生協と経営的に対決するためには、生協の廉売方式に負けない安値の魅力で対抗していくしかない。そのためには『セルフサービス方式』と『総合採算性』の導入をおいてないのではないか」との結論に達したとされる[6]。

この直後から、喜多村、公開経営指導協会、さらには日本専門店会連盟らが中心となって、ボランタリー・チェーンとしての「主婦の店運動」が起こり、各地に多くの「主婦の店」が生まれることになる。一九六〇年頃までに、全国で三五〇店ほど存在したと推定されている[7]。

中内たちが千林商店街に出店するのは、鳥取で開かれたその会議の直後のことだ。その後、「主婦の店」という名を、自身の店の名に付けたというのは、中内たちがそれなりに主婦の店運動に賛同していたことを示している。だが、そのかかわりは単にそれだけのものではなかった。吉田日出男が経営する丸和とダイエーとの間には、因縁浅からぬ関係がある。それは後に述べる。

ダイエー薬局・千林店開店

さて千林のダイエー薬局だが、その名は大阪の「大」と祖父の名前の「栄」を合わせた「大栄」をカタカナ書きしたものである。カタカナの名前は当時としては珍しかった。目玉商品は薬だ。定価の三〜四割引きで販売した。神戸のサカエ薬局でやっていた薄利多売の商法をここでも実践した。京阪電鉄千林駅北口の改札口の正面だから、沿線各地から大勢の買い物客がやってくる。当時、千林商店街には「日曜日には三〇万人ぐらいの買い物客が来て、商店街は身動きでき

んほどのにぎわい」があったという。(8)

「オープン間近になると、『なんや大阪で薬を安ぅ売っとったとこが出てきたそうや』『なんでもむちゃくちゃ安う売るんやて』と人々の興味が高まっていく。オープンに合わせ新聞に折り込んだチラシには『商品名だけ並べて値段は書かず、〝開店します〟とだけ書いた』」というのは、当時、千林店でダイエー創業を支えた末角要次郎だ。(9)

末角は、最後はダイエー子会社のクラウンの社長まで務めることになるのだが、もともとは切の父の秀雄との関係が深かった。秀雄とは闇市時代からの付き合いで、その伝手で現金問屋のサカエ薬品に入った。そこからこの千林の店に派遣されたのである。彼が、切のことをサカエ薬品の時から長く、「社長」ではなく、「おにいさん」と呼んだのはそのせいだ。(10)

店の前評判は上々だった。実際、ダイエー薬局の初日の売上高は二八万円にも達した。損益分岐点が日商六万円と考えていたので、予想をはるかに上回った。

映画無料招待券を配る拡販策がよかった。一〇〇円以上買うごとに千林松竹の映画招待券を渡した。当時、『喜びも悲しみも幾年月』(木下恵介監督、佐田啓二・高峰秀子主演)の封切りが一〇月一日に控えていた。この映画を、封切日と翌日の二日間、上映前の午前中、館を貸し切りで特別上映してもらうことにしたのだ。

オープン前日に末角が交渉役になって映画館主と交渉したというからせわしない話だ。「封切り前に、お客さんに無料上映するなんてこと、できません」というのが映画館主の意向だったが、末角は粘りに粘って話をまとめた。

　招待券は二〇〇〇枚準備した。「千林松竹は三百六十七席なので立ち見を入れて六百人くらいは入れるので、二日間で二千枚あれば十分」と踏んでいたのだが、予想は外れ、初日の午前中で一五〇〇枚がなくなった。上映初日は、立ち見も含め一一七〇人が入場した。館主は、「二階の床が落ちないか心配で心配で……」と述べていたという。[11]

　その効果もあってか、開店初日だけなく、二日目が二五万円、三日目が二四万円と好調だった。だが、四日目から激減した。一〇分の一の二万円前後の売上まで落ち込んだ。

　その一つの理由は、当の映画の鑑賞券の販促にあったと末角は言う。その販促があまりにうまくいきすぎて、需要を先食いしてしまったのだ。店に入らず外を通る客をつかまえて話を聞くと、「初日のセールのときに、石鹼からなにからもう買い尽くした。全部家にあるから、もう、うちには買うものはない」と言われたのだ。[12]当のその客からは、「あんたとこ、今年いっぱいもつのか」と逆に心配された。何か大阪の漫才を聞いているような話だが、末角は「いや、えらいことになったな」と思ったという。

　業績急降下の理由はそれだけではない。近所に強力なライバルがいた。「薬のヒグチ」と「森小路薬品本店」だ。その両店がダイエーに対抗して安売りを始めたのだ。当時、薬局組合は協力して定価販売を厳守していた。しかし、ダイエーに対抗するために千林地区の薬局だけは値引き販売を特別に認めるようになったというのだ。[13]

三店のあいだで、一日のうちに何度も価格を下げ合うような壮絶な乱売合戦が始まった。末角に言わせると、両隣の値段を見てこちらの値段を付け替え、「さて」と煙草を一服つけて一休みしたところで、隣の値段を見に行くともう下がっているという具合だったという[14]。

ダイエーは開店早々、追い詰められた。そこで力専務は、その当時知り合いだった九州の丸和スーパーマーケットの阿部久男常務に店舗診断を依頼した。

力が丸和と知り合ったのは、その年の六月のことだった。丸和のほうから、「食料品店を営業していた丸和が薬品販売の許可を取得したが、地元の薬局の反対で薬が入荷できず困っている。ついてはサカエ薬品から薬を買いたい。また、薬品販売の経験がないので十日間小倉に来て開店準備と開店後の指導をしてほしい」という依頼があったのだ[15]。

そこで、力は丸和に行き、阿部常務の自宅に泊まり込んで薬品の販売準備を手伝った。丸和の従業員に、薬品の並べ方や陳列の仕方を教え、三日間は店頭販売も指導した。その期間中、自然と丸和食料品店を見ることになったのだが、それは力にとって衝撃的なものだった。

「当時の食料品店は精々二十坪から三十坪が普通だったのだが、なんと三百坪と広い。しかも、お客さんが平台や棚から好きな商品を勝手に取ってかごに入れ、出口の勘定場でまとめて支払っている。セルフサービスのスーパーマーケット方式を採用していたのだ[16]」。

その当時、東京青山で紀ノ国屋がＳＭを始めて話題になっていたが、駐留米軍の家族向けで広さも三〇坪ほどだった。では、どうして九州で本格的なＳＭが誕生したのか。八幡製鉄の労働組合が市内と周辺に「分配所」と呼ぶ一六カ所の購買店を設けていたことが大きかった。先にも述べたように、その購買店では、セルフサービス方式になっていて、組合員に向けて低価格販売が実現されていた。丸和は、それらに対抗するために、対面販売方式からセルフサービス方式に転換したのだ[17]。

そうした縁で、丸和の阿部常務に店舗診断に来てもらうことになった。阿部は、千林商店街と市場を丁寧に見て回って、店の半分を改装することを勧めた。「店の半分を食品店にして、安く売ればお客さんは来る。周囲の商店街と市場の調査だと、それでも利益は残るはず」というのだ[18]。

末角もその診断を聞いている。「この店は最寄り品を置いていない。買い回り品ばかりで、買い物頻度が低い。もっと購買頻度が高いものを店に置かないといけない。例えばお菓子のようなものがいいだろう」と言われたと末角は言う[19]。

一〇月に入って店を早々に改装した。店の半分には、平台と棚を置いて調味料、缶詰、乾物などを置いた。売値は定価の一〇パーセントから一五パーセント引き。入口にかご、出口にレジスターを置いた。ドラッグストアからSMへの衣替えだ。そして店の名前も、丸和フードセンターの承認の下、「主婦の店ダイエー」とした[20]。そして、一一月に入ってお菓子の販売を始めたが、これがまたヒットした。末角は言う。

「当時は一般の家庭には、テレビはなかった。だから、ちゃぶ台で食事をして、食事が終わると奥さんが片付けて、ちゃぶ台は空のテーブルになる。そこへ奥さんが菓子棚にバラ菓子を持ってボンと置いて、奥さんもそこで一緒に座って夫婦で話をする。それを子どももその話を聞く。そんな家族だんらんのひと時があった。そこにはバラ菓子がつきもの。そんな理由も考え出して、店でバラ菓子を売ることにした(21)」。

一一月半ば、末角が見つけてきた鶴橋製菓から菓子を仕入れた。一斗缶(約一八リットル入る四角い缶)に入った菓子を現金で仕入れて、量り売りを始めた。だが、その試みもすぐにはうまくいかない。いろいろ工夫した。量り売りを正確にこなすために、店員たちは毎晩、袋に菓子が一すくいで定量が入るよう繰り返し練習した。バラ菓子を量って売る。二〇〇グラムの注文で、袋に多く入れすぎて減らしたら「気分悪いやんか」と怒鳴られた。「初め少なめに入れて徐々に増やすんや。最後、二百グラムちょっと越えたところで止めて、おまけしときまっさと言うたら、客も気分がええやろ」とコツを教えられた。

菓子を前もって袋詰めして売る手法も試みた。「いちいち量っていては忙しくて疲れるばかり。昼飯のうどんも売り場での立ち食いだし、腰も痛くなる。日本のセルフサービスは『座って鴨南蛮を食べたい』という切実な願いから生まれた」と中内は言う(22)。

お菓子の袋売りは新工夫だったが、それほどうまくいったわけではない。末角は言う。「忙しくなってきたら、袋を渡すのだが、お客さんに怒られる。『そんな湿ったお菓子をなぜ渡すのだ』というわけだ。当時は、ビニールの袋しかなく、それにお菓子を入れてホッチキスでちょきんと留めたぐらいの封の仕方では、時間と共にお菓子は湿気る。そのことを大阪のお客さんはよく知っていて、そんなもの買わへん」[23]。

現場でのこうした苦労があって、菓子はなんとか売れ出した。鶴橋製菓では、鶴橋から千林まで約八キロの道を、リヤカー付自転車二台で一日二回、一台あたり一斗缶を一四～一六本、荷台に積んで運んだという[24]。それでも間に合わず、松屋町筋の菓子問屋も仕入先に加えた。

医薬品でも、同じように店頭での細かい販売努力がフル回転する。客がいない時は、店員たちは外に出て、客たちの話に耳を澄ませることにした。当時、千林商店街は京阪沿線の買い物の中心地だった。京阪電車の定期券を持った客たちが連れ立って千林に買い物にやってくる。彼女たちが、そこここで「あれを買うこれを買う」としゃべっている話に耳を澄ませる。

「あそこで正露丸、買ってくるから、そこの肉屋で待っててや」なんていう話を聞きつけて、いち早く店に戻って知らせる。そしてその客が店に来る時には、正露丸を用意して待つ。驚く客に対して、「店に入ってくるお客さんがなにを買おうとされているかわからないで、商売はできません」なんていって応えたという[25]。末角は、秀雄が見込んで千林に派遣しただけあって、ダイエーには欠かせない熟達の商人だった。

一九五七（昭和三二）年の年末商戦は、開店当初の不調が嘘のように好調なものになった。特に年末最後の三日間は、店は客で大混雑。三一日当日の目標は一〇〇万円。年が明けて午前二時になってようやく、その目標を突破した。店内はガランとして残った商品は歯ブラシ三本だったという話が残っている。末角に言わせると、それはオーバーだが、店の中から商品はほとんど消えて、「その日は陳列棚越しに店の奥まで見通せた」のだという。(26) 中内は、ここからチェーン化に向けて大きく舵を切る。

神戸・三宮に出店

千林の店を繁盛店にした中内たちは、早くも翌一九五八(昭和三三)年一二月二日に、神戸・三宮に二号店をオープンした。場所は、三宮センター街の山側、ジャンジャン市場と呼ばれたところだ。そこは、闇市時代から続く盛り場だ。倉庫跡の四〇坪を買い取って木造二階建て店舗を建てた。一階は、千林と同様、半分の二〇坪で薬品と化粧品、残りの二〇坪で食料品を販売した。(27)

その場所は、まともな商売は難しいという評判だった。終戦以来、バラックや屋台の一杯飲み屋、ホルモン焼き、にぎり飯屋が密集し、日雇い労働者や勤め帰りのサラリーマンたちが安い酒を求めてやってきて、ほとんど終夜、盛り場になっていたからだ。バクダン(粗製焼酎の一種)、メチル(アルコール)も横行するなど、買い物に来る女性がとても近寄れる場所ではなかった、と『ダイエーグループ35年の記録』(以下、『35年の記録』と略す)には書かれている。

買い物にはあまり適していない場所にもかかわらず、「メチャクチャ安い」という口コミが広がり、初日からどっとお客さんが押し寄せた。すぐに売上は、千林店の数倍になった。そのため、千林は末角店長に任せて、功も力も三宮店に集中した。「午前一〇時から午後八時まで、全員キリキリ舞いの忙しさ。昼飯も交代で一人ずつ、二、三軒隣のラーメン屋へ走り、空席を待てず、五分間の立ち食いだった。モノを考えるヒマなんてとてもなかった。千林同様大変な忙しさだったが、千林との違いは一人ひとりのお客さまのお買い上げ量が多かったことだ」と力は語っている。(28)

千林の時とは違い、オープン当初から連日、店内は戦場のような賑わいとなった。店が狭かったので、翌一九五九年四月にはその店舗を閉めて、すぐそばの商店街のところに移転した。新店は、もとは貿易商社の久保田商店が倉庫兼資材置き場として使用していたところだった。広さは一七〇坪（約五六二平方メートル）あった。しかし、それを一度に買い取る資金は当時のダイエーにはなかった。そこで、ベニヤ板で仕切りの壁をつくり、まず一〇〇坪だけを買い取った。残りは入金次第利用するという約束にした。

一階が売場、二階は倉庫兼事務所でスタートした。だが、すぐに二階も売場に変わった。この店が、以後数年間、核店舗となってダイエーの発展を支えた。オープン当時の店内は、天井に蛍光灯が輝き、明るく清潔感にあふれ、セルフサービスに向いた陳列棚も配置されていた。そこに、食料品や日用雑貨はうずたかく積まれた。当時の小売店には見られない斬新な雰囲気の小売店だった。売上高もその年には一四億円を超えた。

この時掲げた「見るは大丸、買うはダイエー」というキャッチフレーズは評判になった。「百貨店は歌舞伎座。ゆっくり商品を見る場所。ダイエーはストリップ劇場。掛け値なしの裸の値段。同じ品なら必ず安い」というわけだ。[29]

さて、一九五七年九月の千林での開店から五八年・五九年の短期間のうちにダイエーは大きく業容を変化させた。業容変化の第一は、先に述べたようにドラッグストアからSMへの転換だ。そのきっかけは、一九五七年の一〇月に菓子・食品を加えた時だ。続いて、神戸の三宮店の売場を得て、生ものの牛肉・リンゴ・バナナを扱った時だ。

取り扱うといっても、肉・野菜・果物という広いカテゴリーではなく、牛肉・リンゴ・バナナという単品に絞っているのがミソだ。中内は単品を大量にかつ計画的に販売する「単品大量計画販売方式」の概念をきちんと意識していた。

「百貨店は品揃えで大きくなりますね。チェーンストアは単品で、牛肉だったら牛肉だけで全国にチェーン（展開―引用者注）をして、牛肉の販売量を計算して、そして牛肉を三十九円で売るという計画を立てる。だから単品を大量に計画的に売っていくということを考える。メーカーに対する対抗力を持つためには、必ず単品でないと拮抗できないということを考えていましたね[30]」。

単品だと幸いなことに、余計なことを考えずに済む。例えば、リンゴを何種類か仕入れると、店に並べる前に種類ごとに値段を付ける必要がある。一種類だと、仕入れたものをそのまま店頭に並べれば済む。バナナも、一籠いくらで買ってきて、一房五本にして、パッケージも何もせずに売場に出すだけ。手間暇はかけない。それでもバナナの一日の販売量が三トンとか四トンになった。リンゴとバナナとレモン。合わせて日販が一〇〇万円を超えた[31]。「単品大量計画販売」方式は、人手も手間も節約されコストもかからず利益は高かった。「理屈ではなくて、お客さんが買いたい物を、いままでの値段から三割以上引いて売れば、いくらでも売れる[32]」。これが中内の考えだ。

業容変化の第二は「三割の値引きを図るために、産地に行って調達するしかない」というやり方を採用したことだ。卸売商に頼らずみずから調達先に行く。後の「垂直統合」に結びつく考えだが、その方式がこの三品でスタートし、それ以降の中内ダイエーの基本方式となった。

その中で牛肉が大ヒットする。戦争のさなか「すき焼きを食べる夢」を見て生きのびた中内が、牛肉を扱って大ヒットさせたわけだ。テナントは使わず、みずから二〇坪の売場をとって販売した。当時、牛肉（並）は一般の精肉店では一〇〇グラム六〇円ぐらいだったが、一九五九年六月に三九円で売り出した。

不思議な話だ。食品を置いているといっても加工食品が並んだ程度のドラッグストアが突然、牛肉の安売りを始めたのだ。鮮度管理が必要な牛肉を、鮮度管理の設備もノウハウもない店が扱うのは難しい。市場や商店街に入っていた三宮の精肉屋の店主たちもまさかこんな無謀な試みが実を結ぶとは思わなかっただろう。しかし、それが実を結んだ。「素人に何ができる」とタカをくくっていた精肉商たちも、その盛況ぶりに慌てて、仕入先である枝肉商に対してダイエーには卸さないよう圧力をかけた。それでダイエーに枝肉は入ってこなくなった。当時の枝肉商の組合はそれくらい力が強かった。

普通ならこれで店じまいになりかねないが、ダイエー三宮店の一番の売り物の牛肉だ、あきらめるわけにはいかない。中内はこの試練に真正面から挑戦した。「枝肉がダメなら立ち牛（生きた牛）で」というわけで、神戸屠場（現神戸食肉センター）へ出向いた。隣の家畜市場で買った牛を、そのまま一三〇〇円の解体料を払って食肉にしてもらい、それを売ろうと考えたのだ。だが、ここが素人の悲しさ。立ち牛から利益をとるのは実は難しい。というのは、牛の皮や内臓も商品として売って初めて、牛一頭での利益が出てくる。牛肉は店で売ることはできても、皮や内臓を販売する経路はダイエーにはない。なにより、一日の解体数は、皮や内臓の在庫状況に合わせて決められるのだ。「だから一番権限を持っているのは、いわゆる付属品を買い取るところ」になるのだ[33]。

道を失ってしまったそんな時に、中内は一人の枝肉商と、運命的な出会いをする。中内は、枝肉が入らなくなり卸市場にみずから赴いた。そして、ダイエーに卸してくれる枝肉商はいないか、声をかけていった。中内は熱弁をふるい、これからの日本人の食生活が牛肉中心になり、スーパーで大量販売される時代になるはず、それには精肉業界のギルド的体質を改善する必要がある、などと説いたようだ[34]。

他の業界に、新しい経営の理を説きに行ったわけである。その話を聞いた枝肉商の中に、中内にとって生涯の友となり、かけがえのない商売仲間となる上田照雄がいたのである。通称「ウエテル」。彼は中内と組むことを決めた。[35]だが、彼は、それにより、それまで持っていた八軒の取引先をすべて失うことになる。枝肉商仲間からも白い目で見られた。それにもかかわらず、彼は、中内との最初の出会いで、ダイエーに優先的に枝肉を卸すことを承知した。

どうしてウエテルが会ったばかりの中内に、自分の商売を賭けようと思ったのか。中内は後にこのことを振り返って、「時代の風」があったのではと述べる。国家を含めた既存勢力に対する不信感をもち、拠るべき組織を持たない、その一方で時代を自分で切り開いていこうと考える多くの若者がその当時、街にあふれていたというのだ。[36]

さて、ウエテルのお陰で商品が順調に入るようになり、三宮店の肉売場は再び活気を取り戻した。詰めかけた客で、ショーケースのガラスが割れるほどだった。食肉売場に詰めかけた客にショーケースが押され、ビシビシと音を立てる。三人くらいでケースを押さえていたが、ケースのガラスが割れたという。年末には、店の隣の空き地や店の屋上にテントを張り、臨時売場を設けるまでになった。[37]

とはいえ、ウエテルと組んでも、他の枝肉商の協力はなく、そのため、仕入を確保するのは依然たいへんだった。自分たちの足が頼りだった。ウエテルと一緒に神戸から尾道、小倉へと新しい仕入ルートの開拓は続いた。牛肉に加えて、バナナとリンゴの安売りにも注力した。やり方は同じだ。卸を相手にせず、直に産地に行って仕入れる方式だ。バナナは、中内自身が直接に台湾に出向いて仕入先を探したし、リンゴも産地の青森まで出かけて産地の問屋と直接、交渉した。

これら三品、いずれも消費地と産地の「距離」は遠い。バナナとリンゴは仕入の物理的距離は遠い、バナナは台湾、リンゴは青森だ。そのため、身近な問屋から仕入れることに比べて、物流面でも契約面でもリスクは大きい。牛肉は独特の流通経路があって、そこに近づくことはできない。物理的には近くても取引的には遠い。いずれにしても、これら三つの産地との「距離」は遠く、リスクは高い。その意味で、中内が試みたこれら三品の直取引は、誰もが簡単に真似ができるわけではなかった。

売れまくる三宮店を起点に

こうした目玉商品を取り揃えて、三宮店では、商品はそれこそ飛ぶように売れた。当時、現場で活躍した何人かの社員の言葉を『35年の記録』の中から拾い出してみよう。まずは三宮に出店した頃に入社した社員である。

「食品部に配置されたのですが、その忙しさに、こりゃえらいところへ入ってしまったなと思いました。（中略）商品をバックルームから売場へ運ぶ途中で売れてしまうこともよくあり、売り場担当者から文句を言われたものです[38]」。

社員たちには独身寮があったので、それこそ朝から晩まで働いた。しかし彼らから見ても、中内が一番働いた。

「とにかく社長自らよく働くのにびっくりしました。社長は大きな鍵の束を持って、朝はいちばん早く来て店を開け、夜はいちばん遅くまでいて店を閉めて帰るのが日課でしたね。若い従業員の多くは独身寮で寝起きをともにして、一丸となってがんばっていました。（中略）とにかくよく売れたんですよ[39]」。

年末商戦ともなると、店内は「すさまじい」の一語だったという。作業場では「閉店後も明日の準備のため一二時、一時までかかって一二〜一五頭分ぐらいの肉を処理した。骨やスジはそのまま床へ落とすので、しまいには腰の高さくらいにも積もった[40]」。どんな商品でも、安売りすれば、周囲のメーカー、問屋、小売商が必ず文句を言いにやってくる。ダイエーの場合もそうだった。

中内は、いちいち対応している暇もないということで、事務所の壁に一枚の紙を張り、ダイエーの姿勢を示した。

「日用の生活必需品を最低の値段で消費者に提供するために、商人が精魂を傾けて努力し、その努力の合理性が商品の売価を最低にできたという事が何で悪いのであらうか？」と。その張り紙には「小売業へのさげすみに対する反発と、自分の考える近代的で革新的な商人像についての思い」が込められていた[41]。

「繁盛店」ではなく「チェーン店」を

中内は、単品の価格の安さを売物にするだけではなく、店の生産性や売場の坪効率も考慮した。三宮店も、上記の産品だけでなく、新たに衣料品や日用品を入れて、品揃えを拡大した。一九六〇（昭和三五）年には鮮魚や野菜も取扱商品に組み入れた。ドラッグから加工食品、そして生鮮食品を扱うことで、客にとってもワンストップショッピングが可能になる。また客の要望を聞いて、中元・歳暮・贈答用の売場を設け、冷房設備も入れた。中内は、こうして店や売場の生産性（一店あたりの売上高や売場面積あたり売上高―引用者注）を上げた。

だが、それ以上に「仕入の経済性」を重視した。ここが肝心なところだ。言い換えると、店での品揃えのバランスをとることより、特定の商品を大量に仕入れることに注力した。それにより仕入の経済を生み出し、低コスト・低価格を可能としたいというわけだ。お客さんの一番の要求はそこにあると踏んだのだ。

お客さんの「買いやすい品揃え」をすれば、顧客一人あたりの購買額は上がり、店としての坪あたり効率は改善する。だが、中内はそうした品揃えの効果に、この当時はあまり考慮を払わなかった。単品の仕入と売上を伸ばす、そのために、店舗の拡張、チェーンの展開を図る、この一点に懸けたのだ。

千林店の成功に貢献した熟達の商人の末角も、チェーン化の未来を想像できたのは中内しかいなかったと述べている。チェーン志向こそが、その当時、「繁盛店」と呼ばれ評判をとった他の多くの店とダイエーとの違いだった。繁盛店の目的は、その店の売上高や利益額の伸長にある。当時、繁盛店経営者同士の交流は盛んに行われた。仕入における共同化を図ったり、互いに店を見学し合って販売スキルを教え合い、繁盛店の維持発展に努めた。[42] 渥美俊一は後に、中内が繁盛店化よりもチェーン展開を重視したこと高く評価する。[43] 繁盛店の論理にこだわるか、チェーン展開を目指すかはちょっとした違いのようだが、それがその後の成長の大きい違いを生み出した。

一九六一年には、三宮店の大拡張にあたって、斜め向かいにあった映画館（京町映劇）を買収した。旧館（三六〇坪）に新館（三八〇坪）が加わり、計七四〇坪の二倍の規模の売場に広がった。旧館の一階には、食品、化粧品、医薬品。二階には電気器具と日用品。新館の一階には紳士・婦人肌着、二階には婦人衣料。地階には子供・ベビー服を揃えた。新館衣料品の売上高は一日五〇〇万円を突破した。神戸・三宮店の成功を弾みに、中内は、阪神地区での新店出店に挑んだ。一九六一年七月に板宿、八月には西神戸に出店。これで、合計の店舗数は千林に二店、三宮、三国（一九六〇年出店）、板宿、西神戸の六店となり、売上高は七七億円を超えた。売上高は前年比倍増であった。

天命を知る日

ダイエーは中内の思い通りに進んでいた。だが、中内には、不安があった。「一見、順調だった。だが、このままでいいのか。一抹の不安が私にはあった」[44]と、中内は後に語っている。そんな中内に、アメリカ視察は大きな転機となった、中内の漠然とした不安は、当地で吹っ切れて、それ以降、焦点の定まった小売経営が展開することになる。まずは、中内の転機とは何だったのか。そこを見てみよう。

シカゴでの全米スーパーマーケット協会の創立二五周年記念式典に、雑誌『商業界』の訪米視察団の団長として中内は参加した。その旅は、中内にとって生涯忘れることができない感動をもたらしただけでなく、小売への使命感をはっきりと自覚することにもなったのだ。その時の感動を、次のように述べている。

「一九六二年五月十二日、この日の感動を私は生涯忘れることはできまい。その日、全米スーパーマーケット協会の創立二五周年記念式典に参加した私の胸を打ったのは、ときの大統領J・F・ケネディのメッセージである。（中略）メッセージのなかで、ケネディは、米国とソ連の差はスーパーマーケットがあるかないかであると強調し、マンパワー一時間あたりで買えるバスケットの中身の違いこそが米ソの違いであると説いた。格調高いメッセージは、スーパーマーケットによるMass Merchandising Method（大量商品開発方式）こそが米国の豊かな消費生活を支えていること、そして、スーパーマーケットを通じて豊かさが実現されていく社会こそ全国民が願い求める社会であることを、重ねて強調し、スーパーマーケットの将来を祝福した。ケネディ大統領の自信あふれる展望に、私は自分がなすべきことを諄々と教えられた気持ちになっていた。メッセージの一語一語で目の前が開けていく感じで、心のなかで、『これだ。自分が進むべき道は』という思いをかみしめた。涙が出るような一瞬だった」[45]。

この瞬間、中内の中で何かが大きくはじけた。

今では信じられないかもしれないが、この一九六〇年代当時、多くのわが国の知識人たちは、資本主義は不完全な制度であって、いずれ社会主義にとって代わられるものと信じていた。資本主義をどう改良しようと、その試みには限界があり、その限界は社会主義の実現によってしか克服できないと、多くの若者そしてそれを先導した戦後知識人たちは信じていた。

現に、中内が訪米するつい二年前の一九六〇（昭和三五）年には、安保改正に反対する政治運動は最高潮に達した。多くの学生や知識人が参加し、大規模なデモが連日のように行われた。この運動に参加した多くの人々は、社会主義への道という「歴史の必然」を信じていた。そして、この「歴史の必然」を阻害する自民党岸信介内閣を中心とする勢力を厳しく断罪した。社会の思潮は反資本主義であった。それに対して中内は、どうだったか。反体制側に立つことはなかったが、市場を支配する独占メーカーをはじめとする既存の勢力に対抗して、弱い立場に置かれた消費者の側に立った。だが、中内にはその姿勢をとることについて、まだ拠るべき理論はなかった。

そんな時に、仕事として選んだ小売流通の使命を説き、資本主義のかけがえのない価値を唱えるケネディの言葉に出会ったのだ。誰よりも強く心に響いただろうと筆者は思う。いわば、この時、中内は「新しい自分へと変身」したのだ。みずからの拠るべき価値を知り、生きる使命を悟り、自身の生き方を積極的に肯定するようになった。

渥美俊一は、中内と最初会った頃、徹夜で議論したことがあった。議論の中で、渥美が中内に向かって「なんで、店をやってるんですか」と問うと、中内は「これが一番儲かるからや！」と答えた。それに対して、「金儲けのためだけなのか！」と渥美が詰め寄ったというエピソードが出てくる。(46) 一九六〇年前後の若い頃の話だ。売り言葉に買い言葉の感じで「金儲けのためにやっている」という言葉は中内の本音とも思えないが、事業についてしっかりと腹に収まる考えはまだなかった時だったのだろう。だが、ケネディの話を聞いた後の中内は、冗談でも「この仕事は金儲けのため」とは言わないだろう。筆者は、それほどにケネディの言葉は中内の心を鋭く射抜いたと思う。

フォー・ザ・カスタマーの精神を悟る

中内は、会期中三日間、いろいろな機会に米国の経営者たちと語り合った。そこでは、同じチェーン店と言っても、規模が大きく違うことに驚いた。中内は、彼らとの話では「あなたは何店舗持っていますか」があいさつ代わりだったという。あちらからは、数十店、数百店という答えが返ってくる。「六店程度では到底大量販売の効果は出てこない。チェーン化のスピードアップの必要性を痛感した」ともいう。(47)

大会後も、アメリカ各都市のスーパーを見学して回った。設備や備品のハード技術や店のデザイン技術に目を奪われた。同時に、アメリカの店舗経営の中に「顧客のために」の気持ちが目いっぱい詰まっていることも見通した。

「販売形式はセルフサービスが主である。だが、お客さまの別注を聞くための『呼び鈴』を設置していた。色彩を重視した商品陳列や、商品を浮き上がらせる効果的な照明も目を引いた。すべての創意工夫が買い手側の立場から出発している。そんな売り場で、お客さまは喜々としてゴンドラ（商品陳列棚）から好きな商品を選び、カートに入れている。小売りの世界に入って五年。そこには漠然と追い求めていた『大衆のための日々の豊かな暮らし』があった[48]」。

明治初期のことだが、福沢諭吉の故事を思い起こさせる。諭吉は、西欧の発達した科学技術に驚きつつも、その科学技術そのものよりそれを生み出した「西欧の近代精神」に注目した。わが国は、その精神こそ第一に学ばなければならないものと理解した[49]。

この場合の中内もそうだ。中内は、近代的な店舗施設やその基盤となるアメリカの科学技術に感心しつつも、その背後にあってアメリカの小売店舗の隅々にまで貫徹した「顧客志向の精神」の存在を見通したのだ。

こうして中内は、初の訪米でSM事業への高い「志」を学んだだけでなく、チェーン化の必要性と「顧客志向」を徹底させることの大事さという実践の知恵も学んだ。だがそれらは抽象的な理想論でしかなく、そのまま持ち帰っても通用しない。日本流のアレンジが必要だ。

幸運なことに、訪米中にそのチャンスに恵まれた。中内に言わせると、本土のSMも視察したが、外側だけで、内幕は見せてもらえなかった。帰り途中でハワイに寄って、大会で紹介されたビッグウェイのシンタク氏に会い、店のつくり方について教えを受けたのだ。一つは、チェーン本部の意義についてである。彼は、「本部をつくって、本部で検品せんと、いろんな商品が入っておるから、店頭の末端はわからんやないか」と中内に言ったという。つまり、「いったん本部で荷受けをして、そしてちゃんと五百グラムあるのか、質は仕様書に書いてある通りか調べる、そのために本部が必要だ。単に物流のためではなしに、検品、検質をするために本部でその商品を見て、それから店へそれを渡さんと店頭の商品に対して誰が責任を持つんだ」ということだ[50]。

シンタク氏は中内にこうしたことを内緒で教えてくれた。中内は「日本人同士だから教えてくれた」と、当時を思い起こして述べる[51]。

こうして、大事な二つのことを中内は学ぶことになった。一つは、大規模なチェーン展開に不可欠な本部という仕組み。もう一つは具体的な店舗オペレーションの知識だった。これらを実際にビッグウェイの店舗の内側を見せてもらって学ぶことができた。その店舗で得た具体的な知見は、帰国後すぐに活かされることになる。

焦点の定まった小売経営の展開

中内には、よいと思えばすぐに取り込む機敏さがある。帰国後、中内は、それ以降の最重点課題として「ナショナルチェーン化」を掲げた。全国に店を展開しようというわけである[52]。

その布石として、第一に、一九六三（昭和三八）年一月に兵庫県西宮市にチェーン本部を開設し、流通センターを稼働させた。第二に、社内組織を整備した。本部に商品部を設置し、仕入と販売の分業体制の確立を試みた。第三に、作業を標準化すべく、その前提となる店舗の〝ひな型〟を定めた。チェーン展開の方向を見定め、それに向けて極めて手際よく手が打たれたのである。

チェーンストアマネジメントを展開する上において、カギとなる要素は三つあると後に整理されていわれるのだが[53]、中内はその時点でその通りの手を打ったのだ。

こうした本部機構の整備ができて初めて、仕入原価を下げたことの効果が店頭での強い価格競争力となって表れる。つまり、店舗数が増えるほど仕入量は増え、それと共に仕入コストは下がる。こうした低コスト・低価格の好循環を生み出す上で、作業や設備の標準化が不可欠だ。これこそが中内が目指すチェーン経営の強みになる。中内はある時、「コンピュータとマニュアルとアルバイトがいれば、店は成り立つ」と言ったことがある。解釈によっては、人を無視しているという反発もあるかもしれないが、その論理自体はここに述べるチェーンストア経営の本質でもある[54]。

こうして、中内は、全国展開すべく、チェーンストア経営のインフラを確立し、そして成長のための中核業態の開発に挑む。

一九六三年三月に、中内は福岡の天神に出店する。常識的には、拠点となる関西から中国地方そして九州へと順に出店を計画していくところだが、中内は神戸から一足飛びに九州の福岡に出店した。中内は、後に東に向けても出店するが、その時も途中の地をスキップして目的地の東京から出店する。二カ月ほどで天神店の業績にメドを付けた後、中内は「瀬戸内海ネックレス構想」を発表する。福岡と神戸の両側から瀬戸内海沿岸に向けて出店する構想である。地図に店舗の印を付けるとネックレスのようになる。[55]

その構想に従い、一九六四年に松山（愛媛）、柳川（福岡）、清川（福岡）に、六六年に岡山、明石（兵庫）に、六七年に高松（香川）に、六八年に小倉（福岡）、黒崎（福岡）、福山（広島）に出店した。

ネックレス構想の実現を図る中、地元の神戸でも出店を続けた。一九六三年は、四月に灘店、七月に三宮第一ビル店をオープン。そして、既存の三宮店を発展させ、これまでにない新タイプの小売業態を試みた。この三宮店が、ネックレス構想を含めそれ以降のチェーン展開のモデル店となる。店の看板は「ＳＳＤＤＳ」。「セルフサービスで、ディスカウント型のデパートメントストア」（Self Service Discount Department Store）だ。これは、わが国の小売業態史に期を画すものとなった。

立地は三宮の繁華街の真ん中。建物は地下一階、地上六階の多層式。エスカレーターが設置され、全館冷暖房。売場面積は九六〇坪（約三二〇〇平方メートル）。そこに「リンゴからダイヤモンドまで」をキャッチフレーズに、「考えられるものすべて」を並べた。当時としては、同種の店としては、最も大規模だった。食品、日用品、薬・雑貨・化粧品、そして衣料品まで様々な商品が品揃えされた。売場の中に、いくつかのテナントが入店したこともこの店の特徴だ。百貨店ならともかく、スーパーと呼ばれる店舗の中に専門店が何店も入店するのはわが国では初めてのケースだ。入店したのは、吉田宝飾店、静風堂（画材）、三浦屋（カバン）、泉港レコード、小原時計、カメラの土井、その他、真珠、舶来雑貨、手芸、ネクタイ、貸衣装、印章、陶器、玩具、履物店である。(56)

店の階別構成は、地下は生鮮食品、一階は食料品店、二階は衣料品（以上は直営）。三階は専門店、四階は文具・玩具（直営）、五階は婦人服地・生地、催物会場となった。旧館は薬品、化粧品、家電、日用品、新館は紳士服、肌着、紳士雑貨という売場構成。テナントとオーナーの関係は、テナントもオーナーも初めてとあって、互いに戸惑いはあった。その時の混乱する店頭現場での状況が『35年の記録』に出ている。

「テナント群が集まったフロアは、『名店デパート』と名づけられた。だが、当初は客の入りはもうひとつであった。出店者からは、『話が違うやないか。そのわりに家賃が高い。こんなことなら退店する』といった反発も出たらしい。それに対して、ダイエー側でも、『各店とも通路へのはみ出し陳列が多く、新店の品位を保とう』と再三文句を付けた(57)」。

オープン後しばらくして、六階に食堂も設けた。中内の発想だ。阪神百貨店の地下にあったカフェテリア方式の食堂街を真似た。テナントも募集して七店が入店。ドリンクコーナー、カレーショップ、ファミリーレストランはダイエー直営とした。

ＳＳＤＤＳの進化——大阪庄内店の成功

一九六四年には、豊中市庄内にさらに進んだタイプの店を出した。三宮で経験済みの名店街に加えて、銀行、医療施設、美容院、ゲームコーナーも加えた。買い物だけでなく、健康や娯楽の要素も兼ね備えた。だが当初、客足はもう一つだった。これではならじと、イベントを開きチラシを撒き、積極的な集客策をとった。一年後からようやく客足が伸び始め、その後は急上昇。実際、一九六六～六七年、庄内店はダイエー全店のトップの売上を示した。

大きい建物の中に、多彩な商品を品揃えし低価格で提供する。専門店をテナントとして入れ、さらに金融・医療・娯楽等のサービス施設も付加した店づくり。このフォーマットがうまくいった。その後、このフォーマットでチェーン展開する。ＳＳＤＤＳの開店をきっかけとして、類似店舗が各地に続々と誕生する。みるみるうちにわが国の小売業の姿が変わっていった。小売業態といっても、百貨店と商店街しかなかったわが国小売市場に、ＳＭに加え、「総合スーパー（ＧＭＳ）」というもう一つの小売業態が形成され始めたのだ。一九六八年には、さらに新しい小売モデルを展開した。「郊外立地の大規模ショッピングセンター」がそれだ。一号店は、大阪市と京都市のちょうど中間にある香里《こうり》に出店した(58)。

四〇〇台駐車可能な駐車場が設置された。この頃、自動車の普及が目覚ましく、クルマ中心の店づくりが必要とされた。それまでの店は駅から近いところに立地するのが普通だったが、ここは駅から離れていた（最寄り駅は京阪電鉄香里園駅）。出店当時、店の周りは田んぼだらけで、『35年の記録』によれば、初代店長が「こんなところで大丈夫かな」と心配したくらいのところだった。

敷地一万一五〇〇平方メートルに、四階建てのビル。別に二階建ての専門店棟もつくった。初の都市銀行である神戸銀行に加え証券会社も入店した。それらを含め五〇を超す専門店が入店した。日本最大規模、日本初の本格的ショッピングセンターとなった。ウィークエンドには、特設ステージにタレントを呼んだり、子供ののど自慢大会や盆踊りなどの出し物をしたりと、いろいろなイベントを試み集客力をあげた。ターミナルにある百貨店ともう変わりはない。まちに百貨店が生まれたのだ。翌一九六九年には、東京・二子玉川に二番目の本格的ショッピングセンターが生まれ、その後、「ららぽーと」のような大ショッピングセンターが全国に広がっていくのだが、香里店はそうしたショッピングセンターの嚆矢となるものだった。

40代半ば頃の中内㓛

こうしてダイエーの中核業態は進化し、ライバルたちも同じ業態での展開を企てていく。だが、中内自身はこのフォーマットに万全の信頼を置いているわけではなかったというのが面白いところだ。「業界では、ダイエーの三部門型（衣料・食品・雑貨の三部門経営）に追随して衣料スーパーが食料品を扱いだし、雑貨チェーンが食料品に手を伸ばしている。多くのスーパーはダイエー型をめざしているように思われる」と述べた上で、「専業によって力を付けるべきではないか」と思うというのだ。スーパーの「堕落ではないか」とまで言っている。[59]

中内ダイエーにずっと付きまとうジレンマがここにある。「大量単品計画販売」のビジネスモデルか、「マーチャンダイジングミックス」を軸とするビジネスモデルか、のジレンマである。中内はすでにこの時点ではっきりと自覚していた。[60]

（1）中内㓛［二〇〇〇］、『流通革命は終わらない——私の履歴書——』（日本経済新聞社）四四ページ。流通科学大学編［二〇〇六］、『中内㓛　回想録』（学校法人中内学園流通科学大学）一一九ページでもその頃のことを回顧する記録がなされている。

（2）同前『流通革命は終わらない』四四ページ。

（3）中内力［二〇〇四］、『中内力自伝　選択——すべては出会いから生まれた』（神戸新聞総合出版センター）四三ページによる。

（4）石原武政・矢作敏行編［二〇〇四］、『日本の流通１００年』（有斐閣）二三四ページ。

（5）鈴木安昭［一九九一］、「わが国におけるスーパーの初期的展開」『青山経営論集』第二六巻第二号（青山学院大学）三一三〜三二三ページ。瀬岡和子［二〇一四］、「昭和30年代におけるスーパーマーケットの誕生と『主婦の店』運動—吉田日出男と中内㓛を中心にして—」同志社大学人文科学研究所紀要『社会科学』

四四巻第一号一～三四ページ。
（6）前掲『日本の流通100年』二三四ページ。
（7）倉本初夫・渥美俊一［一九六〇］、『日本のスーパーマーケット』（文化社）六〇～六四ページによる。ちなみに「主婦の店全国チェーン」は共同販促やPB（プライベートブランド）開発など、チェーンのスケールメリットを活かす施策は打たなかった。なお「主婦の店全国チェーン」は一九九八年七月に解散したが、店舗ブランドやシンボルマークである「風車」を現在も使い続けている旧加盟企業もある。
（8）ダイエー社史編纂室［一九九二］、『ダイエーグループ35年の記録』（アシーネ）一六ページ。
（9）同前一六ページ。
（10）「末角要次郎氏へのインタビュー」による（二〇一五年五月一五日実施。聞き手は著者）。
（11）前掲『ダイエーグループ35年の記録』一八～一九ページ。
（12）前掲「末角氏へのインタビュー」による。
（13）前掲『中内力自伝　選択』四五～四六ページ。
（14）大塚英樹［二〇〇七］、『流通王』（講談社）七六ページ。
（15）前掲『中内力自伝　選択』四六～四七ページ。知り合った時期について㓛は、千林の開店後の話だと言う（前掲『中内㓛　回想録』一二二～一二三ページによる）。両者の記憶は違っているが、力のほうが当事者であり、ここではそれに従う。また丸和の創設事情等については、佐野眞一［一九九八］『カリスマ』（日経BP社）や、前掲瀬岡論文［二〇一四］に詳しい。
（16）同前『中内力自伝　選択』四七ページ。
（17）同前四八ページによる。
（18）この点については、前掲『カリスマ』一九四～一九五ページにも同様の記載がある。
（19）前掲「末角氏へのインタビュー」による。

(20) 前掲『中内力自伝　選択』四九〜五一ページ。
(21) 前掲「末角氏へのインタビュー」による。
(22) 前掲『流通革命は終わらない』四八〜四九ページ。
(23) 前掲「末角氏へのインタビュー」による。このプレパックが実際に売れるのは、三宮に店を出してからのこと。バラ菓子を納めてくれていた問屋がプレパックの商品を納めてくれた。「ちゃんと量産したプレパックは、袋もいいし、シールもちゃんとしてあるし、中身は湿っていない」というわけだ。大塚英樹［二〇〇七］、『流通王』（講談社）にもそのことが記されている。
(24) 前掲『ダイエーグループ35年の記録』二一ページによる。
(25) 前掲「末角氏へのインタビュー」による。
(26) 前掲『ダイエーグループ35年の記録』二二ページ。
(27) 中内力は、三宮の店では食料品が一つの柱であるように述べている。他方、前掲『ダイエーグループ35年の記録』二五ページでは「千林スタイルをそのまま踏襲し、薬品、化粧品、雑貨、日用品、菓子類の商品構成でスタートした」と記されており、食品類には触れていない。
(28) 前掲『ダイエーグループ35年の記録』二五ページによる。
(29) 前掲『流通革命は終わらない』五〇ページ。
(30) 前掲『中内㓛　回想録』一四二ページ。
(31) 川一男［二〇〇九］、「川一男氏（二〇〇九年四月インタビュー）」中内潤・御厨貴編著『中内㓛　生涯を流通革命に献げた男』（千倉書房）による。
(32) 前掲『中内㓛　回想録』一三七ページ。
(33) 同前一四九ページ。
(34) 佐野眞一［二〇〇九］、『新　忘れられた日本人』（毎日新聞社）四八ページ。

(35) 中内とウエテルの生涯にわたる関係については同前書が詳しい。
(36) 前掲『中内㓛　回想録』一四四ページによる。
(37) 前掲『ダイエーグループ35年の記録』三三ページによる。
(38) 同前二八～二九ページ所収の佐藤満喜夫の回顧談による。
(39) 同前二九ページ所収の福森洋三の回顧談による。
(40) 同前三四ページ所収の川森秀雄の回顧談による。
(41) 前掲『流通革命は終わらない』五三ページによる。
(42) 伊藤雅俊は、いみじくも「一九七〇年までは、岡田さんも扇屋さんも、みんな百貨店になろうと思っていた時代なんですね」と語る。前掲『中内㓛　生涯を流通革命に献げた男』所収の「伊藤雅俊氏」(二〇〇七年九月インタビュー)による。また矢作敏行［一九九七］、『小売りイノベーションの源泉』(日本経済新聞社)によれば、伊藤も、共同仕入には最初の頃は関心を示し、参加したものの、その後は積極的に参加してはいない。
(43) 渥美俊一［二〇〇七］、『流通革命の真実』(ダイヤモンド社)第二章「ダイエー帝国の興亡」参照。
(44) 前掲『流通革命は終わらない』五三ページ。
(45) 中内㓛［一九六九］、『わが安売り哲学』(日本経済新聞社)。同書は絶版となったが、『［新装版］わが安売り哲学』として、元岡俊一・大溝靖夫の編集により二〇〇七年に千倉書房より復刊された。本書では新装版の記述に従うことにする。なお、この話から始まる同書の面白いところは、ケネディの言葉で、自身の事業の使命と資本主義の意義を知ったことを述べているところにあるだろう。その一方で、毛沢東の『実践論・矛盾論』を各所で引用し、自身の経営活動を毛沢東の戦略に擬して述べている。資本主義の権化たるケネディの言葉に感激しながらも、中国共産党を代表する毛沢東の考えに自身の事業活動を擬していくというのは、いささか矛盾しているように見える。だがその時代が、そうした二つの思いが交錯する時代だったと思えば納得がいく。頭で社会主義の理想に共感しつつ、身体は資本主義の中で自身の生きる場を見つける。無節操だが、当時の若者は、高飛車に説かれる価値（戦前の絶対主義的天皇制であれ、共産主義であれ）が絶対ではないことを知り、こうしたプラグマティックな身のこなし方を生きるための技法として身に付けていく。
(46) 前掲『流通革命の真実』一七九ページ。
(47) 前掲『流通革命は終わらない』五五〜五六ページ。
(48) 同前五六ページ。
(49) 福沢諭吉［一九九五］『文明論之概略』（岩波文庫）を参照のこと。福沢諭吉のこの話については、石井淳蔵［二〇一四］『寄り添う力』（碩学舎）も参照のこと。
(50) 前掲『中内㓛　回想録』一六〇ページ。
(51) 同前。
(52) この構想は三〇年後、一九九四年の忠実屋ほか、四社統合の時に実現する。
(53) 石井淳蔵［二〇一二］『マーケティング思考の可能性』（岩波書店）二二七〜二三一ページ。
(54) 渥美理論においても同様の趣旨で語られているところがある。店舗の従業員を「作業員」とする本部至上主義はそうだろう。前掲『小売りイノベーションの源泉』九九ページによる。
(55) 前掲『流通革命は終わらない』七三ページによる。
(56) 当時は西宮の本部を建設した直後でもあったため、これらテナントの入店の際の敷金保証金で、投資分を回収することに努めたとある。だが思うほど、テナントは集まらなかった。というのは、当時専門店の経営者のプライドは高く、「スーパーのビルなんかに入れるか」という気持ちを持つものが多かったという。前掲『ダイエーグループ35年の記録』八一ページによる。
(57) 専門店フロアの二代目店長阿部紀俊による。同前八一〜八二ページ所収。

(58) 驚いたことに、同日、同じ大阪の茨木にも開店している。
(59) 前掲『〔新装版〕わが安売り哲学』一〇三ページ。
(60) この問題点を克服し、中内ダイエーのそれとは異なる新しいスーパーマーケットチェーンがその後生まれる。荒井伸也のサミットストア、川野幸夫のヤオコー、川一男のシージーシージャパン、小濱裕正のカスミはその代表だろう。このうち、川と小濱は中内ダイエーの経営トップを経験している。『流通科学研究所リサーチノート』(流通科学研究所)所収のそれぞれのインタビュー(聞き手はすべて筆者)を参照されたい。「オール日本スーパーマーケット協会会長荒井伸也氏インタビュー記録」(同誌二〇一三年一月発行に所収)、「株式会社ヤオコー代表取締役会長川野幸夫氏インタビュー記録」(同誌二〇一二年六月発行に所収)、「株式会社シージーシージャパン顧問川一男氏インタビュー記録」(同誌二〇一三年一月発行に所収)、「株式会社カスミ代表取締役会長小濱裕正氏インタビュー記録」(同誌二〇一三年一月発行に所収)。また前掲の川一男[二〇〇九]も参照のこと。

Ⅲ　流通革命

1　ダイエーを支える人々

革命の「渦」を形成したプレイヤーたちの存在

中内にとって、事業の焦点は明確だった。ダイエーの本部体制を整備し、チェーン展開の核となる業態も定めた。一九七〇（昭和四五）年に入る寸前のことだ。ここからダイエーの成長が本格的にスタートし、それと共に流通革命の大きい渦が回りだす。流通革命の渦の中心には中内がいたが、渦を形成する様々なプレイヤーがいたことを忘れてはいけない。本章では、革命の周辺的な状況をもう少し見ておこう。

第一に、千林店に集結した一三人の社員を先頭に奮闘努力したダイエーの社員の存在がまずある。中内は、彼ら若い社員たちにあるべき小売の理念と商人としての矜持を教え込んだ。第二に、中内の小売の理念や信念を形成する上で支えた「理論家たち」がいた。これが第二のプレイヤーになる。第三に、関西の消費者団体（関西主婦連や神戸市消費者団体）がある。「よい品をどんどん安く」を掲げるダイエーは消費者の味方であり、これら消費者団体とタッグを組んだ。第四に、ダイエーがチェーン化すると共に成長したテナント企業群やサプライヤーの存在も重要だ。中内は、テナント企業という、それまでなかった「顧客」を創造した。彼らは、ダイエーの成長に多大なる協力・貢献をしたが、同時にダイエーがいなければ今あるような企業になっていなかっただろう。

そして第五に、中内ダイエーのライバルたちも、中内と共に流通革命の渦を形づくる大事なプレイヤーだった。厳しく激しい競争の中でそれぞれがみずからのアイデンティティを研ぎ澄ますと同時に、自分たちの共通の課題を把握し解決すべく、ライバルたちは業界団体を結成するに至る[1]。順に見ていこう。

ダイエーの人材

まず、ダイエーの成長を生み出した社員たちの努力がある。三宮出店時の社員の苦労については、断片的にすでに紹介したが、後にダイエーの副社長になる川一男はその当時の状況を次のように述べている。

「物を仕入れる場合、人を仕入れてこないと拡大できなかったんです。拡大しようとすると、人を仕入れて、一緒に仕事をしてくれと説得して仕事の分担を決める。これだけの人間とこれだけの売り場ができたから、こんな商売の仕方に変えていこう、というわけですね。だからあてがわれて、この環境でこういうことをしてください、ということではないんです[2]」。川が言うように、創業時は慢性的な人手不足状態が続いた。業容を拡大するためには、何よりもまず人を連れてこなければならなかった。川自身、一九六二年に入社してその翌日から中内の仕入に同伴している。中内にとっては、川のための実地研修でもあり、人手不足で背に腹は代えられないということでもあったのだろう。余談だが、その時中内は、一〇〇万円の現金の束を腹巻に入れて仕入に行っていたという。

創業六年目の一九六三年から、大卒社員の定期採用を始めた。同年には一八人の大卒新入社員が誕生した。中内は、以降の急成長を見込んで多数の学卒者を採用する。一九六八年には学卒新入社員は三ケタに届いた（第二部Ⅰ章の**図表4**を参照のこと）。それは、翌年の「流通元年宣言」そして一九七〇年以降の急激な成長に対応する。もちろん、その採用規模は流通業分野では群を抜くものだった。

彼ら新入社員もまた既存の社員も、献身的にダイエーに尽くした。それまで四〇店にも満たない店舗数であった会社が一九七〇年以降、毎年十数店の店舗を何年も続けて開設する。それが組織にどれほどのストレスを与えたか容易に想像がつく。だが、彼らは中内の指揮の下、その困難を乗り切っていく[3]。

ダイエーとしても、それだけの数の新卒社員を戦力とするために、教育研修には力をいれた。

すぐには利益を生むことのない教育投資が続いた。渥美俊一は後に、ダイエーが「人件費の五〜一〇パーセントを教育費に投入」したことを画期的だと評価している。[4]

一九六〇年代半ばにには、従業員の海外研修制度を設け、六九年には海外留学制度も始めている。行き先はアメリカ中心であり、自身の貴重なアメリカでの経験を、なんとか次代に引き継ぎたいという中内の気持ちが伝わってくる。そして、一九七一年には「ダイエー教育センタースーパー大学校」を吹田市の桃山台に創設する。プリマハムが開設していた竹岸学園がモデルになったという。完全宿泊型の教育訓練棟で、一二〇人の研修生を収容できた。一九七三年五月に第一期生を送り出した。カリキュラムも、当初は四五日間。喉から手が出るほど欲しい新戦力に、長期にわたる研修期間を与えるのは会社としてよほど腹を据えてかからないとできないことだ。

その後、店舗でのマニュアルが準備されるようになるにつれ期間は短縮化し、一九八〇年頃には七日間の短期コースに変わる。また、中堅幹部が増えるにつれ、成田市にも店長以上の幹部のマネジメント研修対象となる「流通経営大学院」をつくっている。一九七七年の二〇周年の時には、中内が団長となり中堅幹部社員四〇名をアメリカへ研修団として派遣した。ダイエー洋上大学も開催し、懸賞論文の募集も行なっている。人材育成に組織的に努力するダイエーの面目躍如たる記念行事ではないか。

流通の理論家・消費者運動の活動家

ダイエーは「総合スーパー」を主業態として一九六〇年代後半から急成長し始めたが、その頃の中内やライバルの経営者たちの年齢は四〇代。中内は一九二二（大正一一）年生まれ、イトーヨーカ堂創業者の伊藤雅俊は二四年、そしてイオン創業者の岡田卓也は二五年生まれだ。

彼らはいずれも、チェーンや総合スーパー経営について、すでにあった理論を大学などで学んでから、それを実践に活かしたわけではない。そもそも、わが国にその当時、SM経営やチェーン経営の理論構築や実証研究をする分野自体がなかった。商業学や経営学という科目は大学の商学部や経営学部の中に主要科目としてあったが、その中においてすら、SMや小売チェーン経営の科目はなかった。つまるところ、学ぶべき理論もないままに、経営者たちは、勘と経験と試行錯誤で自分の道を自分で開いていくほかなかった。

とはいえ、いつまでも彼ら企業家はそのような素朴な知識レベルにとどまっていたわけではない。彼らは、みずからの実践を栄養源としながら、流通の新しい知見や理論を蓄積した。また流通先進国アメリカを何度も訪問し、アメリカの経験から貪欲に学んだ。そうした経営者の傍らに寄り添い、その努力を支える理論家がいた。

理論家も、流通論や商業学や経営学を専門とする研究者ではなかった。流通業界の現場に近い記者や評論家が多かった。彼らは理論に凝り固まらず、実践から学ぶ力があった。それだけに、逆に実践に多大の影響を与えた。国内外の小売流通の発展を学び、学ぶ意欲を持った若い経営者を集め熱気あふれるセミナーを開き、彼らの理論を鍛えていった[5]。多くのそうした理論家がいるが、ここでは代表的な二人を紹介する。

【倉本長治——商人の精神革命】

一人は、雑誌『商業界』を主宰していた倉本長治(一八九九〜一九八二)だ。彼は、雑誌『商業界』主催の商業経営セミナーを一九五一(昭和二六)年二月に開いた。そこで、正札販売やセルフサービスの必要を訴えた。受講者の中から、ハトヤの西端行雄や、衣料品として最初にチェーン展開を成功させた十字屋の山藤捷七が出た。この後、この商業界ゼミナールは、数千人もの商人を集めるようになり、わが国における流通変革を導く一大勢力となった[6]。中内も倉本の薫陶を受けた。「伝統的な『もみ手』ではなく『店は客のためにある』という近代的精神こそ必要だ」という倉本の一言が、道なき道を切り開いていく上で強い支えになったと、中内は言う。この倉本の言葉は、今から見れば当たり前に思えるが、そうではない。そうした精神がまったくと言っていいほど欠けていた当時、その一言が流通革命を担った経営者たちに勇気を与えた[7]。中内は、箱根早雲寺にある倉本の墓碑からこの言葉を拓本に取って、自身のおごりへの戒めとした[8]。

流通革命とは、ある意味、「商人の精神革命」でもあったのだ。こうした倉本との交流のエピソードと共に理解すると、「フォー・ザ・カスタマー」の一言への中内の思いの深さが理解できる。

【渥美俊一――チェーンストア企業家を糾合するペガサスクラブ】

ダイエーを含め、経営者たちの課題を見極め具体的な解決策を提唱したのは、読売新聞記者からチェーンストア研究の第一人者となり、かつラジカルな小売業近代化論を唱えた渥美俊一（一九二六〜二〇一〇）である。

渥美は一九六二年に、チェーン化を志向する経営者の研究会である「ペガサスクラブ」を創設した。ペガサスクラブには、先に述べた経営者たちに加え、ニチイの西端行雄・岡本常男、ヨークベニマルの大高善兵衛、ユニーの西川俊男、いづみや（現イズミヤ）の和田満治など、わが国の流通革命を担った若手の経営者たちが集まった。五年後の一九六七年には会員数は早くも七七九社に、一〇年後の七二年には会員数は一一三四社にも増えた。クラブのメンバーは、アメリカ小売業視察を重ねながら、新しい理論を探った。そしてその理論を実際すぐに試していった。中内は、このクラブには積極的に参加するだけでなく、ダイエー内での社員研修についても渥美に指導を頼んだ。中内には、渥美理論が自身のチェーン経営の核心だという思いがあった。他方、渥美も中内の業績を高く評価した。彼の評価のポイントは整理すれば、九点ある。

①チェーンストアづくりの原点となるビッグストアづくり、②坪あたり効率ではなく商品回転率重視（チェーンの論理）、③総合スーパーのモデル開発、④業態開発のスピード、⑤チェーン本部の確立、⑥物流センターやプロセスセンターの導入、⑦ショッピングセンターの開発、⑧ストアブランド（以下、SBと略す）、プライベートブランド（以下PBと略す）づくり、⑨社員教育

への投資がそれだ。いずれも、納得できる点だ[9]。

二人の関係の親密さをうかがわせるこんな面白いエピソードが残っている。ダイエーの社員研修で渥美が講師として登壇した。そして、彼の持論をとうとうと語った。そして、最後に「中内社長は、私のその理論をフォローしたから今の成功があるのだ」と述べた。そのすぐ後に、中内が登壇。そして、「渥美氏は、私の実践を見てチェーンストア理論をつくったのだ」と述べたという[10]。

二人のチェーンストアの実践と理論は鶏と卵のような関係にあったようだ。アメリカのチェーン理論を後追いするだけでなく、中内と渥美は、それぞれの実践と理論とを互いに触発させながら、流通業を発展させた。あらためて言うまでもないが、実践と理論は、両者の好循環の中でそれぞれに研ぎ澄まされるものなのだ。

ダイエーと共闘する消費者団体

ダイエーの「よい品をどんどん安く」の理念は、消費者団体の目指すところと重なる。ダイエーと消費者団体は、大事な局面で連携した。

消費者団体との最初の出会いは、現金問屋サカエ薬局の時だ。サカエ薬局が、医薬品メーカーと再販売価格でもめた。サカエ薬局の安売りに対して、医薬品メーカーが出荷製品に連番で番号を記した。店頭にある製品は、その番号を見れば、どのルートを通ってその店頭に来たかをつかむことができる。安売り店に、どの問屋が商品を流しているのかがわかる。中内たちは、番号を消すことでそれに対抗した。だが、商品名の一部も消えるという事件があり、それが理由で中内たちは訴えられた。

医薬品メーカーはダイエーに対して、出荷停止も行なった。だが、それは独占禁止法の不公正取引にあたると、専務の中内力は考えた。そして、公正取引委員会大阪事務所に駆け込んだ。対応した役人からは、明らかに独禁法違反という言葉を得たが、その後何も進展しない。そこで、消費者を味方につけることを思いつき、都島にあった関西主婦連合会に駆け込んだ。

そこで相談を受けたのが、関西主婦連の比嘉正子会長であった。彼女はその話を聞いて驚いた。「聞きしに優る〝村八分的行為〟の数々に、私たちはがく然とした。鳩首協議の結果、消費者運動の一環として『薬品値下げ運動』を展開することを決定した[11]」。

関西主婦連新聞の一九五八（昭和三三）年九月一一日の紙面で「小売業者の反省求む—薬品の値下げを鋭く要求」の大きい見出しが躍った。関西主婦連はその新聞を大阪府庁で配り歩いたという[12]。主婦連はさらに、公正取引委員会に正式に提訴、続いて大阪薬業卸協同組合連合会、大阪医薬品協会をはじめ大手薬品メーカー、あるいは大阪府衛生部・商工部・大阪府議会など、すべての関係先へ要望と陳情を繰り返した。結果は上々だった。比嘉自身も、「今回の運動は、大いなる成果を挙げつつある」と総括して、自身の消費者運動の成果の一つとした[13]。

二回目は、牛肉の輸入問題でタッグを組んだ。一九六四年のことだ。ダイエーは肉牛確保のために四国や九州、さらに鹿児島や奄美大島の肥育農家を訪ね肥育を依頼した。そして六四年に沖縄において、和牛の農家委託生産会社「沖縄ミート」を設立し、鹿児島や熊本で買った子牛を沖縄へ送りこみ、そこで肥育し再輸入することにした。だが、子牛の値段が上がり続けたこともあって、中内は、国内でのこれ以上の調達をあきらめた。そして、オーストラリア・ニュージーランド産の牛に着目した。ただちにオーストラリアとニュージーランドに飛んで、子牛を仕入れる交渉に入った。この時、中内が考えた構想は大胆なものだった。

オーストラリア・ニュージーランドの子牛を沖縄に運び、沖縄で肥育しその枝肉を本土へ運ぶというものだ。琉球政府の承認も取り、そのプログラムは具体化する。沖縄から本土への輸入は「南西諸島物資の輸入の特例」で関税が不要なので安く売ることができる。だが、日本政府はこれを認めなかった。「関税制度に触れないこのやり方が外資に真似されると困る」というのが理由らしい。さらに、精肉業者からも強い突き上げがあり、当時の農林省は「沖縄からの輸入は流通経済の混乱を招く」と中止勧告を出した。それに対して、関西主婦連の比嘉と一緒に上京し抗議したが、この時はうまくいかず、せっかくの輸入プログラムも実現できずに終わった。

三回目は、一九六九年の名古屋今池進出の時だ。今池出店においては、名古屋青果物小売商業協同組合と厳しい交渉になり、最後、特売の際のチラシに値段表示を入れるかどうかをめぐって折衝が続いた。この時は、消費者代表の舘林涼子・中部主婦の会会長や横地さだゑ名古屋市地域婦人団体連絡協議会会長がスーパー側の意見を支持したため、事態はあっけなく片付いた。[14]

四回目は、インフレに対抗して「価格維持運動」を行なった時だ。この経緯については後に述べるが、関西主婦連の比嘉には、「たとえ三十三品群でも近所の店にも波及するから、結果的に一年間安い商品が買えるということになるのでは」と指摘してもらったという。[15]その言葉通り、この運動は徐々に全国各地のスーパーが追随した。消費者団体は、ダイエー成長期においては強い味方であり続けた。

共に成長するテナント、サプライヤー

ダイエーは、総合スーパーを核のモデルとして出店数を増やした。総合スーパー業態の創造を通じて「(総合スーパーを利用する)顧客を新しく創造」したわけである。だが、ダイエーの顧客創造はそれにとどまらない。総合スーパーに入店する「テナント」という顧客も創造した。SSDDSの二店目にあたる庄内店に入店したいくつかのテナントにも触れておこう。[16]

【メガネの愛眼】

先に述べたように、吉田宝飾店、静風堂(画材)、三浦屋(カバン)、泉港レコード、小原時計、カメラの土井といったテナントと共に、「メガネの愛眼」も出店した。社長の下條千一はその当時、眼鏡小売店の瑞宝眼鏡光学に勤めていた。ある時、彼が全国セールスから帰ると、ダイエーから封書が届いていた。それは、「庄内店に出ませんか」という誘いの手紙だった。「おもしろい企業やな。めがねもあんなことできるんかいな」と思ったのがきっかけという。会社に話し

たが、らちがあかないので、メーカーから資本金六〇〇万円を借り、個人で入店することにしたというのだ。[17]

同社はダイエーと共に成長し、二〇一五年には、日本国内の直営店二九三店、フランチャイズ店二六店、写真館四店。海外は中国で八店を展開する大手眼鏡チェーンに成長した。

【レストランチェーン】

ダイエーと共に成長したテナントレストランの一つに杵屋がある。同社は、実演手打うどん「杵屋」一号店を奈良ダイエー店に出店した。やがて四〇〇店を超えるレストランを持ち、売上高も二〇〇億円を超えるようになる。『35年の記録』の中でもう一つ紹介されているのは「ファーストフード友栄チェーングループ（廣田昇社長）」だ。毎日パン専属の看板屋だった廣田が、毎日パンの肝いりで庄内店に入店。「売れる値段で売ってみよう」と素人商法で、一枚一〇円の値段でスタート。「三十日目くらいからお客さまが並んで待って買ってくれるようになった」という。[18]商いは素人だが意欲だけはあるという若者が、ダイエーという土壌の中で一流の商人に成長していった。

【納入業者】

ダイエーと共に成長し、惣菜業界のトップメーカーに育っていったメーカーもある。フジッコがそうだ。[19]一九六〇年に富士昆布として、山岸八郎が創業した。当初は、神戸大丸への納入業者だったが、契約切れになり、それをきっかけにダイエーとの取引が始まった。一九六一（昭和三六）年のことだ。山岸はダイエー三宮店にも直接行っていて、店内の大盛況ぶりを知っていた[20]。

ダイエーに納入される商品には、とろろ昆布、おぼろ昆布、だし昆布、垂水のわかめなどがあったが、すべてプリパッケージされたものだ。そのための新工場・新設備投資に注力した。一九六一年から六二年にかけて、ダイエーの三国店、千林店、板宿店には、オープンと同時に山岸自身店頭に立って商品を並べた。ダイエー社員の努力もそれにひけをとらなかったと、山岸は言う。「あのころ、ダイエーのバイヤーは熱心だった。真夜中になっても、納品の確認をとるまで帰らなかった。それにみんなよく勉強していたね」と『35年の記録』の中で述べる。ダイエーの多店舗化に伴い、フジッコも成長した。各店には二トン車で商品が運び込まれた。売り出しの日には、四〇袋入りのケースが八〇〇〇ケース売れたという逸話も残っている。ダイエーの大量販売体制に応えていち早く設備を整え、商品開発、品質管理にも万全を期して今日に至り、今では一流食品メーカーとしてその存在を誇っている。

アパレル業では、ワイシャツをダイエーと共同企画開発し販売していた丸新布帛がある。PB開発のところで紹介する。

【ダイエーの直営ブランド】

ダイエーが育てた外部の会社は多いが、ダイエー直営ブランドも多い。ついでながら、簡単に紹介だけしておこう。

代表は「ロベルト」だ（社長は中内家三男の守）。紳士服では業界トップブランドにもなり、売上高も一時四〇〇億円に迫った。レストランでは、フォルクス、ドムドム、ほっかほっか亭、ウェンディーズ、ビッグボーイ、ヴィクトリアステーション、神戸らんぷ亭。SBでは、ノーブランド、セービング、愛着仕様。総合スーパー以外の小売業態としては、グルメシティ（SM）やホームワールド（DIY）、トポス、ビッグ・エー、ハイパーマート、コウズ、Dマート、バンドール（いずれもディスカウント）、プランタン（百貨店）などがある。

共闘するライバル

成長した総合スーパーチェーンは日を待たずして、総合スーパーチェーン同士の競争に直面する。一つの転機は、ダイエーの福岡進出や東京進出であろう。それまでは、チェーン同士の競争といっても、大阪なら大阪という限られた地域内での競争だった。だがダイエーが東京に進出した後は、全国を舞台とした有力大手チェーン同士の戦いに変わる。漏れ聞くところによれば、総合スーパーの経営者同士、その当時は会っても口もきかないような関係が続いたらしい。傍から見るとまるで子供の喧嘩だが、当人たちはそうは冷静になれなかったのだろう。

企業間で強いライバル意識があるということは、逆に言うと、それら企業を含んだ〝一つの業界（産業）〟が存在するということでもある。そもそも土俵が違えば、ライバル意識が生まれることもない。強烈なライバル意識が、逆に強い〝業界意識（仲間意識）〟を育てることもある。彼ら若き経営者のあいだでも、共通する利害が意識されるようになり、一つの業界としてまとまって行動しようとする機運も芽生えた。一九六〇年代中葉のことだ。

総合スーパー企業群の急速な成長は、経済社会に多大な影響を与えていた。そのため、それら総合スーパーの活動を規制せよという声が、ライバルとなる百貨店や各地の商店街・小売市場などから出てきた。つまり、チェーンとして共に解決すべき課題が見え始めていたのだ。総合スーパー同士、大同団結への試みがスタートを切るその時を、中内は次のように述べている。

「ある雨の日、東京の赤坂プリンスホテルで、私と、堤清二さんの命を受けた西友ストアー副社長の上野光平さんが会談し、『協会をつくって発言しよう。社団法人ではなく任意団体でいこう』と合意した。以来、『ペガサスクラブ』のメンバーと共に、通産省の管轄下に入るのではなく、自由に発言できる立場を確立しようと準備を進めた[21]」。

一九六五（昭和四〇）年前後の頃だろう。この短い話の中からいくつかのことがわかる。第一に、中内と堤清二（ないしはその命を受けた上野）とが最終的に合意して業界団体づくりをスタートさせたこと、第二にペガサスクラブが少なからぬ役割を果たしたこと、そして第三に通産省の単なる受け皿ではなく、独自に活動できる業界団体の形成を目指そうとしたことがそれだ。そして一九六七年八月二日に、「日本チェーンストア協会」が設立された。協会の目的は、①流通の近代化、②消費者主権、③価格決定権の確立、④公正な取引の実現が柱となった[22]。

直営店舗を一五店以上展開しているチェーン展開企業が参加資格を持つことにした。ダイエーをはじめとする総合スーパーだけでなく、専門店チェーンを展開している企業も入会したので、会員数は六九社にも及んだ。構成メンバーの総店舗数は一〇八七店、売上高の総額は約五〇〇〇億円で、一社あたりの平均売上高は七二億円になる。設立総会では岡田卓也が議長となり、中内は満場一致で協会の初代会長に選ばれた。[23] そして設立総会では、初代会長として「倉本先生の愛弟子である藤島俊さんと渥美さんが書いた草案に基づく檄文」を読み上げた。

経済世界における暗黒大陸といわれた流通業の世界に、新しい秩序を創り出そうとしていること、そして「擬似百貨店」として日陰にあった企業群がチェーンストアの名の下に結集し、通産省が提唱している「流通近代化五カ年計画」の中でその存在を示すことを、宣言した。[24] 中内をリーダーとする協会はその後、大店法制定の際に一方の旗頭となり活動するのだが、それはまた後に述べたい。

2　高度成長の象徴的存在として

一九六九年の「流通元年宣言」

ダイエーは高度成長を享受した。ネックレス構想通りに、神戸と博多間の各都市に出店し、さらに東に向かう。それに対する消費者の反応は上々だった。ダイエーの新店にやってくる消費者の熱狂ぶりを見れば、そのことはわかる。時代はまさに高度成長、大量生産・大量消費社会の真っ只中にあり、ダイエーはまさにそうした社会を創造する当事者として、象徴的な存在となっていった。

一九六九（昭和四四）年初め、共にダイエーを経営してきた専務の中内力は退社した。この事件については、第二部で扱う。続いて翌一九七〇年三月、中内たち兄弟を支えてきた父の秀雄が亡くなった。中内は、いよいよ一人でダイエーを背負っていくことになる。だがこの時期こそ、中内のパワーが全開し、その思いが全面的に開花する時期でもあった。中内は一九六九年初頭に「流通元年」を宣言し、チェーンストア・ダイエーの発展を目指した。まずは、発展に備える本部の整備に挑んだ。物流センターの拡充と品質管理センターの設置である。続いて、東京を軸とした全国チェーン展開である。

一九六九年に、物流センター構想がスタートする。すでに一九六三年に西宮に本部を設立した時に物流センターをつくっていたが、そこが手狭になった。一九七三年、本格稼働を目指して、神戸沖の埋め立て地を購入し建設を始めた。神戸港の東側、東灘区地域の埋め立て地がその場所だ。敷地面積は八八三三坪（約二万九二〇〇平方メートル）。中内は、西宮の物流センターがスタートした時にこの用地を手配した。先見の明があったというのか、意欲的な成長策を秘めていたというのか、いずれにしろこのあたりは中内の独壇場だ(25)。自前の物流システムを念頭に、一九六九年に富島商運の子会社を譲り受け、阪神運輸倉庫と社名変更して、自前の輸送体制を整備した。

一九七〇年には、大阪・中津に品質管理センターを設置した。「消費者の立場に立って、商品の品質をダイエーがみずから検査し、安全な商品を提供したい」という中内の指示で、そのための専門組織を設けたのだ[26]。それまで商品の品質検査は、ほとんど公的機関に任されていた。企業内に品質検査体制を持つ会社もあったが、百貨店や大手メーカーの一部で、限られたものだった[27]。もちろん、総合スーパー業界としては初の試みだ。中内の品質管理センターへの期待は大きいものがあった。第一には、もちろんアメリカで学んだ本部主導の製品検査体制の実現への期待。第二は、フォー・ザ・カスタマーの精神に則ったダイエーらしい商品検査機関への期待。そして第三に、後に中内が志向する「ファブレス・カンパニー（工場を持たないメーカー）」の理想に向けて、その中心となる役割を果たすセンターへの期待である。

他の検査機関にない特徴は、「消費者の視点」が強調されたことである。中内は、開所式にあたって、「消費者の立場になって検査し、合格したもののみを仕入れる」と訓示しセンターの立場を鮮明にした。センターでは、ダイエー商品の品質、安全性、性能、耐久性、実用性等の試験・実験・研究と管理を行なった。検査機器も、オートグラフやガスクロマトグラフなど最新の機器が導入された。食品では、当時は添加物の問題や成分の擬似表示の問題が話題になり始めていた。衣料では、ホルマリン含有問題や、ワイシャツの色落ち問題、耐洗濯性問題、縮み問題等で研究が進んだ。メーカーを巻き込み一年がかりで解決したものもあった。日用雑貨では、残留農薬やポリ塩化ビフェニル（PCB）、カビ毒とも取り組んだ。PCBでは、年間約一〇〇〇件もの検体が持ち込まれ、徹夜も辞さずの状況だった[28]。

この後も、中内はよく、海外の商品などもセンターに持ち込んだという。その成分を分析しコストを見積もり、自社開発商品として導入可能かどうか見定めるためである。(29)センターは、こうしてダイエーが注力するPB開発において中心的な役割を果たすことになる。

こうした準備をして、ダイエーは東に向かう。まず東京進出だ。足元を固めつつ徐々に進出するイトーヨーカ堂やセブン-イレブンのやり方とは違っている。東京進出は、一九六四年に一徳という四店のSMの買収で始まった。それらの店は、ダイエー小岩、吾嬬《あづま》、中目黒、浦和店として再スタートした。その後、一九六七年一一月に川口店、一二月に東十条店をオープンした。それから間もなく、一九六八年に「首都圏レインボー作戦」を発表した。それは、東京都心を取り巻く人口急増地域をターゲットとし、都心をぐるっと取り囲むように出店する構想だ。

構想の肝は、第一に、都心から三〇～五〇キロ圏を今後の人口の増加地帯とみて、その地域の消費者が必要とするものを供給する店舗をつくること。結果的に都心に対して虹（レインボー）のように半円状を描いて店舗が展開することになる。都心から三〇キロ圏内だけでも人口は二〇〇〇万人あり、ダイエーが基準にしている三〇万人に一店舗の割合でも七〇店の出店は可能と見た。第二に、ダイエーの目論見としては、一九七三年に売上高四〇〇〇億円を達成する時には、その四分の一にあたる一〇〇〇億円を首都圏で確保することだった。(30)

構想発表後の一九六九年六月に、「ダイエー原町田ショッパーズプラザ」を町田市に出店。地上五階地下一階、売場面積一万一〇〇〇平方メートルのダイエーとしては東京初の大型店だ。それから半年後、一九六九年一二月にレインボー作戦の北の拠点とすべく赤羽ショッパーズプラザが赤羽に出店。そこは首都圏北部の川口、蕨、浦和、大宮などの各市を後背地に持つ商業地で、西友ストアーの地盤だった。直営で九二五七平方メートル、別棟の専門店街は二四四四平方メートルで、当時としては最大級の店舗だった。場所は、すでにその地に出店していた西友ストアーと二〇〇メートルも離れていない。[31]両店のあいだで「赤羽戦争」と呼ばれる激烈な戦いが繰り広げられた。

開店早々、新聞にもそのことが取り上げられた。「この日開店したのはダイエーショッパーズプラザ。店名を買い物客の広場と名付けただけあって、売場面積約一万平方メートルの直営スーパーと六十店の専門店を収容する名店街とのペアの建物。(略)約二〇〇メートル離れて西友ストアーがある。いわば目と鼻の先。店舗も大型で、両雄がこんな近くで競争するのは全国でも初めてのケース。(略)ダイエー出店初日の客数は五万人。地元警察は六〇人の警官を配置、警備本部を設けて交通整理をする[32]」。

当日の東京新聞でも「この日ダイエーが用意した目玉商品は、白砂糖が一キロ五七円の市価の半額以下、小売価格一〇〇円の洗剤が二九円、なかでも圧巻は一五型のカラーテレビで現金正価十二万九千円のものが六万九千円、それも数量に制限なく売りまくったというからすさまじい」と記事にした。

当時、赤羽の店長だった青井一美が、東の拠点として何としても成功させないといけないという社員の強い気持ちを述べた言葉が残っている。

「オーバーな言い方かもしれませんが、準備段階から命がけ（中略）。オープンまでの工期が短く、大変でした。前日になってもまだペンキが乾かず、そんな状態のなかで、什器、備品、商品をほとんど徹夜で、従業員の手で二階へ運び込みました。本館（直営部分）と別館（専門店街）の間の広場でのオープン式のときは寝不足と疲労と感激で胸がいっぱい[33]」。

相手はライバルの西友ストアーということで、厳しい対抗策がとられた。「隠しマイクを持って、毎日毎日、西友ストアーの商品価格を徹底的に調べました。おかげで比較できるものは一品残らず西友より安く[34]」するというのだからすさまじい。

『35年の記録』の中に残された社員の言葉の端々から、ダイエーの社員たちが東京進出にかけた意気ごみが伝わってくる。その努力は実り、開店三日目には、ダイエーの店としては初めて一日の売上高が一億円を突破した。

大証に株式上場

出店相次ぐ中、ダイエーは大証（大阪証券取引所）に株式を上場することになった。上場の直接の契機は、ダイエーを支えてきた末弟の力専務の退職にある。力専務の退職と共に、彼の持ち株の買い取りをすることになった。創業時の資本金は四〇〇万円だったが、専門家による計算では、ダイエーの純資産は六〇億円にもなっていた。力の持ち分はその半分。その分を買い取るために三〇億円が必要になったのだ。

突然の資金需要にどう対応したのかの話に入る前に、この当時のダイエーのファイナンスはどのようなものだったのか触れておく。ダイエーは、数多くの新規出店投資を、ある程度自身でまかなうことができていた。そのあたりの事情について、中内は次のように述べる。

「関西の場合、地主は土地を売って、その金で新しい仕事をしようという考え方が強かったですね。ですから、だいたい坪二十万円くらいで土地を売る。その土地を銀行に担保に入れずに一年くらい保有しておくと、だいたい坪三十万円ぐらいになります。そうすると銀行も、その七掛けの坪二十万円で担保にする。二十万円で買った土地を二十万円で担保に入れられるわけですから、それで回っていくわけですね(35)」。

店舗や土地に投資したからといって、ダイエーの投資可能資金は減らない。というのは、その土地が担保となって、次なる融資資金を得ることができるからだ。中内がここで言っているのは、いわゆるダイエー流「土地本位制」、つまり「土地を買い進め、それを担保に資金を調達して事業を拡大する」やり方だ。

事業を始める前に周辺の土地を買っておいて、事業が進むと共にその土地を売却するというこのやり方は、関西人にはなじみのないやり方ではない。小林一三は、最初でも触れたように、大正期、鉄道敷設と共に、あらかじめ購入してあった池田豊中周辺の五万坪の土地を高質な住宅と共に分譲した。二人のやり方は、鉄道やショッピングセンターができることによる土地の値上がりを見込んだ戦略だ。ただし、地価が大きく低下する時期にはこのやり方は通用しない。一九九〇年代のバブル崩壊後の厳しい不動産価格の下落の中、積極的な不動産投資を行なっていた多くの会社は、多額の負債を抱えた。ダイエーも例外ではなかった。

ダイエーのもう一つの資金源は、商品仕入の回転差の利用にある。中内に言わせると、「商品仕入れは二十日締めの翌月二十五日払いとか、だいたい三十五日から四十五日間のサイトがあるわけです。ですから現金支払いで、手形はいっさい切らない[36]」。

ダイエーほどの売上規模になれば、ひと月のサイト差があれば金利収益は小さいものではない。一〇〇〇億円の売上があって、金利が年五パーセントとしても、月にすれば〇・四パーセント。数億円の金利差収益が生まれる。ダイエーはこのように土地と資金の二つの回転差で生じる資金を使い、出店投資を賄ってきた。

ただ、それでも銀行が不要だったわけではない。例えば一九六一（昭和三六）年の三宮の新店建設では、融資を受けるのに苦労している。それまでのメインバンクだった三和銀行の融資がなかなか決まらず、急遽東海銀行に切り替えた出来事があったことを力専務は述べている[37]。

そんなこともあってそれ以降、専務の力はメインバンクを一銀行に絞らず三銀行から融資やサービスを受けるようにしていた。専務がいれば、資金借り入れは彼の仕事だが、今回は当の専務がおらず、そうはいかない。さすがの中内も「困り果てた[38]」。

中内は、伝手を頼って住友銀行から借り入れることを考え、みずから訪ねた。その当時の住友銀行頭取は堀田庄三。堀田に直接会い、借り入れを申し入れた。「堀田頭取と会っている時間分だけ融資が下りる、それも一分一億円」。こんな噂があったくらい堀田の銀行内の権力は絶大であった。中内は堀田から「担保はあるのか」と聞かれたそうだ。だが、中内は「学校で習ったことだが、担保があって貸すのは質屋。銀行は人と事業を見て貸すべきだ」と答えたという[39]。結局、一時間くらい面談して、住友銀行はダイエーに三〇億円を融資した。融資の返済は、ダイエーの株式上場でもって賄うことにした。専務の力の退任からまわりまわって、株式上場へと至ったというわけだ。

だが、株式上場の作業は実のところ大変だった。まず、大阪証券取引所の対応からして厳しかった。取引所にとって、成長し始めたばかりの総合スーパーという小売業態の事業内容はわかりにくかった。加えてダイエー側でも、上場のための体制は十分に整っていなかった。「審査書類の作成能力さえ疑われる始末[40]」。

当時のダイエーの経営形態が複雑であったことも、上場手続きが難儀になった理由の一つだ。そのことは、ダイエーの責任だけではない。当時、総合スーパーの出店には、厳しい法的な制約があったのだ。当時は百貨店法が存在していて、大都市では三〇〇〇平方メートル（地方都市では一五〇〇平方メートル）以上の売場を持つ店は百貨店として法の適用を受けた。その法の下での出店は許可制のため、思うように出店できない。そこで、その百貨店法の適用を避けることが総合スーパー各社の課題となった。

ダイエーは、一つの建物であっても、売場面積によっては各階ごとに別会社にした。そして、社名、包装紙、制服などを階ごとに変えた。「擬似百貨店方式」と呼ばれた方式だ。それで百貨店法の適用を避けた。それが理由で、ダイエー単体の決算でありながら、連結決算と同様の方式になった。大証に提出された資料は、通常の上場の際の五倍もの量になった。[41]

そして、大証二部に上場したのは、上場の検討を始めてから二年後の一九七一年三月一日だった。公開値は大証でのそれまでの最高値となる四五〇円だった。市場人気はさらに高く、公開初日に八二〇円を記録した。売出株数は八七四万株余りで、単純に株価八二〇円をかけると七〇億円を超える。住友銀行から受けた融資を返済して余りあるものだった。さらに翌一九七二年には、大証一部に上場を果たした。

同じように擬似百貨店方式で経営していた他の総合スーパー各社も、ダイエー上場以降、次々に上場する。一九七二年にイトーヨーカ堂、七三年にいづみや、壽屋、七四年にジャスコ（現イオン）、西友、ニチイ、七六年にユニーが続いた。

怒涛の大量出店

チェーンを経営する以上、一店一店の収益性にあまりこだわらず、とにかく出店してチェーンとしての規模の経済を得る。これが中内の基本方針だ。それに反対する当時専務だった中内力を説き伏せようとし、それがならず結局は別れることになったのだが、そこまでして中内が選んだ道だ。[42]

中内のその考えは、各店に大量配送できる物流システムの整備や品質管理センターの設置、上場による潤沢な資金の流入を得たことで一気に具体化する。「流通元年」を宣言した一九六九（昭和四四）年初頭には三四店にすぎなかった店舗は、その後、六九年に九店、七〇年には一気に一五店をオープンする。売上高も一九七〇年には一〇〇〇億円を突破する。その後も、年二ケタの出店を続け、一九七三年末までに総数一一一店にまで増えた。五年間で七七店増えたわけだから、年に平均で一五店を超える出店数になる。

その間、出店した各店は今のコンビニのように同タイプのものばかり、というわけではない。同タイプばかりだと、仕事もルーティンで済むが、この時のダイエーはそうではない。店舗は出店ごとに大規模化していった。大規模化すれば陳列商品も変わる。拡大した規模だけ、陳列商品量を増やせばよいというものではない。新しい革袋には新しい酒が必要になる。そのことは、実際に店舗内設計や店舗運営にあたる社員にとっては未知の分野に踏み込むことを意味した。代表的なケースを見てみよう。

一九七一年に出店した福岡ショッパーズプラザは、売場総面積が二万八〇〇〇平方メートル、一フロア面積が三五〇〇平方メートル、地上八階、地下二階。これまで次々に大規模店を出店してきたダイエーだが、それまでに比べてもはるかに大きかった。ダイエーとしても、自身の販売力を考えると、無理を承知の出店という自覚はあった。実際、役員会でも二の足を踏んだ。だ

が、最後に、ダイエー赤羽店のオープン当日（一九六九年一二月五日）に開かれた出店会議で中内が出店を決断した。(43)

それまでダイエーが持っていた商品仕入の力では、とてもフロアは埋まらなかった。衣料品では、三階、四階、五階の三フロア（一万平方メートル近く）を使うよう指示されたが、それは既存の店でいうと、食品や衣料や日用品を含んだ全フロア分に相当する広さである。それだけの分を衣料品だけで埋めることになった。

そこで、衣料品部門としては、すべての売場を地域一番店にすることを方針にした。紳士用カッターシャツ、イージーオーダー、スラックス、紳士服（この時、すでに導入していた「ロベルト」ブランド）を、それぞれ地域最大の売場にした。さらに八三〇平方メートルのスポーツ（ゴルフ）用品売場をつくり、独立店舗風のインショップ方式をダイエーで初めて採用した。また、直営だけでは埋まらず、専門店に声をかけて出店希望者を集めた。食品部門でも事情は変わらない。ダイエーの過去最大の売場をもってきても、今回の売場面積の半分にも満たない。そこで、全国見本市陳列、試食販売、マネキンを使っての宣伝などの販売促進策をこの時、考え出した。京菓子や東京のせんべいなど各地の名産品も集めた。

これまで経験したことのない試みだが、一九七一年六月に開店。当時、福岡市内には、天神店、清川店が営業していたが、この新店への市民の期待は大きかった。開店初日は激しい雨だったが、午前三時から客が並び始め、午前九時半には一〇〇メートルを超える列ができ、開店と同時に客は店の中に殺到した。「エスカレータをめざして走る人、階段をかけ上がる人と大変な騒ぎ。一つのエスカレータはあまりの人の多さで動かなくなってしまった。係員は『階段へどうぞ』『階段へ』と声をからして必死に誘導したが、五分後には一時的にお客さまの入店をストップせざるをえなかった。お客さまはまず地階の食料品売り場に殺到した。セルフかごは奪い合い。ついに地階売り場も『満員札止め』で入場を一時ストップしたほど。食料品売り場で最も人気のあったのが一〇〇グラム八円のバナナと鮮魚コーナーだった。(中略)初日一日で迷子が三〇〇人」も出たという。(44) 結局、初日は一〇万人の客が来店した。一日の売上高は一億円を超えた。「天神の人の流れを変える」と西日本新聞(六月一五日夕刊)も書いた。この店が、どれだけ福岡市民から期待されていたかがわかる。

新店を支える団塊の世代

そうした強い期待を持つ消費者の層は、それまでとは違っていた。その当時、社会に姿を現し始めた「団塊の世代」がそれだ。戦後間もなく、一九四七(昭和二二)年~四九年にかけて誕生した世代は団塊の世代と呼ばれる。一九四七年生まれは二五〇万人もいる。現代の出生数は一〇〇万人くらいなので、比較すると倍以上だ。団塊の世代が、高校や大学を卒業し、社会の第一線に登場し始めたのは、一九六五年以降のことだ。その当時の福岡ショッパーズプラザの商圏について は、超大型店だけに、三次商圏まで入れると、商圏人口は約一四〇万人を数えた。「年齢別にはヤング・ミセスが非常に多く、五〇歳以上はわずか八%。したがって購買力の大きい若青年層のウエートが高いため、市場力は非常に強い」と分析していた。[45]

二〇一四年時点で、わが国の女性のほぼ半分が五〇歳以上である。それを思うと、五〇歳以上の人口が八パーセントというのは信じられない数字だ。当然、ダイエーでも、狙うべき顧客セグメントは団塊の世代と考えた。彼らは、マンションに住み「マンション・ライフ」と呼ばれた洋風生活を営む。生活スタイルも、「友達のような夫婦関係」、「家族志向」、「敏感なファッション・センス」が特徴。「ニューファミリー」と呼ばれたり、「ニューライフ」というコピーが生まれたりしたのは故のないことではない。

ダイエーもこの後、この福岡の経験を活かして、一九七一年大阪京橋店、七二年横浜戸塚店と西口店とやつぎばやに大型店舗を出店する。単に多数店舗を開店するだけでなく、それまでにない大規模で、かつこの新顧客に応える店舗の開発がスタートした。[46]

こうして、ダイエーの最初の黄金期が実現する。一九七〇年に一〇〇〇億円に到達したダイエーの売上高が、七一年に二〇〇〇億円、七二年に三〇〇〇億円、七三年に四〇〇〇億円、七四年に六〇〇〇億円、そして七五年には七〇〇〇億円を超えた。見事な成長ぶりだ。「よい品をどんどん安く」というわかりやすいスローガンの下、社員の能力は目いっぱいに発揮された。中内の見事なリーダーシップというほかない。

インフレ経済下の「物価値上がり阻止宣言」

魅力的な店舗の出店によりダイエーの名は一気に社会に広まった。さらにオイルショック後の「インフレと闘う」という旗幟を鮮明にすることで、市民の味方の立場を明確にした。

一九七一（昭和四六）年八月、アメリカ大統領のリチャード・ニクソンは、それまでの固定比率（一オンス〈約二八グラム〉＝三五ドル）によるドル紙幣と金の兌換の一時停止を宣言した。ドルは信認を失い売られ、一ドル三六〇円の固定相場だった円が急上昇した。同年一二月、一ドル三〇八円で固定相場に戻った。輸出産業が大打撃を受けると予想されたが、しかし皮肉にもこの時を底に景気は上昇期に入っていく。それにつれて物価が高騰し始めた。

物価高騰に、ダイエーは抵抗する。一九七二年三月、ダイエーは「物価値上がり阻止運動」を宣言した。ちょうど創業一五周年にあたる時期でもあった。ダイエーは「身近な生活必需品三〇六品目を、向こう一年間、発表価格より値下げすることはあっても、値上げはしない」と宣言した。肌着、靴下など実用衣料品、牛乳、醤油、豆腐など食料品、洗剤、ティッシュ、ポリバケツ、乾電池などの商品がそこに含まれる。ダイエー九〇店でその運動が進んだ。この「物価値上がり阻止」宣言の企画書を書いた当時の販売企画課長の住田誠蔵は、これこそダイエーがやるべき仕事だという誇りで燃えた。

「ナンバーワン企業としてダイエーにしかできないことは何かを検討。年末から一月にかけて一気に企画書を書き上げ（中略）この物価高にお客さまに代わって何かやらんといかんと内心燃えに燃えていました。商品部の苦労のことなど、全く頭になかった[47]」。

普通だと、一五周年祝賀行事が開かれるところ。だが、ダイエーは、「社会に革命を起こす」という強い思いで満たされていた。自分たちの使命を知って、社会に貢献し、以って一五周年行事としたいという思いが社内にはあふれた。逆ザヤになると大変という反対の意見もないではなかった。だが、『35年の記録』を見ると、「(逆ザヤによる) 業績の心配なんかまるでしなかった」という人や、むしろ「これで世間にインパクトを与えて、ダイエーのパワーを見せられれば」という思いを持つ人や、「入社時教えられた『フォー・ザ・カスタマー』の精神を進んでやる会社だなと、誇りに思った」という人がいたことが述べられている[48]。

社会では、当初白い目で見る人が多かった。中内自身、後に「米国のスーパーの価格凍結のまねだ」とか「生鮮食品も有名ブランドもほとんどない」という批判もあったと言う[49]。他方、応援の声もあった。加藤寛（当時、慶応義塾大学教授）は「政府の物価対策の甘さに業を煮やす庶民の気持ちをよく代弁している」と評価した。関西主婦連会長の比嘉正子からは先にも述べたように、「たとえ三十三品群でも近所の店にも波及するから、結果的に一年間安い商品が買えるということになるのでは」と指摘してもらったと、中内は『流通革命は終わらない』で語る。

比嘉の予言通り、徐々に全国各地のスーパーも追随した。この運動は、かつてないインフレ状況下、仕入面での苦労はあったものの、一年間続いた。だが、中内の気持ちは収まらなかった。さらにもう一年続けることにした。「第二次物価値上がり阻止運動」の開幕だ。

毎日新聞（一九七三年三月一五日）は、この運動が一年続いたこと、他の総合スーパーも追随したことを評価して、こう書いた。「三〇六品目については、一年間値上げしませんと昨年三月中旬、中内社長が大見えを切ってから一年。その間、卸売物価は急騰に次ぐ急騰。小売物価も昨年末あたりから急上昇に転じた。ダイエーにとって苦しい一年だったが、価格凍結宣言品目だけは、どうやら値上げせずに切り抜け、また、当初に中内社長が予言したように、ジャスコ、ユニー、西友ストアーなど他のスーパーも同様の措置をとって後に続いた」と。

凍結期間中、ナショナルブランド商品の中には、当のメーカーや卸売りからの大幅値上げの要求がくる商品、あるいは継続入手困難な商品など、価格凍結に耐えることができない商品も出てきた。それに対しては、ダイエーの開発商品で置き換えるなどの工夫で対抗した。

ところが一九七三年一〇月、第四次中東戦争が勃発、石油輸出国機構（ＯＰＥＣ）が原油の供給削減を決定。いわゆる「オイルショック」の勃発だ。石油製品だけでなく、生活物資まであらゆるモノの価格が暴騰した。一一月にはトイレットペーパーを皮切りに、日用品から食品まで、全国で買い占め騒動が頻発した。価格凍結の対象となった商品は、開店後一〇分もせず売り切れる事態になった。現場からは「白旗を掲げて商品を確保し、供給に全力を注ぐ方が消費者のためになる」という声が相次いだ。しかし中内は、頑としてこの運動を止めない。「この期に及んでやめられるか。どんなにボロボロになっても、来年三月までは進撃あるのみ」と妥協を許さず、商品確保を指示した。[50]

「よい品をどんどん安く」の旗印を掲げて一五年。日本一の小売業となったダイエー。だが、それに安住せず一五周年行事を取りやめてまで、「物価値上がり阻止運動」に挑んだ。インフレが加速しても、その旗を降ろさない。社会の人たちには、自分たちの思いを実現する頼もしい会社、そう映っていたのではないだろうか。社会の需要とダイエーの思いがぴったりと一致していたのである。

(1) 中内の理念や信念を形成する上でさらに、もう一人、とりわけ大事なプレイヤーがいる。中内の末弟の力である。「ダイエーとは何をする会社なのか」、この問いをめぐり、二人は対立し、ダイエーは立ちすくんでしまう。一九六八年のことだ。力専務との対立は、ダイエーのそしてわが国の流通革命の性格を決める一つの重要な転機でもあった。これについては第二部の論考で取り上げる。

(2) 川一男［二〇〇九］、「川一男氏（二〇〇九年四月インタビュー）」中内潤・御厨貴編著『中内㓛　生涯を流通革命に捧げた男』（千倉書房）による。

(3) その当時のダイエー社員たちの活躍の様子は、ダイエー社史編纂室［一九九二］、『ダイエーグループ35年の記録』（アシーネ）から生き生きと伝わる。その点で、この社史はよくできた記録になっている。現場の声をできる限り拾うようにしていて、当時のダイエー社員が奮闘努力する息遣いまで伝わってくる。

(4) 渥美俊一［二〇〇七］、『流通革命の真実』（ダイヤモンド社）一八五ページ。

(5) その先頭に立った理論家として、先にも述べた喜多村実と吉田日出男がいる。すでに述べたが、喜多村は一九五二年に社団法人公開経済指導協会を設立し、わが国の小売業者に近代的な経営管理を普及すべく尽力した。吉田はわが国初のスーパーマーケットの創業者だったが、その後は経営コンサルタントとして活躍した。佐野眞一［一九九八］、『カリスマ』（日経ＢＰ社）に詳しい。

(6) 矢作敏行［一九九六］、『小売りイノベーションの源泉』（日本経済新聞社）五一〜五七ページ。
(7) 当時、商人は蔑視されていたと中内自身感じている。友だちが家族に「商人の子供と付き合ってはいけない」と言われたと言って離れていったと語っている。渡辺一雄［一九九〇］、『秀和は西武を見限り、なぜダイエーに走るのか!?』（徳間書店）一八三ページによる。
(8) 中内㓛［二〇〇〇］、『流通革命は終わらない――私の履歴書――』（日本経済新聞社）五八ページ。
(9) 前掲『流通革命の真実』一七〇〜一八六ページによる。
(10) 渥美は、中内の人生の転機となったアメリカ行きを勧めたのは自分だと言う（前掲『流通革命の真実』一七九ページ）。他方、中内は、訪米後に、自身の報告会で渥美に初めて会ったと言う〈流通科学大学編［二〇〇六］、『中内㓛　回想録』（学校法人中内学園流通科学大学）一六九ページ〉。微妙に話は食い違う。本文中のエピソードも含め、親しい二人のあいだの主導権をめぐっての心のつばぜり合いがある。
(11) 比嘉正子［一九八四］、『女声』（関西主婦連合会）四二〜四五ページ。
(12) 中内力［二〇〇四］、『中内力自伝　選択―すべては出会いから生まれた』（神戸新聞総合出版センター）五五ページ。
(13) 前掲『女声』四四ページ。この後、薬価問題が社会問題化し、割引販売が自由であることを大阪府医薬品小売商組合が認めた。現金問屋の主張が勝ったわけだ。だがそれは同時に、現金問屋の寿命の終わりの時でもあった。誰もが値引き販売をできる世界で、現金問屋の価値は落ちる。
(14) 前掲『ダイエーグループ35年の記録』一〇四〜一〇七ページによる。
(15) 前掲『流通革命は終わらない』九三ページ。
(16) 前掲『ダイエーグループ35年の記録』八三ページ。
(17) 同前八四ページ。
(18) 同前。

(19)同前六二ページ。
(20)フジッコ［二〇一〇］、『創造一路　フジッコ五〇年の歩み』（フジッコ株式会社）二二ページ。
(21)前掲『流通革命は終わらない』五九ページ。
(22)前掲『中内㓛　生涯を流通革命に捧げた男』所収の「岡田卓也インタビュー」による。
(23)中内はそれ以前、商業界ゼミナールのメンバーの発意で一九六二年二月に設立された日本スーパーマーケット協会の二代目会長に就任している。もっともこの会は一九六四年には活動停止している。
(24)前掲『流通革命は終わらない』五九ページ。
(25)この後、一九七四年に関東で厚木（二万一七〇〇平方メートル）、九州で福岡（二万七〇〇〇平方メートル）の物流センターを設けた。
(26)一九六八年に、消費者の権利の尊重及びその自立の支援を定める消費者保護基本法が制定された。
(27)前掲『ダイエーグループ35年の記録』一二〇～一二一ページ。
(28)同前一二一～一二六ページ。
(29)「中内潤氏へのインタビュー」による（二〇一六年七月一一日、聞き手は著者）。
(30)前掲『ダイエーグループ35年の記録』八八～八九ページによる。
(31)西友ストアーはすでに西武沿線、中央線、常磐線、東海道線を中心に五五店舗の展開を済ませていた。
(32)『毎日新聞』一九六九年一二月六日東京版。
(33)前掲『ダイエーグループ35年の記録』九二ページ。
(34)同前九三ページ。
(35)前掲『中内㓛　回想録』一八八ページによる。前掲『〔新装版〕わが安売り哲学』五三ページでも、中内はこう書く。「土地の利用は無から有を生じさせる力を持つ。そして自らの力で地価を高めることができる。（中略）その十倍の借り入れを可能にする」と。

（36）同前『中内㓛　回想録』一八八ページ。
（37）前掲『中内力自伝　選択』六六〜六七ページ。
（38）前掲『流通革命は終わらない』六三ページ。
（39）同前。
（40）同前六四ページ。
（41）前掲『ダイエーグループ35年の記録』一四二ページによる。
（42）詳しくは第二部第Ⅰ章を参照のこと。
（43）前掲『ダイエーグループ35年の記録』一四八ページによる。
（44）同前一四四ページ。
（45）ダイエー社内報『飛躍』による。
（46）ダイエーだけでない。街の人の流れを変えるような大規模店での出店施策を、ライバル企業も取り始めた。特に、イトーヨーカ堂とジャスコは目立っている。このうちジャスコの取り組みについてはダイエーとのかかわりの中で、後の章で紹介する。
（47）前掲『ダイエーグループ35年の記録』一六〇ページ。
（48）同前。
（49）前掲『流通革命は終わらない』九三ページ。
（50）同前九五ページ。

Ⅳ　流通新秩序

1　「よい品をどんどん安く」の先に

急成長がもたらしたもの

この時期のダイエーの売上高の伸びは、どこの会社の成長より早いものだった。それは、すでに述べたところの、本部組織の強化、高スピードでの出店、総合スーパー業態の確立、という中内の当初の目論見がものの見事に的中した結果でもある。そして、一九七二（昭和四七）年八月の決算では、三越の一三〇五億円を抜いて、一三五九億円と、わが国小売業の売上高トップに躍り出た。

一九六九年の「流通元年」の宣言通り、流通における新たな胎動が始まった。ダイエーの急成長は、ダイエーの周囲の状況を大きく変えた。本章では、ダイエーの高度成長が周囲に与えた少なからぬ影響について見てみよう。その第一は消費財メーカーとの関係の変質、もう一つは各地での地元商店街（小売市場）との対立する関係、である。

川上への垂直統合

ダイエーには多くの取引先がある。多くは卸売業者だ。小売業者は普通だと、卸売を経由して商品を仕入れる。小売業者が産地の農業者や個々のメーカーに手を伸ばしてそこから直接商品を仕入れる「直接取引」のやり方もあるが、そのやり方は実は効率的ではない。メーカーと小売業者のあいだに卸売業者が介在する「間接取引」のほうが効率的だ。だからこそ、そうした間接取引方式が日本では現実に成立してきたし、支配的な取引方式だったのだ。

だが、中内の目指すところは、商品を単に効率的に調達して提供することではない。「できるかぎり低価格で消費者に提供すること」にある。「よい品をどんどん安く」だ。そうするとどうなるか。より低い仕入コストを求めて卸売業者のさらに川上の供給業者へと遡ることになる。そこでは、「垂直統合」は必須の方法となる。

垂直統合という言葉には様々な意味がある。例えば、メーカー相手の垂直統合でいうと次の三つのタイプがある。①資本による統合。メーカーに資本参加する（ダイエーによるクラウンの統合のケース）、②経営参画。取引相手の経営に参画する（中内がウエテルの会社の役員になったケース）、③契約による統合。つまり、契約の下にメーカーの工場設備の専有権・利用権を得る。ここでは、メーカーないしは卸売業に対して、ダイエーの意思を反映できる仕組みづくりの意味で

用いているので、さしあたり上記三タイプを区別せず用いる。(1)

ダイエーとしての最初の川上への進出は、神戸に出店した時に商品ラインに付け加えた牛肉・バナナ・リンゴであったろう。それぞれ、既存の卸売業者を飛び越えて産地の業者と結びついた。そして、それがダイエーの誇るビジネスモデル、「単品大量計画販売」の原型となる。牛肉・バナナ・リンゴの農産品からスタートしてその後、加工食品、衣料品、日用雑貨品、そして家電製品と続いた。だが、同じ垂直統合といっても農産品とそれ以降の商品とでは大きな違いがある。農産品の供給者・メーカーは小規模で交渉力が弱かった点だ。

今では農産品にもブランドが付いているケースは多いが、当時はごくまれだった。流通過程でどのように扱われようと（値段を下げられて売られるとか、産地名を出さずに売られるとか）、誰も文句を言わなかった。ダイエーとしては、売れ残りリスクは負うことになったものの、旺盛な需要を背景に大量仕入の経済性を謳歌できた。(2)

他方、ブランドを持つメーカー相手となると話は違う。標準化された商品なので、大量仕入・販売のメリットは大きいのだが、よいことばかりではない。小売店がメーカーから商品を購入したからといって、メーカーの意思を無視して思いのままに商品を扱ってよいわけではない。ブランド品メーカーであればあるほど、それを認めない。両者の利害は対立する。

加工食品でのダブルチョップ方式

ダイエーが目指すのは、一流メーカーの商品を一時的に客寄せのためにディスカウントするのではなく、継続的にディスカウントすることだ。いわば、ウォルマートが言うところの「EDLP（Everyday Low Price：「毎日が低価格」）」を狙う。そのためには低コストでかつ安定した商品の仕入が不可欠だ。そこで川上への進出となるのだが、それは加工食品分野から始まった。加工食品は、水産練り製品・肉加工品・乳加工品・嗜好食品・調味料・菓子類・冷凍食品・レトルト食品・缶詰食品・インスタント食品等、多岐にわたる。その多くは、農産品と同じでメーカーの規模は小さく地域に分散的であるため、ダイエーが主導権を発揮するのはさして難しくはない。問題は、乳加工品、調味料、菓子、冷凍品といった商品だ。これらの業界では、メーカーの規模も大きい。ダイエーとしても、主導権を握るためにはいろいろな策が必要となる。典型的なやり方はこんなやり方だ。

ディスカウントする商品が決まると、まずその商品を仕入れ、備蓄する。社内で「戦略備蓄」と呼ばれた。もし、相手のメーカーがディスカウントを嫌がり交渉が決裂すると、相手に先んじて東京や九州のバイヤーも含めてそのメーカーの商品をさらに買い集める。そして、おもむろにその商品を低価格で店頭へ出す。メーカーは、ディスカウントされた自社商品を買い占めにやってくる。大手メーカーはその背後に自社系列の流通業者を抱えていて、それら業者からの「どうしてダイエーの廉売を許すのか」の不平不満の声には弱い。だが、「戦略備蓄」をして戦闘態勢を整えているダイエーはたとえ買い占められても、備蓄した商品をまた店頭に並べる。メーカーとの根競べだが、ダイエーは負けなかった。

いくつものトップブランドに、そうした戦いを試みた。森永粉ミルク、日清食品やエースコックのインスタントラーメン、渡辺の粉末ジュース、雪印バター、日清サラダ油、キューピーマヨネーズ、ネッスルのインスタントコーヒー、日本リーバのマーガリン、マックスウェルのコーヒーといったところだ。[3] 上記の策が功を奏し、価格に関してダイエーが主導権をとることができた。しかし、こうしたメーカーとの戦いは消耗戦だ。そこで、もう一つのやり方、ダブルチョップ（以下、「Wチョップ」と略す）方式がとられる。

安売りに打つ手がなくなったメーカーに、ダイエーは「（ダイエーとメーカーのWブランドである）Wチョップ」を提案する。メーカーが業界二番手以下のポジションであれば、喜んでダイエーのその要望に応えそうだが、ダイエーが本当に組みたい相手はトップメーカーだ。トップメーカーは諸手をあげて賛成というわけにはいかない。同じ名前の商品がダイエーで安く売られると、自社系列の卸売店や代理店から不満の声が上がってくる。卸店や代理店を納得させるためにと、次善の策としてダイエーのWチョップ提案を仕方なく受け入れる。だいたいこんな経過を辿ってWチョップが生まれた。

最初のWチョップ商品は日本製粉と開発した小麦粉小袋（一キログラム入り）の「ビーナス」という商品だった。ライバルだった日清製粉の同種製品の六二円という値付けに対抗して、五九円を値付けして大ヒットした。仕入値は五一円だったというから、その限りではダイエーの利益は出なかっただろう。

ダイエーにおいてWチョップで先行した分野は衣料品だ。東洋紡との取り組みが最初だ。食品の時と同じで、交渉が暗礁に乗り上げた時からWチョップの交渉が始まった。「カッターシャツ」が発売されたのが一九六二（昭和三七）年。ただこのWチョップ商品は、単に価格が安いだけではなかった。多サイズ展開というこれまでにない新しい工夫が盛り込まれた。「数を売るために、特徴と買いやすさが必要だと考えて多サイズに着目しました。縫製を担当する丸新布帛（その後、トミヤ・アパレル）と何回も話し合って、素材から縫製、貝ボタン、ボタンかがりまで満足できる商品を作らせ、同時に首回り三六～四三、裄丈七二～八四を中心に展開し」たという。[4]

同じ首回りで裄丈サイズが四種類、「あなたのサイズはこれです」というカードを商品の箱の中に入れて、カードの表に美人の絵を付けて捨てられないようにする工夫や、プラスチックボックスの陳列棚にしてひと目でサイズがわかるようにする工夫もあった。お客さんの苦情を聞いて、襟や芯地の改善を図り、糸の番手も四〇から六〇、八〇へと多様化した。初回契約内容は、四〇番手テトロン混、五六五円で納入して売価は六八〇円だった。月間売上は六〇〇〇枚にも上った。ダイエーとしてはかなり背伸びした仕入量だったが、それだけに店には発破がかけられた。[5] しかしその甲斐あって、その三年後には年間販売枚数は一〇〇万枚に達した。「丸新布帛」もこの商品一本に絞り、工場を新設し量産体制をとった。[6]

製造下請けで「つくって終わり」の関係ではなく、販売面まで目配りをしたようだ。同社社長の青山俊治の言葉が残っている。

「ダイエーは消費者主権、私どももいい品質、しかも安い商品を作らねばならない。大量生産はもちろん、管理費を下げるため、社長以下社員がダイエーの店頭に出て販売するなど心血を注ぎました。年末には閉店後の補充作業で社員が終電に間に合わなくなり、私が車で社員を送っていたこともありました(7)」。

本商品のもう一人の当事者は東洋紡。当時の東洋紡担当者は、三社の関係がよかったことを述べる。「東洋紡も素材や資金の援助をしたが、成功したのは三者一体のたまものですよ。ダイエーは青山さんに絶対の信頼を置いていました」と語る(8)。

当時、衣料品では、イズミヤやニチイ（その当時は、ハトヤ）といった衣料品主体のスーパーが強かった。だが、両社共に、ストアブランドに向けてのこうした本格的な取り組みはしていない。ダイエーが先陣を切って成功した理由として、次の二つが重要だ。

第一に、先に述べたように、ダイエー・丸新布帛・東洋紡のあいだで強い信頼関係を結成できたこと(9)。今で言う「ウィン・ウィン・ウィン」あるいは「共創」の関係だ。ダイエーは、この時代にそのような体制を創る知恵があった。

加えて第二に、ダイエーには「強力な商品部」があったこと。全社の商品調達を任された「商品部」は商品調達に関する強い権限を持っていた。それだけの権限がないと、Wチョップやストアブランドづくりは難しい。というのは、店舗別に仕入れていたのでは、量がまとまらずメーカーに対して圧力をかけることができないからだ。あるいは、店舗側の権限が強いと、せっかく開発したWチョップも開発側が思うようには店頭には並ばないからだ。いずれにしても、店舗に対して商品部が圧倒的な力を持っていて初めてメーカーとの共同開発は実効性を持つのだ。

Wチョップでは、続いて一九六四年には、グンゼと組んで「グンゼ・ブルーマウンテン肌着」を発売。当時のグンゼは、原糸から撚りまで、着て長持ちする品質の商品を製造していた[10]。東洋紡の時と同じ進行を経て、Wチョップの開発に至った。値段は、両社の要望のあいだをとって一五パーセント引きになった。このWチョップの肌着売場でも新しい工夫があった。商品をそのままの形で置いておくと、どうしても売場は散乱する。そうならないよう、「プリパッケージ方式」が導入された。今ある姿だが、業界初の試みだ。こうした工夫が相まって、一九七〇年にはダイエーの全肌着の売上の半分をこの「ブルーマウンテン」で占めた。全国でも、全肌着販売高の六パーセントにまで販売量は伸びた[11]。

農産品から食品・衣料品へ、そして日用雑貨品や家電製品へと垂直統合の試みは進んだ。電気製品や日用雑貨品でも、狙いもやり方も変わらない。まず、卸売業者やメーカーの代理店をスキップして、直接メーカーに取引を迫る。直接取引をメーカーが嫌がれば、自分でその商品を製造することも辞さないという強い態度で迫る。だが、家電と日用雑貨業界は、これまでの業界とは様子が少し違った。当該業界のメーカーの規模は大きくてしかもその数は少ない。

彼らは、ダイエーの言い分を受け入れなかった。一九六四年に花王石鹸（現花王）と松下電器（現パナソニック）は相次いで、ダイエーに対して出荷を停止した。ダイエーも、それに対して公正取引委員会に訴えた。両社との戦いは、それまでの業界・メーカーとのあいだにはなかったような深刻なものとなる。これらのメーカーには、そうする事情があった。そこを見てみよう。

「転型期」にあった寡占メーカーと対決

家電や日用雑貨の寡占メーカーは、自社の大規模な生産工場・設備を安定的に稼働させるべく、自前のチャネルをつくった。流通業者による自社開発商品の優先的販売努力を促し、価格維持を図る「流通系列化」の仕組みだ。これがダイエーに対峙するメーカー側の第一の事情になる。

家電業界トップの松下は、卸売だけでなく小売まで管理する。卸売業者や小売業者の商品取扱いをできる限り松下製品だけに限定させる方策、つまり卸売店と小売店の自社製品専売化を進めた。それにより、小売末端までの流通管理力を備えた。松下製品だけを販売するナショナルショップと呼ばれた小売業者ネットワークは、日本全国に広がり、最盛期には約二万八〇〇〇店にも及んだ。

花王はもともと、ブランド意識の強いメーカーだ。一九六〇年代のこの時期に、とくに積極的にブランド政策の展開を進めた。衣料用洗剤「ザブ」、衣料用柔軟仕上げ剤・帯電防止剤「ハミング」、塩素系漂白剤「ハイター」、衣料用洗剤「ニュービーズ」、歯磨き「ハロー」、「メリットシャンプー」「マジックリン」といったわれわれがよく名前を知るブランドは、この時代に誕生しその後大切に育てられたものだ。

花王にとって、自社ブランドは売上や利益を支える重要な資産だ。長期においてブランドの価値を毀損しないことがマーケティング上の中心的課題になる。そのため、ブランド商品の価格が乱れないようにすることや、ブランドのイメージを守ることが課題になる。それを実現するために、そのブランド商品が流通するチャネルを会社の意思が通じるように編成し管理する。

価格を下げない（再販売価格維持）、他メーカーに優先して自社商品を販売する卸売店や小売店を大事にする施策（専売店制）はそうしたメーカーにとって不可欠のものとなる。廉価販売をする小売店、当該ブランドをロスリーダーとして用いる小売店は、チャネルから排斥し、商品の取り扱いを禁止ないしは制限する。そうしたブランドを大事にするメーカーとダイエーが対立関係に入ることは避けがたいことだった。

もう一つ、時代の事情も大きい。流通における対立が厳しくなったのは一九六四（昭和三九）年～六五年という時期だった。この時期、東京オリンピック後のいわゆるオリンピック不況にあたる。高度成長の登り坂を一気に駆け上がってきたわが国メーカーにとっては、いわば初めて直面する不況だった。各社、構造的転換が必要となった。「転型期」と呼ばれたのは理由のないことではない(12)。

現実に、メーカー各社の売れ行きは伸びず、売れ残り在庫が流通過程に山となって積まれた。その事態に直面して、各メーカーのマーケティングも一変する。見ていこう。

一九五五年頃から、テレビ、冷蔵庫など家電製品が本格的に普及し始め、家電業界は大きく成長した。その流れを終始リードしたのが松下であり、その間、毎年三〇パーセントを上回る成長を遂げた。だが、一九六四年一一月期の半期売上は五〇年来、初めての減収減益となった。松下の系列店は、軒並み経営難に陥り、松下を支えてきた流通網が機能不全の状態になった。松下はこの深刻な事態を打開するため、同年七月、全国の販売会社、代理店の社長との懇談会を熱海で開催した。世にいう「熱海会談」だ。日程を延長して行われたこの席上で、幸之助は反省の念を表明し、互いの努力を期して幕を閉じた。熱海会談後、幸之助は、みずから営業本部長代行となって、系列網の改革案を打ち出した。一地域一販社制、事業部・販社間の直取引、新月販制度の三つだ。狙いはもちろん、松下の流通網を、松下の目がきちんと届くように整備し、定価販売を徹底できるようにすることだった。

同時期、花王もマーケティングを大きく転換した。専属販売会社の設置だ。事情は松下に似ている。花王の系列卸売店は乱売に手を焼いた。自社商品が、望んでもいない安売り店に流れたり、あるいはロスリーダーとして販売されたりするのを止めることができない。自社製品の流通過程を管理できないのだ。結果、花王の製品を優先的に扱う小売業者の売上が上がらない。対処策も尽きはて、自社専属流通網を築くべく、花王は販売会社を設立、一九六六年末には九州に誕生させている。

花王の強い指導の下、花王と取引のある日用雑貨の問屋同士が出資し合って、花王製品専属の販売会社を設立したのである。独立卸売業者が資本を持ち寄り、花王専売の卸売販社を設置するというのは、常識では信じられない話だ。自分が持っている花王商品の商権を、いくら出資しているとはいえ、他社に移すのである。それを主導した花王はそれだけ必死だったし、卸売業者の花王に対する信頼は厚かったのである。

この構想が実を結んだ。花王販社は、全国に続々と誕生し、一九六八年には一二八社にまで増えた。全国に販社ネットワークを構築した花王は、一九六八年七月には、花王↓販社↓小売店という流通チャネルを「基本的流通経路」と位置づけ、製品は販社を通じてのみ販売するという新政策を発表した。

「転型期」と呼ばれたこの時代、多くの消費財メーカーは多かれ少なかれ、自社の流通チャネル管理の強化に努めた。そしてこのマーケティングの転換は、ダイエーに大きな影響を与えずにはおかない。ただ注意したい点は、ダイエーの躍進がそもそも各消費財メーカーのマーケティングの転換を促したということだ。その波が、ブーメランのように当のダイエーに戻って押し寄せていたのである。

さて、こうした事情を抱えた松下や花王は、ダイエーと終わりなき戦いに入っていく。一九六四年、ダイエーは松下の商品を当時のメーカー小売希望価格からの値引き許容範囲である一五パーセントを上回る二〇パーセント引きで販売した。それに対して松下は、商品出荷を停止、ダイエーはそれを独占禁止法に抵触するとして裁判所に訴えた。すでに述べたように、これが対立の始まりだ。

松下はさらにダイエー等安売り店に流れる商品ルートを摘出するために、製品に秘密番号を付けた。医薬品、食品、そして衣料品のメーカーが、ダイエーに対してとった対策と同じだ。製品番号で供給するルートを見極められ、ダイエーの松下商品の仕入ルートは次々に潰された。ダイエーは、東芝など他メーカーと直取引を始め対抗しようとしたが、売場の形が整い、豊富な品揃えができるようになるのは、一九六六年頃からだった(13)。

さらに一九六七年一〇月、参議院物価対策特別委員会の議員団が兵庫県を視察した時には、その実態を知らせるべく、カラーテレビの秘密番号を特殊照射機で浮かび上がらせたりもした。議員たちは驚き、参議院での徹底糾明を約束した。当時は、カラーテレビの表示価格が実売価格を大きく上回る「二重価格」も問題になっていた。一九七〇年一一月一一日に公正取引委員会の谷村裕委員長が「不当表示の疑いあり」という談話を発表した。ダイエーはそれを好機とし、翌日、五万九八〇〇円の一三型カラーテレビ「ブブ」の発売を発表した。他の同型商品と比べ四万円も安い商品の登場は、メーカー主導の価格形成を打ち破る象徴的な出来事となった。

対立は深まるばかりだったが、ある時、中内は、松下幸之助の京都の別邸である真々庵に招かれた。茶室でお茶をごちそうになった。その時、松下から「もう覇道はやめて、王道を歩むことを考えたらどうか」と言われた。だが、それに対する、中内の答えはそっけないものだった。その時の心の内を後に、こう語っている。

「私はしばらくして『そうですか』とだけ答えた。松下さんは『水道から出る水のように、豊富に、世の中の人たちに電化製品を供給したい』という立派な『水道哲学』をお持ちである。『安売りをやめて、松下の言う通りに売ってくれたら、アフターサービスも全部する。だから流通経路を破壊するようなことはやめてくれ』と言いたかったのだろう。しかし、私には『安売り哲学』がある。価格決定権に関して妥協はできなかった。『ひとたび市場に出た商品の価格は、需要と供給の関係で決定されるべきである』。そう反論しようと思ったが、私はぐっと言葉を呑み込んだ。互いに相手の言い分はよく分かっている。だが絶対に同意はできない。だから『そうですか』とそっけなく答えるしかなかった。会談が物別れに終わり、『真々庵』を出ると、雨が降っていた。松下さんが傘を自分で差して、私を送ってくれた。それを最後に、再び会うことはなかった[14]」。

この会談は一九七五年のことだ。その後、一九九四（平成六）年二月に、ダイエーが忠実屋と合併するのを機に、忠実屋と松下との取引を継承する形で和解が成立した。「歴史的和解」「断絶に幕」と新聞には取り上げられたが、真々庵での対面から二〇年後のことだ[15]。衣料品や食料品では比較的簡単に価格決定権を奪い取ったダイエーだが、家電と日用雑貨品では苦労した。それぞれの業界の競争構造や流通過程の支配の程度が違ったからだ。だがそうした違いはあっても、時代の趨勢は中内が見通したような流れにあった。遅かれ早かれメーカーの流通支配権は失われていく。

2　地域商業との厳しい対立

各地での出店反対運動の激化

チェーンストア協会の設立を図る中内は一九七二（昭和四七）年、百貨店法（一九五六年制定）撤廃を要請する声明を発表し、出店の完全自由化を求めた。百貨店法は中小商業者保護を目的として制定された法律である。百貨店の新築・増築にあたっては通産大臣の許可を必要とすることとし、また営業時間や営業日数などについても細かく規制した。チェーンストアが未発達の時代には、百貨店だけが小売業界の大企業だったため、これを規制しながら中小企業を育成していこうとするのが法律の眼目だった。この法律が成長著しかったチェーンストアに対しても適用された。

ダイエーをはじめとする総合スーパー各社は、この法律を避けるのに苦心惨憺する。大都市では三〇〇〇平方メートル（地方都市では一五〇〇平方メートル）以上の売場を持つ店は「百貨店」としてこの法の適用を受けるが、その法の下では出店には許可が必要だった。総合スーパー各社は、それを避けるために一つの店舗でも売場面積によってはビルの各階ごとに別会社にした。それで法的には百貨店と見なされないで済む。「擬似百貨店方式」と呼ばれたやり方だ。だが、それは悪質な法律逃れだと、百貨店協会や中小商業の団体から厳しい糾弾があった。

中内は、協会長としてこの問題の解決に尽力した。その結果、百貨店法は廃止される。正確に言うと、「大規模小売店舗法（大店法）」施行に伴い、これに吸収されるという措置になる。これで総合スーパー各社は、擬似百貨店方式での出店という〝法律逃れ〟をする必要はなくなったのだった。

百貨店法に対してはそもそも、チェーンストア、中小商業者、そして百貨店のいずれもが反対だった。そこで、代わって大店法が登場することとなる。だが、それについてもまた三者の利害は錯綜する。中小小売店側は、大店法施行においても従来通りの「許可制」の存続を主張した。それは、百貨店もチェーンストアも通産大臣の許可なしでは出店させないという厳しいものだ。

他方、チェーンストア協会は、当然のことながら、「許可制」には反対する。当時の中曽根康弘通産大臣との懇談会の席でも、中内は、届けを提出したら出店できる「届出制」を主張した[16]。もう一つの当事者である百貨店協会は、許可制でない大店法は、野放図なチェーンストアの出店を促すのではないかと危惧した。こうして当事者三者ともに、大店法成立をめぐって疑心暗鬼の状態に陥った。幾多の紆余曲折はあったものの、中曽根通産大臣への折衝が功を奏し、一九七三年一〇月一日に大規模小売店舗法（「消費者の利益の保護に配慮しつつ、大規模小売店舗の事業活動を調整することにより、その周辺の中小小売業者の事業活動の機会を適正に保護し、小売業の正常な発展を図ることを目的とした法律」）が制定された。

それは「届出制」を基本とするものだった。中曽根首相は、中内たちには、「届出制」で納得させせた。それに対して中内たちは、商工会議所への届け出を避けて、通産局ないしは通産大臣への届け出とするのがせいぜいであった。商工会議所受け付けだと、実質的に許可制になるリスクがあったのだ。中曽根は、中小商業者には届出制と言っても商工会議所が審議受け付けを認めなければ審議が進まないことになるのだから実質は許可制だと言って納得させた。百貨店には、擬似百貨店はこれでいちおう通産省のコントロール下に置くことができる。野放しにならないから百貨店としても損はないと言って納得させた。

〝三方一両損〟の言葉の下、百貨店、小売店、そしてチェーンストアの三者においてとにもかくにも合意された。チェーンストア側では、通産大臣に届け出をすれば出店できることを目論んだが、現実はそうはならなかった。大店法は、限りなく許可制に近い届出制に変質していく。その変質は、チェーンストアの出店に大きな制約を与え、結果としてチェーンストアの業界構造の形成に大きい影響を与えることになる。

熊本市における出店反対運動

ダイエーは業界で最も積極的な出店を図った会社だが、それだけに全国各地で大型店出店阻止運動に直面した。なかでも、特に激しかったのは熊本だ。『35年の記録』にその経緯が詳しく記載されている。要約して紹介しよう。[17]

熊本県はダイエーとしては、九州で最後の未出店県だった。そこで、売場面積四万三〇〇〇平方メートル（うちテナント店舗六七四五平方メートル）と、熊本では飛びぬけて大型の店舗出店計画を福岡通産局に提出した。大店法では、五〇〇平方メートルを超える店舗の出店については、①届出書を提出し、その後、②地元への説明、③出店する小売業者の届け出、④商工会議所での商業活動調整協議会（商調協）での審議、⑤大規模小売店舗審議会（大店審）の結審という処理手続きが定められている。ただ、大店法では調整処理に期間設定がなかったため、無限定に期間が延びる傾向があった。

熊本市でも、ダイエーの届け出を受けて、商調協が組織され、地元商業者、消費者代表、学識経験者らが出席して、いわゆる調整四項目（①開店日、②店舗面積、③閉店時刻、④休業日数）について、提出された計画が妥当かどうかの審議が始まった。商調協は、一九七五（昭和五〇）年七月、六回目の会合で「全員一致で反対」の決議を出した。それまでに熊本商工会議所が議員総会でダイエー進出反対を決議していたし、また県経済常任委員会も、進出反対決議を採択していた。熊本全県にわたって反対の嵐が巻き起こっていたのだ。

ダイエーは再度の届け出を決めた。その背景には、消費者側委員が正当な審議が行われていないということで辞表を提出したことや、商調協の会長が「審議に公正を欠いた」として辞職したといった事情があった。

どの地域の出店でもそうだが、商業者は基本的に出店反対、消費者は出店賛成に意見が分かれる。熊本県でもそうだった。出店賛成の消費者たちは、商調協の審議やり直しを求め、通産局に対する行政指導を要求し、積極的に立ち上がった。署名運動には、一九七五年一二月に発足した熊本市消費者連絡協議会を中心に一一万人（のちに一五万人）が参加した。

そうして一九七七年三月に再度届け出を福岡通産局に提出し、同年三月には建築確認申請書も認可を得た。再届出においては、売場面積を削り二万八九五五平方メートル（うちテナント八八九一三平方メートル）にした。これで進出の賛成表明をする商店街や自治会も出てきた。

こうした世論を背景に、同年一〇月二一日に、ダイエーは建築に着工した。それに対して、商店街側は負けてはいなかった。「近代協青年行動隊（近代協）」と名付けられた組織を結成し、力ずくでの工事妨害に出た。その中で、商調協は一〇月二九日にまたもゼロ回答を出した。さらに一九七八年七月には、三回目の申請をするがそれもかなわず、ついに舞台は中央の大店審に持ち込まれた。それは差し戻しになり、四回目の申請を図った。その間、ダイエー側では近代協や商工会議所と会合を重ねるが、ゼロ回答が続いた。そこで再度、大店審に委ねられ、同年一二月五日にようやく決着を迎えた。その時には、しかし、認可された売場面積は一万三〇〇〇平方メートルと、大きく削減されたものとなった。

以上が熊本の出店手続き処理の大雑把な経緯だが、程度の差はあれこうした反対運動が各地で頻発した。熊本市では市議会が出店反対を決議したが、京都市議会ではこの年、五年間の大型店出店凍結を決議した。ダイエーをはじめとする大型総合スーパーの出店は、大店法成立をきっかけとして厳しく規制された。

大型店の出店規制は、一九九一（平成三）年の大店法改正まで続いた。大店法を改正からさらに廃止にまで追い込んだのは、日本市場の開放を求めるアメリカ合衆国連邦政府の「外圧」だった。日米の貿易格差を縮小する目的で行われた日米構造協議において、一九九〇年二月にアメリカが「大店法は非関税障壁なり。撤廃すべきだ」と要求し、日米構造協議の焦点の一つとなった。その結果、大店法は改正され、これまで商工会議所に置かれて大型店の出店を調整した商調協の制度も廃止された。これ以降、大店法の運用は大幅に緩和されることになる。

大店法の帰結

ほぼ二〇年にわたる大型店出店規制の流れは、ダイエーにそしてまた流通業界に何をもたらしたのか。簡単に整理しておこう。

大型店出店規制に向けての商店街の運動はこれまでになく激しかった。彼らは、大型店出店により甚大な被害を受けると予想して反対したのだが、不幸にもその予想に間違いはなかった。規制が緩和された一九九一（平成三）年以降、商店街と小商店はつるべ落としのように一気にその地歩を失っていく。「商業統計速報」によれば、二〇一四年時点で小売商店数は八〇万店を割り、一九八〇（昭和五五）年当時の半分以下になっている。

小規模小売商店が消えていったのは、大型店出店という外圧のせいばかりではない。家族従業者を用いた小売業経営の限界もあった。家族経営こそが彼らの強みだったのだが、商人の家族も大きく変容した。もはや、家族がまとまって店を経営すること自体が難しくなっていて、その凋落に輪をかけた。チェーンストアという外の敵だけでなく、商店の内にも敵はいたのである(18)。

ダイエーにとって大店法は、どのような意味を持ったのか。功罪相半ばする。この法律が成立したために、それ以降の出店や店舗売場面積の拡張が規制され、ダイエーの成長は減速を余儀なくされた。これは「罪」のほうである。もし出店規制が現実のものとならなければ、ダイエーは日本中を席巻し、それこそ後に述べるが、一九八一年の四兆円構想を予定通り実現させたのではないかという話は想定できるところである。

実際、ダイエーから五年遅れてアメリカで創業したウォルマートは、この頃からぐんぐん規模を拡大する。ダイエーが売上高一兆円を超え、四兆円構想をぶち上げたのが一九八〇年前後。その当時、ウォルマートの売上高は一六億ドル強で、日本円だと一六〇〇億円程度(一ドル一〇〇円換算)だった。ウォルマートは、一九八〇年代にその規模を二〇倍に拡大し、一九九〇年には三二六億ドル(一ドル一〇〇円換算で三兆二六〇〇億円)になるのだが、この時点でも、ダイエーは規模的にはそれほど引けを取るものではなかった。乱暴な比較だが、もしアメリカのように自由に出店を続けることができれば、とそんな夢を見ることができる。

だが現実には規制が生まれ、ダイエーは総合スーパーチェーンとしての拡大戦略に制限がかかった。拡大戦略に代わる新たな成長戦略の策定を強いられた。それは、ダイエーに新たなリスクを生んだ。

他方、功罪の「功」の面も二つある。第一に、大型店出店反対運動とそれに応じる出店規制の政治的機運を、ダイエーは一つの戦略的契機として活かしたことだ。中内はそもそもチェーン規模の経済を最大限活かしたビジネス展開を考えていたが、この大型店出店規制の機運がそれを後押しした。「早いうちに出店しておかないと、出店できなくなる」というのが、社内組織をリードする合言葉になった。ある意味、ピンチをチャンスに結びつけた。結果として、一九六九年から実際に出店規制が行われる一九七四年までの五年間に、全国に七十数店もの出店が行われたことは先に紹介した通りだ。

功罪の「功」の第二の側面は、規制以降において、ライバルの出店が規制されたことだ。これは、ダイエーにとってはことのほか有利に作用した。というのは、その当時、ダイエーがわが国最大のチェーンであり、多くの地域に、先行して出店していたからだ。つまり大店法は、ダイエーが出店した地域において、その間安定した独占的地位をダイエーに与えるという側面を持っていた。ただ、そのことが長期にわたってダイエーにどういう影響を与えたかについては、後に触れることにしよう。

3　変容するダイエー

複数路線戦略の追求

大店法施行以降の中内ダイエーの新しい展開を描くにあたって、これまでの中内ダイエーの歩みを簡単に振り返っておこう。

大手寡占メーカーや出店反対運動と戦う中で、ダイエーは重要な三つのイノベーションを積み重ねた。その第一は、新小売業態の開発だ。「ドラッグストア」業態でスタートした後、生鮮食品を品揃えに加えて「スーパーマーケット」業態へ、そして衣料品や家電品を加えた「総合スーパー」業態へ、さらにはサービスや娯楽機能も加えた「ショッピングセンター」業態へと、その展開は続いた。第二に、「自社本部機能の拡充」である。アメリカからの帰国後、本部一括集中仕入体制を目指し強力な本社商品部を設置する。同時に、「本部インフラの構築」もいち早く試みる。自社物流体制や自社内品質検査機関の創設が図られた。第三に、先に詳しく述べたことだが、食品から日用雑貨そして電機業界に至るまで、川上に向けての「垂直統合」を試みる。それは、Wチョップやストアブランドづくりというかたちとなって結実する。

こうした試みはすべて、中内ダイエーが先陣を切ったものだ。あらためて注意したいのは、それぞれの道が決して唯一の道あるいは必然の道ではなかったということだ。ダイエーとして、それ以外に選択肢はあった。

例えば、ドラッグストアとして成長する道があった。SMとして成長する道もあった。実際、マツモトキヨシやスギ薬局のようにドラッグストアチェーンとして、あるいは、ライフやヤオコーのようにSMチェーンとして、成長した企業はある。あるいは、本部一括集中の形態を選ぶのではなく、店舗ごとの仕入を重視して地域に合った商品を品揃えする道もあった。あるいは、物流機能や品質検査機能を外注化する道もあった。垂直統合というかたちでメーカーの領分に入らず、商人たることに純化して、それによって手に入るフリーハンドの力を用いて「よい品をどんどん安く」する方法もあった。

中内ダイエーは、そうした想定される〝もうひとつの道〟を選ぶことなく、①「品揃えの拡大」、②「本部一括集中仕入」、③「自前のインフラ」、④「垂直統合」の道を選んで歩んできたのである。

ダイエーが選び取ったこの道を、程度の差こそあれ多くの会社が追った。そして、総合スーパーという一つの産業が生み出された。ダイエーは単に売上高で業界トップを走ったというだけでなく、「総合スーパー」という産業を生み、産業の基本構造を定める役目を果たしたのだ。[19]

だが、ここにきて、中内ダイエーは、戦略の転換を図ることになる。中内に助言を与えてくれた父の秀雄が亡くなり弟の力が去って、この時期、中内は不安と悩みを抱えてしまう。そんな折に臨済宗高僧の山田無文師に会った。師とは『対談・あきないと禅』（春秋社）の共著を一九七五（昭和五〇）年五月に出すことになるのだが、その時の心境を、『流通革命は終わらない』の中でこう語る。

「『次は売上高一兆円！』。とてつもない高い目標を掲げつつ、一方で極度の不安に襲われた。私を信じてくれた父はもういない。そう思うと、途端に『私の進んでいる道は正しいのか』という疑問がわいてきた。そんなとき精神的な救いを求めて、臨済宗妙心寺派の管長、山田無文老師にお会いした。（中略）仕事の迷いや不安を話すと、老師は『大衆のためにという菩薩心から出発したから成功できたんや。スタートの気持ちを最後まで貫けば、いつ死んでもええはずや』と説教してくださった。酔いも手伝い、父の死後、頭を離れなかった迷いが少しずつ晴れるような気がした。『社会が必要とするなら、あんたの会社はおのずと残る』。極め付きのこの一言で、命のある限り自分の信じる道をひたすら歩む腹を決めた。まさに『不自惜身命』の心境である[20]」。

一九七〇年代に入ったこの時期は、さすがの中内も事業上、悩み多き時期だった。すでに述べたように、各地の大型店出店反対運動や大型店出店規制策により総合スーパー業態での出店は難しくなっていた。ダイエーは、成長こそが利益の源泉と考え、出店スピードを最大限アップさせてきたのだが、出店スピードを下げざるをえない状況に直面して、社の基本方針の再検討が必要とされた。ここから、中内が進む道は複雑になる。中内は自身を振り返って次のように述べる。

「事業への挑戦は『薬』から始まった。次に『口から入るものはすべて薬』と考え、菓子、食

図表1　ダイエーの複数路線戦略

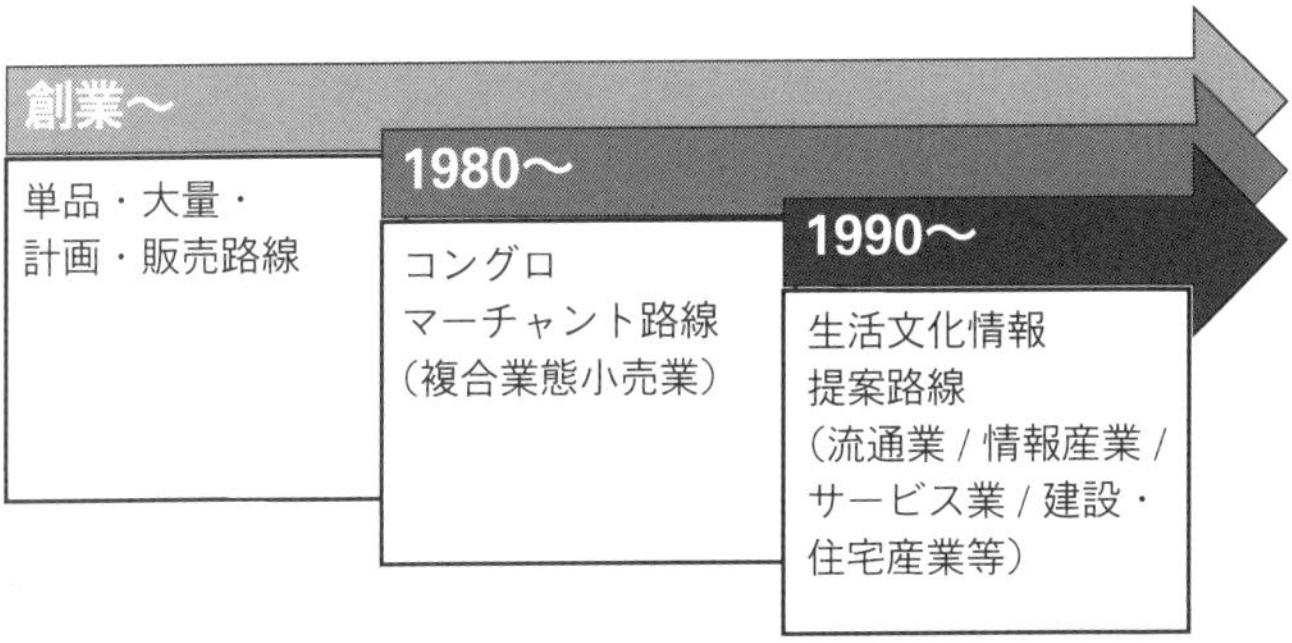

［出典］　筆者作成。

肉と品揃えを増やした。食料品と同じように、生活に密着した商品として衣料品や家具、家電製品なども取り扱うようになった。商品の種類を増やすだけでなく『買い物をする場』としての店も選べるように、専門店や百貨店をグループの中に抱えた。さらに『非日常の時間の使い方』を楽しんでいただこうと、地域に根差したホテルや劇場も造り、生活空間における『店揃え』を増やした[21]」。

これまでは「単品・大量・計画・販売」一本槍のシンプルな路線だったが、ここからは複数路線が追求される。**図表1**に整理して示しておこう。

中内の目指す第一の道は、従来通りのディスカウンターとしての「単品・大量・計画・販売」だ。これは、一九九〇年代、「ハイパーマート」として具体化する。第二は、百貨店やコンビニといった複数の小売業態、レストランや金融といった複数のサービス業を含めた多業態・多サービス業を抱え込むコングロマーチャントへの道、そして第三は、それらのハード・ソフトを一体にした、大規模なまちづくり・文化づくりの道で、「生活文化情報提案路線」ということになる。これは、新神戸オリエンタルシティや福岡ツインドーム構想に具体化する。

この図は、路線交代ではなく、複数路線が重なり合って展開する戦略を示している。本章ではこのうち、コングロマーチャントの道について見ていこう。生活文化情報提案路線については後述する。

店舗コンセプトの転換と組織改革——碑文谷店の経験

さて中内は、「大量単品計画販売」に代わる新たな基本方針を探った。一九七五（昭和五〇）年四月一日、東京・目黒区の碑文谷《ひもんや》に出店したが、これはダイエーにとって一つの転機となる。「消費者の生活場面に合わせて売場をつくる」ことが、同店のコンセプトだ。ブーズアレン社からの提案であった(22)。それまでのダイエーの売場は、電気機器、家具、日用雑貨、衣料品といったぐあいに製品・素材別に構成されていた。それを、アパレル&パーソナルケアとか、ホームレジャー&ホビーといったように消費者の生活スタイルに沿って売場を構成しようという試みだ。ダイエーは、フォー・ザ・カスタマーを組織の基軸に置いていたが、「消費者の生活側に立った売場づくり」の試みはなかった。ダイエーの消費者志向は、そもそも価格を基軸としたものだったからだ。だが、ここにきて価格から、消費者への生活提案を軸とする生活情報企業への方向転換が必要と考えるようになる。そのことを中内はこう語る。

「これまでは単に、ナショナルブランドのメーカーと価格主導権を争い、いかに合理的な価格で提供するかということが主体だった。しかしこれからは、われわれ自身が、消費者が本当に必要としている商品を見つけ出し、その情報をメーカーに伝えていく。（中略）そういう意味で、われわれ自身が、情報産業化しなければなりません。情報の提供はメーカーだけでなく消費者に対しても必要なわけで、お客様に対してはすでに商品をどのように使っていただくかという生活情報提案企業になりつつあると考えています[23]」。

「情報産業」とか「生活情報企業」とか、これまでにない言葉が中内から出てくる。一九七三年のオイルショックを経て、消費者の消費意識の変化が叫ばれていた時代だったが、中内は先鋭的な感覚でそれを捉えていた。ダイエーはこうして、「脱安売り」を図り、事業のウイングを大きく広げた。生活提案型店舗は、言うは易く行うは難し、だ。中内は、そのために会社全体の再構築を図った。まず、商品分類体系の変更を試みた。商品体系の変更によって、商品コードが変わる。商品コードが変わると、社内の受発注から取引先との契約に至るまですべての取引態様が変わる。

新しい商品分類体系を社内に導入する狙いは、三点あった。第一に、そもそもの目的なのだが、顧客志向の商品分類にすること。第二に、管理コストを極力削減できるようにすること（商品アイテム数、取り扱い難易度、バイヤー数、管理密度が含まれる）、そして第三に、今後、大きい需要の伸びが見込める商品群（例えば、ジュニア関係、レジャー・ホビー関係）を重視することだった。

それに伴い、四つの商品グループが定められた。第一はアパレルとパーソナルケア（衣料品、服飾、装身雑貨、化粧品等）。第二は食料品。第三はホーム（家具、室内装飾品、洗濯機、冷蔵庫、寝具等）。第四は、レジャー、DIY、ホビー等（レジャー、レクリエーション関連商品）だった。

取引先との関係のありようも、社の組織も大きく変わった。[24] その最初の実験舞台が碑文谷店だ。碑文谷の商業施設としての立地はさほどよくない。単独立地で周囲に商店はない。駐車場は狭く、交通手段はバスと徒歩。だが、生活提案型店舗をつくる上では格好の商圏であった。山手線外側の既成住宅地であり、新しい生活スタイルを先取りできる高所得者層を後背地に持っていた。

碑文谷店の階層構成は、一階は食料品フロア、二階はレディースフロア、三階はベビーと子供服フロア、四階はメンズフロア、五階は暮らしのフロア、六階は趣味とレジャーのフロア、七階は家具と寝具のフロアである。ライフスタイル別売場ということだが、なんのことはない、今の百貨店の階層構成そのままだ。だが、これがこの当時、最新スタイルだった。

売場構成もこれまでの店と比べて大きく変わった。例えば、電気器具は数フロアに分散した。電池は七カ所に分散し、照明器具は家具インテリアの売場に、衣料品階にあった寝具はハードラインに、シャンプーや石鹸もハードラインへ分離された。

開店した碑文谷店は、時宜に合った試みだと評価され、客の評価も高かった（『日経流通新聞』一九七五年四月二四日）。オープン時の売上高は予想に達しなかったが、日経流通新聞や週刊ダイヤモンドは「ダイエーの今回の新しい売場構成、商品分類は、実は消費者以上に、社の内外に与える影響の方が大きそうだ」と伝えた。他方、取引先は大変だ。生活提案型売場の展開に伴い、問屋の扱い商品は広がらざるをえず、その分、問屋の負担は大きくなった。中内はそれに対して、「もはやデパート、専門店、スーパーといった小売形態で競争する時代ではなくなった。ダイエー、三越といった企業形態の違いで競争すべきだ。ダイエーが新しい商品分類を導入するのも、そうした姿勢を示すためだ」と強気に答えた[25]。

そうしたダイエーの意気込みにもかかわらず、店の業績はその後も伸び悩んだ。売上高は三カ月たって対目標値八五パーセントにまで落ちた（『日経流通新聞』一九七五年九月一一日付）。そこで店では価格帯を即座に二ランク、アップさせた。食品でいうと、一般食品では、輸入食品を大幅に導入する、チーズ売場を三倍の広さにする、生鮮でも高級果物や一キログラムのブロック肉（八〇〇〇～一万円）を揃え、鮮魚では刺身アイテムを増やした。

問題は、二ランクアップの商品は、大阪本社商品部で仕入れている既存定番商品群では十分に賄えないことだ。そのため、大阪の商品本部との折衝が連日続いた。商品本部への説得が功を奏するにつれ、碑文谷店に合った商品が徐々に揃っていった[26]。

日用雑貨商品やメンズ売場でも構成品目が調整された。電気カミソリは、これまでの売場がそうだったように家電売場に移された。電気カミソリが欲しい中年男性は、何も考えることなく、電器売場に向かうのだ。

さて、碑文谷店の取り組みを詳細に紹介したが、戦略転換は言葉では簡単だが、裏側での苦労はどれほどのものになるのかわかるだろう。単品・大量販売体制は、仕入における本部一括集中仕入で済む。だが、消費者の生活スタイルに沿いながら購入客の単価を上げる「ワンストップショッピング体制」は、それでは済まない。

中内は、ダイエー創業以来、「本部一括集中仕入」体制の構築に注力してきた。本社に力のある商品本部を設置して本社集権体制を固め、他方で各商品の仕入量を増やし仕入コストを下げるために、店舗数の拡大（売場面積の拡大）を図った。その意味では、どこに店を出すかを決める「社長」と、本社で全店の全商品を一括して仕入れる「商品部」と、配荷や店舗での商品の流れを管理する「コンピュータ」と、現場でマニュアルに従って作業する「パート従業員」がいれば十分こなしていける。その結果、「ダイエー店舗の売り場づくりは、本社スタッフである『商品部』がやっていた。現場の店長は、『商品部』が揃えた商品を『商品部』が作ったお仕着せの売り場で、ただがむしゃらに売りまくる」という経営体制がつくられた。(27)

今試みている生活提案型コンセプトへの転換は、ダイエーのこれまでの組織体制や方針とは異なる。個々の顧客に生活提案をしようと思えば、本部で集中一括仕入をして店舗に商品を配荷するだけでは済まなくなる。個々の店は、目指す顧客に向けての適応が重視される。そのために

図表2　ダイエーの2つの路線

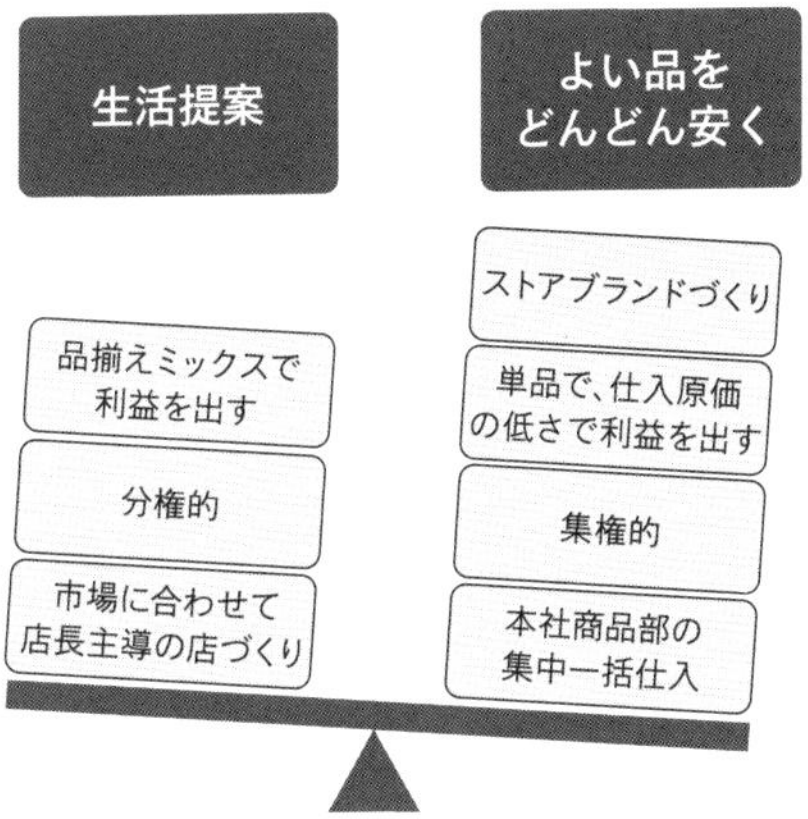

［出典］　筆者作成。

は、①店舗レベル（地区レベル）での仕入体制、②店長の自由裁量の強化、が必要になる。それに伴い、本部集権から分権への移行、現場での自由裁量の拡大、店長人材の育成が組織課題となる。二つの路線の比較対象を**図表2**に示しておこう。

ここにきて、ダイエーは組織の中に互いに矛盾する二つの要素を抱え込むことになった。中内は、ダイエーには「集権的分権化」が必要だと言ったが、まさにその通りだ[28]。だが、中内自身がその言葉に続けて「それは言うは易くしてやるのは難しいですな」とも言う[29]。それもその通りなのだ。

コングロマーチャントへの道

この時期、中内は、碑文谷店のような新業態の導入を図ると共に、「コングロマーチャント（複合業態小売業。百貨店・ＳＭ・ディスカウントショップなど異なる業態の小売店舗を傘下に持つ小売業）構想」を提唱する。まずは、レストラン事業だ。キャプテンクックが一九六九（昭和四四）年、ドムドムとステーキハウス・フォルクスが七〇年、ダイエーレジャーランドとデベロッパーの竜野開発が七一年に設立された。中内に言わせると、ダイエーの周辺で栄えているビジネスを直営化しようという「周辺ビジネス直営化」の試みだ[30]。

中内が目指す「コングロマーチャント構想」には、百貨店が必要だった。一九八〇（昭和五五）年三月にパリのプランタン百貨店と提携し、オ・プランタン・ジャポンを設立し、一年後に神戸三宮に第一号店を出した。百貨店経営を軌道に乗せるには、日本の大手百貨店の協力が欠かせないと考え、その候補に高島屋を考えて連携を図った。だがこの連携は、複雑な諸事情があって実らなかった。

米国のローソンミルク社と提携して、一九七五年六月、大阪の豊中市にコンビニエンスストアのローソンを開店。セブン-イレブンの一号店に遅れること一年だった[31]。「パーティーフーズ」を品揃えしたり、二四時間営業を開始したりと、様々な試行錯誤を重ねた。一九八五年には『オレンジページ』を創刊した。買い物の情報源として主婦が一番活用しているのは新聞の折り込みチラシ。そこに掲載される商品に、その使い方情報も加えて月刊誌に仕立て上げれば、主婦の日々の料理に役立つと中内は考えた。元経済誌記者の馬場禎子を編集長に起用した。創刊号は印刷した二五万部が完売した。

ディスカウント店の業態開発にも力を入れた。一九七九年にビッグ・エー、八〇年にトポス、八一年にDマートを導入した。

成功したのはトポスだ。できるだけ経費を使わない店舗オペレーションを求めて、倉庫型店舗、段ボールで商品を積み什器は極力使わない。店内の色模様も黄色と黒の二色に統一。買物袋は有料とし、営業時間も短くし午前一一時から午後七時までとした。ダイエーの既存店舗の中にも、店舗が狭いとか駐車場がないなどの理由で競合に勝てない店舗も出てきていたので、そんな店をトポスに業態転換した。この業態転換の手法は、コングロマーチャントの狙いの一つだ。その目論見は当たり、トポスは導入時から急成長した。[32]

ディスカウント業態の導入と共に、低価格商品の導入に取り組んだ。ダブルブランドの導入や、先述のクラウンと組んだ家電製品「ブブ」の導入はその一つの試みだ。それをさらに徹底したものにすべく、「圧倒的な安さ」を前面に打ち出したPB導入に取り組んだ。最初は、「ノーブランド」。「ヒントは米国から送られてきたラルフというスーパーマーケットのPR用パンフレットにあった」。そこには「プレーンラップ」という名で、白地にブルーの線一本の簡素なパッケージの商品群が載っていた。中内はすぐにロサンゼルスへ飛び、自身の目で商品を確かめ買って帰った。[33]

帰国後、品質管理センターでその成分を分析し、日米のトップブランドと比較し、同じコンセプトで商品づくりを始め、一九七八年に白地にブルーの帯だけのデザインで「ノーブランド」を発売した。しょうゆ、サラダ油など食品一三品目を商品化し、日用品一〇品目も追加した。原料費や容器代を徹底的に節約、広告宣伝費もかけず、ナショナルブランド（NB）商品より三割安い価格を実現した。創業以来、これまでもストアブランドというかたちでPB商品の開発に取り組んできたが、コンセプトを統一した最初である。二年後には安さだけでなく、品質と機能を重視した「セービング」という名のPB商品の開発にも乗り出した。NB商品と同程度の品質でありながら、生活費もセーブできるというコンセプトを「セービング」という名に込めた。

「脱スーパー」宣言──マッキンゼー提唱によるSBU体制

一九八〇（昭和五五）年以降、以上述べたように多業態及び生活支援サービス事業の展開が進められた。ダイエー傘下には、総合スーパーのダイエーに加えて、百貨店プランタンとディスカウント業態、そしてコンビニと主要小売業態は揃った。サービス業も、レストランに加え、金融や出版事業などが加わった。

ダイエーと並んで、西武セゾングループも同じような方向を目指した。彼らは「総合生活産業」の旗印を掲げ、百貨店からGMSやコンビニまで多様な小売業を持つほか、劇場やホテルにまで進出し、渋谷や尼崎の大型商業施設「つかしん」など一つの街をデザインする力をも持ち始めていた。

百貨店を軸とするグループの東急や阪急なども、百貨店からGMSさらには専門店チェーンに至るコングロマーチャント体制を模索し始めていた。他方、GMS系のイトーヨーカ堂やジャスコは、そこまで多彩な事業構成は控えていたものの、それでもコンビニや専門店チェーンを自社内に持つに至っていた[34]。

こうなってくると、「百貨店会社対総合スーパー会社」、あるいは「総合スーパー会社対コンビニエンス会社」、ないしは「総合スーパー会社対ディスカウンター会社」という小売業態会社間の対決の構図は色を薄くする。多様な業態を持つダイエーと、同じく多様な業態を持つ西武セゾングループや東急グループ、あるいはイトーヨーカ堂やジャスコなどコングロマーチャント同士の争いが前面に現れる。そうした会社間競争に勝ち残るために、コングロマーチャントには、多様な戦略や多様な組織を併存させる枠組みが必要になる。

だが、問題は多様な事業と組織を有効にかつ効率的に経営できるかどうかである。ダイエーは、その壁に直面した。

これまでダイエーは、急角度で売上高を伸ばしながらも、そこから十分な財務的成果を引き出してはいない。一九七二年の上場以来、七〇億円（同年）、一〇〇億円（七三年）、一五〇億円（七四年）、二二〇億円（七五年）と順調に営業利益額を伸ばしてきたが、七六年は二一〇億円に落ちた。これは、上場（創業）以来初めての減益になった。だがその後は、一九八〇年までに売上高が七〇〇〇億円から一兆円に伸び、営業利益額もそれにつれて三四〇億円まで伸びた。ただ、売上高は好調だが、売上高営業利益率はよくて三パーセント前後。業界トップとしては低

売上一兆円達成時の喜びの笑顔

い。トップとしての貫録を示すどころか、イトーヨーカ堂やジャスコより劣る。また、小売企業の経営の効率を表す「交差比率（売上高利益率×棚卸資産回転率）」でも、ライバル各社に劣り、収益効率ではこの当時、業界大手で最下位だった。

今は規模拡大の時期であって、この後に収益性が大きく改善するはずという先行投資説も考えられた。しかしこの時、中内はそうは考えなかった。戦略だけが先行してそれを利益に変える仕組みがうまくいっていないと判断した。その現実に対応する組織の方向づけと組織づくりの枠組みが必要だ。そこで世界的なコンサルタント会社のマッキンゼーを起用し、複雑な戦略と組織を運営する枠組みを探った。一九八一年のことだ。

マッキンゼーは、三つの変革を提案した。第一に複雑に絡み合い重なり合う戦略・組織を戦略的事業単位（SBU）として切り分けること、第二に地方分権を図ること、そして第三に単体重視からグループ全体のマネジメントへ移行すること、である。[35]

そもそも事業を分けるには、三つの切り口がある。①顧客別に分ける方法、②製品別に分ける方法、③技術別に分ける方法である。小売業に即して言えば、技術別では小売業態別事業部制、製品別では医薬品や食品や衣料品等製品別事業部制、顧客別では地域事業部制ということになる。それぞれのやり方にメリットデメリットがあるが、マッキンゼーと中内は、そうした選択肢の中で顧客別事業部制を選んだ。

それにより、会社の性格は大きく変化する。いわゆる「地域事業本部制」が具体化し、関東事業本部、近畿事業本部などの事業単位が全国に七つ設けられた。それまで、地域事業本部が置かれていても、本社への情報吸い上げ経路ぐらいの役割しか果たしていなかったが、それが会社の中心組織になる。各地域事業部は、多様な業種（製品）と多様な小売業態を手持ちの資源として持ち、各地域の顧客ニーズに合わせた店づくり、店揃え、品揃えを図ることになる。

こうした形に戦略・組織体制が整備され、中内は一九八二年一一月に「物を売るだけのスーパーの時代は終わった」と「脱スーパー」を宣言する。「脱スーパー」を掛け声にしてさらなる成長を目指し、「売上高四兆円構想」をぶち上げたのである。[36] それは、ダイエーが抱え込んだ矛盾を、新たな成長チャンスとしようという目論見にほかならない。

（1）現実にはこの三つの区別は大事だ。というのは、どのタイプの統合方式を用いるかで、現実の成果は大きく異なるからだ。①のタイプの統合により、ダイエーは大赤字を被ることになる。後に中内は、資本による統合タイプを反省し、こう語る。「流通業は変化対応業そのものです。例えば、パンなら一番美味しくて安いパンをベストソースから買えばいいんです。それに小売業はある意味で日銭商売ですからね。ところが、メーカーは生産設備を持って一度生産に入ってしまうと、簡単に身動きが取れなくなってしまう。メーカーと流通業はやはり住む世界が違うということを、高い授業料を払って思い知らされましたよ」と。
(2)(中内切［一九九四］)、「雨の真々庵で幸之助翁から『覇道でなく王道を』と言われた」『月刊経営塾』一九九四年一二月臨時増刊号（経営塾）による。
(3)もっとも農産品はそれほど仕入の経済性が効く商品ではない。大量仕入に対応する量と質の確保が難しいのが理由だ。それが理由で、生鮮三品を本部仕入でなく、各店仕入で対応する小売企業も少なくない。
(4)ダイエー社史編纂室［一九九二］、『ダイエーグループ35年の記録』（アシーネ）六〇～六一ページ。
(5)同前六六ページ。
(6)同前六五～六八ページによる。
(7)丸新布帛も、ダイエーと共に成長した会社の一つだ。だが同社は、二〇〇九年に倒産する。
(8)前掲『ダイエーグループ35年の記録』六八ページ所収の青山俊治氏の回想談による。
(9)同前六八～六九ページ所収の四角正則氏の回想談による。
(10)同前六六～六九ページ。
(11)同前六九ページ。
(12)同前六九～七〇ページによる。衣料品ではその後、カネボウ、ニチボウなどとのWチョップが導入された。
(13)「転型期」という表現は、昭和三七年版『経済白書』に使用されて以降、一般化したものである。
(14)前掲『ダイエーグループ35年の記録』一二八～一三〇ページによる。
(15)中内切［二〇〇〇］、『流通革命は終わらない――私の履歴書――』（日本経済新聞社）七七～七九ページ。
(16)ちなみに花王については一九六五年、花王はダイエーが花王製品を大幅に値引きして販売していることに反発して製品の出荷を止めた。両社の取引の再開まで一〇年と松下電器ほど長引かなかった。一つの理由は、花王が出荷停止の根拠としていた再販制度が撤廃されたことがある。
(17)前掲『流通革命は終わらない』六一ページ。

(17) 前掲『ダイエーグループ35年の記録』二四七〜二五四ページ。
(18) この点については、石井淳蔵［一九九六］、『商人家族と市場社会』（有斐閣）を参照のこと。
(19)「バリューネットワーク」という考え方がある。クレイトン・クリステンセン［二〇〇一］、『イノベーションのジレンマ（増補改訂版）』（翔泳社）で提唱されている概念だ。産業の取引のネットワーク構造を指す。クルマをつくる日本のメーカーは、エンジンは内製するが、タイヤは外注する。電装部品は子会社でつくる。他方、同じ乗り物産業の飛行機製造業は、エンジンも電装部品もタイヤも外から購入する。自動車と飛行機、同じ乗り物機械製造業界でも、何を自社で製造し、何を市場で調達するのかに違いがある。あるいは、同じ自動車産業でも、日本とアメリカでは何を内製し、何を市場で調達するかに違いがある。価値を生み出す取引構造のネットワークが違っているのである。どのようなバリューネットワークが創られるかで、産業の性格自体が決まってくる。ここでいう「産業の基本構造」というのは、このバリューネットワークを指している。
(20) 前掲『流通革命は終わらない』八一ページ。
(21) 同前八四ページ。
(22) 前掲『ダイエーグループ35年の記録』一九一〜一九八ページによる。
(23) 名和太郎［一九七九］、『巨大小売集団・ダイエーの全貌』（国際商業出版）二七二〜二七三ページ。
(24) 前掲『ダイエーグループ35年の記録』一八二〜一八六ページ。
(25)『週刊ダイヤモンド』一九七五年四月二六日号（ダイヤモンド社）九四ページ所収の記事「挑戦する〝ライフスタイル売場〟新商品分類で顧客開拓狙うダイエー」による。
(26) 野村證券による事例研究資料による。
(27) 大西良雄［一九八六］、『ダイエー恐るべし!!』（こう書房）二九ページ。
(28) 中内㓛［一九九六］、「中央集権的分権主義」『VOICE』一九九六年六月号（PHP研究所）による。

(29) 流通科学大学編［二〇〇六］、『中内㓛　回想録』（学校法人中内学園流通科学大学）二五五ページ。
(30) 同前二四二ページ。
(31) 業界トップのダイエーには、あちこちから新規事業の話が舞い込む。中内によれば、セブン-イレブンやマクドナルドからの提携の話も来ていたそうだ。
(32) スムーズな業態転換ができるのは、コングロマーチャント・ダイエーの基本戦略であり強みだ。だが、デメリットもある。「総合スーパーが確保していた顧客や商圏」を失ってしまうというリスクである。イトーヨーカ堂やジャスコは、地道に既存顧客や商圏を守ることに心を砕いた。業態転換手法を手の内に持っていたダイエーは「商圏確保」にはあまり関心はなかったようにみえる。
(33) 以上、前掲『流通革命は終わらない』九六～九七ページによる。
(34) 田村正紀［一九八二］、『流通産業大転換の時代』（日本経済新聞社）では、この当時の業界各社が直面している課題が生き生きと示されている。
(35) SBU（Strategic Business Unit）とは、それ独自の戦略と組織と必要資源とを備えた独立事業体組織を指す。軍隊でいうと、戦場で戦うために必要な設備や装備や人員を備えた師団になる。当時、ハーバードビジネススクールのスタッフを中心に開発された「戦略計画」の考えをベースに生まれた概念だ。多角化し、多種多様な事業を抱えた会社（GMや松下電器など）でこの手法は重宝されている。
(36) 中内は後に「松下（電器）の事業部制のようなもの」という理解を示す。松下のそれは「製品」別事業部制であり、「事業部制」といってもダイエーの「顧客」別事業部制とはタイプは異なる。だが、社内に独立事業部を設け分権的経営を行うという点では同じだ。同時に、しかし、松下電器のようにうまく機能しなかったと中内は述べる。理由は、ダイエーでは事業をすべて子会社化していたために、本部（本社）の意向を十分反映できなかった点にあると言う。前掲『中内㓛　回想録』二五六ページによる。

V　絶えざる革命

河島博と「V革」

コングロマーチャント構想は、しかし、順調には進まなかった。構想の実現に向かって新事業の種をまくが、なかなか実を結ばない。中内もその点は気づいていた。後に「何が原因なのか。『時期が悪い』『育て方が悪い』『私が教育ママのように口を出し過ぎ』。あれこれ考えるが、正直なところ私にも分からなかった」と述べている[1]。

赤字の直接の原因は、「P」「C」「B」と呼ばれる三つの事業だ。百貨店のオ・プランタン・ジャポン、音響機器メーカーのクラウン、ボックスストア（限定品揃えの倉庫型店舗）のビッグ・エーだった。あまりの収益の悪さに、周囲は「PCB汚染」と陰口をたたき、中内自身も先の話に続けて「特に出来が悪い」と述べるほどだった。

それだけでない。ダイエー本体の調子もよくなかった。一九八二（昭和五七）年一一月の決算では、全店舗の七〇パーセント以上もの店舗で前年割れとなった。そして、一九八三年の決算時には、全店ベースでの売上高こそわずかに増えたが、既存店の売上高が落ち、経常利益は三割を超す大幅減益となった。ダイエー本体が子会社の赤字を支え切れなくなっていた。「ダイエーグループ全体の手術が必要」と中内は判断した。[2] 加えてその頃から、臨教審の委員、経団連、新大学設立など、中内はダイエー以外の仕事が忙しくなり始めていた。

そうした事情が重なって、ダイエーの経営を長男の潤に将来禅譲することを考え、その大番頭役にと外部から河島博（一九三〇〜二〇〇七）を起用した。河島は、日本楽器製造（現ヤマハ）の社長として目覚ましい活躍をした。海外での販売経験もあり、レジャー関係や音響機器にも詳しい。その腕を見込んで、中内が直々に会って口説き落とした。

河島は、大卒一期から三期までの若手幹部を起用して、ダイエー再建のための三カ年計画、いわゆる「V革」を練った。専務の中内潤は三〇歳にもならない若さだったが、メンバーとして入った。計画の焦点は、子会社の構造改善と本体の収益力向上の二つである。一九八三年三月のことだ。

この時、会長兼社長の中内はこのメンバーから外れた。「過去の『ワンマン中内』を知る人には信じられないだろうが、私はこのとき、計画の立案から実行までのすべてを若手に任せた。たまに質問や議論をするが、上がってきたプランはほとんど原案通り受け入れた[3]」とは、中内自身の言葉だ。

この河島を中心とする取り組みの詳細は第二部に譲るが、成果はすぐに出た。連結決算は、一九八一年に三六億円あった経常利益が、八二年にはマイナス六五億円になり、八三年にはマイナス一一九億円にまで膨れ上がった。それが、河島登場後の一九八四年にはマイナス八八億円に縮小し、八五年には一〇億円だが黒字転換し、翌八六年には二八億円に戻した。「この成功はダイエーグループ全体の診断書を書き、大胆な手術を冷静に実行した河島副社長の手腕によるところが大きい」[4]と中内は河島の功績を高く評価する。

ダイエーは復調したと見たのだろう。中内は一九八七年になって矢継ぎ早に手を打った。まず、河島を経営トップの座から外した。同年二月に中内は、リッカー再建の全面支援を決め管財人となったのだが、その代理として河島を社長として送り込んだ[5]。

続いて、長男の潤を副社長に据え、はっきりと彼への禅譲を狙う経営体制を打ち出した。ただしかし、社長は依然変わらず中内自身であった。重要な意思決定案件についての主導権は放さなかった[6]。

総合スーパー業界の競争激化

三年間の空白を置いて一九八七（昭和六二）年、あらためて中内はダイエー経営の主導権を握った。だが、ダイエーの経営は簡単なものではなくなっていた。ＧＭＳ事業は厳しい競合に直面していたのだ。一つは直接のライバルたちの力がそれまでより大きく上がっていたこと、そしてもう一つは、これまでいなかった新しいライバルが登場し始めていたことである。ライバルとの厳しい競合の象徴的なケースを、ジャスコとの戦いに見ることができる。

話は少し前に戻る。一九七〇年前後、ダイエーは破竹の勢いで各地に出店していた。その影響を受けたのは出店地域の既存の商業者であったが、同時に小さい規模で出店していたスーパー群も大きい影響を受けた。その一つに、ジャスコがある。長年、中内の秘書をしていた大友達也はそう述べる。(7)

例えばということで挙げるのは、ダイエー香里店だ。一九六八年にダイエーは香里店を開店した。近くにはジャスコ寝屋川店があった。だが、ジャスコ寝屋川店は合併前のスーパー・シロ時代の店で、駐車場がなく、規模もダイエー香里店の四分の一程度だった。ダイエーの新店とは勝負にならず、しばらくして閉店した。大友に言わせると香里店に「ひねり潰された」のだ。

合併した当初のジャスコは小さい店舗が多く、店の統廃合が課題となっていた。そしてジャスコは、一九七五年に一つの明確な戦略を立てた。それは大店法成立という状況変化を睨んで、①「共存共栄型ショッピングセンター」を、②人口一〇万人以下の中小都市に出店し、③地域一番店の地位を確保する、戦略だ。その戦略は、ダイエーに対する対抗策でもある。つまりその当時のダイエーは、関西から九州にかけて「ネックレスの形のように中四国地方に出店する「ネックレス構想」や、東京を取り巻くように出店する「首都圏レインボー作戦」を公表し、着々と実現していた。それに対して、ジャスコはダイエーなどの大手スーパーと競合することを極力避け、東北や信越地方など大手が進出しそうもない地域へ出店することにした。[8]

兵庫県でいうと、ダイエーが姫路、三宮、明石、西宮など大規模都市商圏へ出店する一方で、ジャスコは当時の人口が三万〜五万人ほどの三木市や小野市などへ出店した。小商圏であっても、その商圏での「一番店」の地位を確保して、地域の顧客を捉えるべく品揃えを工夫すれば、利益は十分出ると確信し、それを実証していった。

ジャスコを設立した岡田卓也（現イオン名誉会長相談役）は、「地域一番店確保戦略」こそが、小売経営の要諦であると言う。同時に、地域一番店の覇権争いこそが流通革命を貫く最も基礎にある論理だと指摘した。[9]

地方での出店を通じて会社としての地力を蓄えるにつれ、都心部にも地域一番店となる巨大店舗を出店し始める。ジャスコの巨大店舗の出店と共に、今度は前とは逆に、その近くに立地するダイエー既存店舗は厳しい戦いへと追い込まれる。一九六〇年代後半の逆転現象が起こったのだ。

先ほどの寝屋川店。ジャスコは一〇年後の一九七八年に寝屋川グリーンシティをオープン。敷地が二万二六六七平方メートル。ジャスコを核店舗に九五の専門店、一〇〇〇台の駐車場を持つショッピングセンターだ。一九六八年開店のダイエー香里店の客数、売上高は減少する。そして二〇〇五（平成一七）年に閉鎖する。

そうした動きは、一九八〇年代に入って目立ってくる。一九八四（昭和五九）年、ジャスコは埼玉県川口市に一〇〇〇台の駐車場を持つ七八四〇平方メートルの大型新店をオープン。二四四六平方メートルしかないダイエー埼玉県川口店（一九六七年開店）の売上は急減し、業態転換を行うものの、一九九九年閉店。一九八六年、大阪・茨木市に九九九九平方メートルの売場面積、七〇〇台の駐車場を持つジャスコ新店オープン。売場面積で半分、駐車場に至っては五分の一の規模しかないダイエー茨木店（一九六八年）は一九八八年に業態転換して対応するも、二〇〇二（平成一四）年閉店。大店法の規制緩和が進む一九九三年には、ジャスコ那覇市那覇店を売場面積一万九〇〇〇平方メートル、三〇〇〇台の駐車場で出店。国際通りに近い沖映通りにあった駐車場がないダイエー那覇店（一九七五年に反対運動の中、苦労して開店）は二〇〇五年閉店。一九九四年、ジャスコが大阪の高槻市郊外に、一万五二〇〇平方メートルの売場面積と二五〇〇台の駐車場を持つ店舗を開店。ダイエー高槻店（一九七一年開店）は一九八八年にトポスに業態転換していたが、売場面積が三分の一しかなく九九年閉店。[10]

一九七〇年代、天馬空を行くごとく流通革命の先頭を走ってきたダイエーだが、一九八〇年代に入るとライバルたちも着実に力を付けていた。この当時（一九八二年二月決算）、ダイエーの売上高が一兆四〇〇〇億円で営業利益が三七〇億円。一方、イトーヨーカ堂は一兆円で五〇〇億円。西友は八二〇〇億円の二〇〇億円。ジャスコは七八〇〇億円で二六〇億円であった。[11]

カテゴリーキラーの出現

「流通革命」と一口で言っても、革命を構成するプレイヤーは同一とは限らない。そこに着目すると、三つの時代に分けることができる。流通革命の第一の波は六〇年代の後半だ。言うまでもなく中内ダイエー主導の時期である。これまで述べてきた通りだ。「第二の波」は、大型店出店規制の時代、一九七五年から九〇年の時期に起こる。ダイエーを含め総合スーパー大手各社は出店数を減少させたが[12]、新たなプレイヤーが出現した。衣料品、食品、コンビニ、家電、DIY、ドラッグ、シューズ、書籍、家具などの特定品目に特化した「専門量販店チェーン」がそれだ。彼らは、大型店出店規制を追い風にロードサイドに出店を進めた。大店法の出店規制は、第一種大規模小売店：店舗面積三〇〇〇平方メートル以上（特別区・指定都市は六〇〇〇平方メートル以上）に対するものだ。第二種大規模小売店については店舗面積五〇〇平方メートル以上が規制の対象となる。そこで、ロードサイドに五〇〇平方メートル以下で出店することで規制の枠を逃れる作戦をこの当時の専門店チェーンは採用した。

それら専門店は、得意の商品カテゴリーに絞り込み価格で勝負する。「単品大量計画販売」のビジネスモデルを徹底して追求したという意味では、中内が理想とするその販売への志向は、むしろ取扱商品限定の専門量販店チェーンのほうが徹底していた[13]。

専門量販店チェーンが進出した商圏においては、他の店は当該商品カテゴリーの取り扱いを縮小せざるをえなくなる。「カテゴリーの殺し屋（カテゴリーキラー）」と呼ばれるのはそのためだ。カテゴリーキラーとしては玩具のトイザらスが有名だが、衣料品の青山商事、アオキインターナショナル、ドラッグのマツモトキヨシといった会社がこの時代、店舗網を拡大した。中内の言う、「だしじゃことスカートを合わせて一番」ではなく、「だしじゃこで一番」ないしは「スカートで一番」になることがここでは大事なことなのだ。(14) そして「だしじゃことスカート合わせて一番」のGMSは、「だしじゃこ一番」、あるいは「スカート一番」の地位を確保した専門店チェーンと、価格面で厳しい戦いを強いられることになる。

大型店出店規制の緩和に伴い、さらに激化する競争

一九九一（平成三）年には、大型店出店規制的な調整の中核となっていた商調協が廃止され、運用が大幅に緩和された。この後、各地で大規模な店舗やショッピングセンターの進出が進むこととなる。競合状況は一変する。

イオンは以前から進めていた戦略をさらに進める。地域の商店との共存共栄の旗印の下、「地域一番店」の目標を掲げて、巨大ショッピングセンター（SC）を各地に展開した。イトーヨーカ堂も「地域一番店」を狙う点では同じだ。一度つかんだ商圏は手放さないしぶとい経営だ。店舗のスクラップ・アンド・ビルドを繰り返しながら、関東圏、特に常磐線沿いの商圏を徹底して守る。(15) 加えて一九九二年には、セブン-イレブンの社長だった鈴木敏文を親会社のイトーヨーカ堂のトップに据え、GMSからコンビニ事業へのシフトを鮮明にする。(16)

イオンとイトーヨーカ堂両社は、小売業界におけるトップの地位を確保し続ける。イオンにはショッピングデベロッパー事業、イトーヨーカ堂にはコンビニ事業と、両社の収益を支える事業は収益性も高く強力な事業となっていった[17]。大店法による規制の下、ロードサイドに出店していた専門店チェーンも店舗の大規模化の波が起こり、勝ち組と負け組に分かれた。家電量販店チェーンでは、コジマに続きヤマダ電機が大型店を展開し、勝ち組の座を確保した。衣料品のユニクロとしまむら、家具のニトリも勝ち組だ。

一九九〇年代におけるこれら専門量販店チェーンの成長は際立っている。例えば家電量販店を見ると、一九九〇年代当初、コジマ、ヤマダ電機、イトーヨーカ堂、ジャスコの各家電売上高は数百億円レベルで同程度だった。だが、二〇〇〇年には、イトーヨーカ堂とジャスコはほとんど売上高が変わらない一方、コジマとヤマダは急成長を遂げた。それぞれ、四〇〇〇億円と三〇〇〇億円を超える売上高を確保する[18]。

こうして、それまで大型店出店規制の枠内で安定していた地域市場の一番店が大きく入れ替わり、昨日の勝者が今日の敗者になる厳しい戦いとなった。

生活文化情報提案路線へ

一九九〇年代の流通革命の新しい波を迎え、イオンやイトーヨーカ堂、さらには専門量販店チェーンの積極攻勢に対して、中内は決して受け身ではなかった。むしろ「百二十五歳まで生きるから、あと五十年は頑張る」と言うほどに、[19] 気力は充実していた。そして一九八〇年代後半以降、二つの方向を定めた。その一つが、神戸と福岡での大規模なハード・ソフト一体型まちづくりへの取り組みである。先に述べた第三の道だ。

【新神戸オリエンタルホテルとOPA】

中内は、一九八二（昭和五七）年に山陽新幹線新神戸駅の近辺に一万八〇〇〇平方メートルの市有地を購入した。そこは、神戸市営地下鉄山手線及び北神急行電鉄の新神戸駅が接続する便利な場所だったが、一九八八年に、そこに新神戸オリエンタルホテル（現ANAクラウンプラザホテル神戸）をオープンした。

中内は「地下鉄の上にある。勤め帰りのお客さんがちょっと寄って買い物をして帰るとか、芝居を観ようとか、食事しようとか、ディスコへ行こうかとか、『アフターファイブ』を楽しむところ」という構想を持っていた。そこで、地上三階から地下三階まで、一九二店の専門店が入る大規模ショッピングセンターのOPAと、六三九席を持った新神戸オリエンタル劇場が入った。パチンコ店も一杯飲み屋も入っている。ホテルと専門店街と劇場が一体となったこの複合商業施設は、「新神戸オリエンタルシティ」と名づけられた。劇場の最初の出しものは、蜷川幸雄演出の「仮名手本忠臣蔵」だった。中内は、大衆に支えられた文化が大事だということで、「わかりやすい芝居」を望んだという。

【福岡でのプロ野球を軸とするエンターテインメント空間の創出】

新神戸のまちづくりが一息ついた一九八八年に、中内はプロ野球球団・南海ホークスの買収を発表した。ホークスは、一九五〇年代から六〇年代、鶴岡一人監督の下、パ・リーグの覇者を続け、セ・リーグの阪神タイガースと関西の人気を二分していたが、その後成績は振るわず、親会社南海電鉄のお荷物化していた。それをダイエーが買収した。

大塚英樹によれば、中内は当初、プロ野球球団経営がビジネスとして成り立つとは思っていなかったらしい。また、ダイエーは大衆相手のビジネスなので、特定球団にコミットするのはまずいという意識もあった。だが、西武鉄道がクラウンライターから買収して経営している西武ライオンズが大成功を収めていたことが刺激になった。西武ライオンズは、一九七九年の買収以来、八八年までにリーグ優勝六回、日本一を五回達成しパ・リーグの覇者として人気を得ていた。

本拠地は、九州福岡に定めた。福岡も、以前に西鉄ライオンズが去ってから球団がなく、新球団への希望は強かった。中内は、チームの監督も含め、チームづくりのすべてを根本陸夫に任せた。根本は、球界一と言われる人脈を使って有力選手を集めてチーム強化に取り組んだ。

中内は、博多名物の夏祭りにも参加し、博多祇園山笠で猛スピードで福岡のまちを駆け抜ける山笠の台上がりを務めた。締め込み、水法被にたすき、頭にねじり鉢巻きという姿で高さ三メートルの山笠の上から「オッショイ！　オッショイ！」と掛け声をかける役だ。六七歳の中内には荒行だったが、無事その役をこなした。福岡で市民の信頼を得るためには、何でもやってみせようというのが中内の思いだった。

福岡での取り組みをさらに本格化し、福岡ツインドーム構想が発表された。そして、次男の中内正をホークスの経営トップに起用した。中内は、長男の潤には小売業を、次男の正にはサービス業を引き継がせる腹積もりだったようだ。

一九九三（平成五）年に、まず福岡ドーム球場が完成した。とはいえ、球場運営には知恵が必要だった。野球開催日は年に六〇日しかなく、それ以外の三〇〇日をどうするかが問題だった。そこで、アメリカの「ボールパーク」の考え方を導入した。そこは、野球観戦だけでなく、様々なスポーツ、コンサート、展示会を行うことができる。スーパーボックスというパーティーができる部屋も球場内に備えた。今では、VIP席などといってどこの球場でも備えられているが、当時は最新設備だった。外野席にはスポーツバーがつくられ、試合のない日も楽しめるよう毎日オープンした。ドーム入場者は、一九九三年度四九六万人、翌年度四五八万人と、当初予想四〇〇万人を大きく上回った。一九九五年には、球場の隣にシーホークホテル（現ヒルトン福岡シーホーク）も完成して、福岡にこれまでにないエンターテインメントの空間が出現した。

肝心のダイエーホークスはなかなか強くならなかったが、球界のスーパースター王貞治を監督に迎え、一九九九年にはリーグ優勝し日本一にも輝いた。球団というソフトと球場やホテルといったハードが一緒になったこれだけ大規模なスポーツ・エンターテインメント事業の取り組みは、わが国にはこれまでにないものとなった。中内は、神戸や福岡で「まち全体」を文化と共に創造するというロマンあふれる仕事に取り組んだ。そこには、劇場、球場、ショッピングセンター、野球球団等が含まれる。この試みは、阪急電車の創業時、小林一三が鉄道沿線に住宅や遊園地、運動場や百貨店をつくり、鉄道に乗る乗客を新たに創り出したやり方とそっくりだ。

中内がお手本とした小林一三

中内は、こうした取り組みを通じて事業を拡大し続けた。流通業（ダイエー、ローソン、プランタンほか）に加えて、情報産業（サンテレビ、兵庫FMラジオ放送、オレンジページ、リクルート）、レジャー産業（ダイエーレジャーランド、福岡ダイエーホークス）、サービス業（神戸メリケンパークオリエンタルホテル、シーホークホテル＆リゾート、新神戸オリエンタル劇場）、建設住宅産業（イチケン、リクルートコスモス、マルコー）へと広がり、生活提案型産業を提唱するに至る。[20]

実際、この頃の中内は小林一三のロマンあふれる事業実践とその思想をお手本としていた。小林の著作は大変多いがそれらに目を通し、『小林一三経営語録』を編集しているほどだ。

小林の実践の思想とこの頃の中内のそれは、確かによく似たところがある。

第一に、二人とも市場創造を事業の本旨としたことだ。中内の市場創造の取り組みについてはあらためて触れないが、小林はその先人となる存在だ。小林は、宝塚や箕面というあまり人の住んでいない田舎を走っていた鉄道を、大阪の中心の梅田に引っ張った。そのための鉄道敷設の投資資金もままならない中、沿線周辺の土地をあらかじめ五万坪購入し、そこに上質の住宅を建設し、鉄道敷設後、分譲した。宝塚の遊園地、豊中の運動場、箕面の動物園も、理屈としては同じだ。さらに、宝塚少女歌劇団を創設し、全国高等学校野球選手権大会の前身となる全国中等学校優勝野球大会を企画した。小林は、人が住んでいるところに鉄道を敷いたのではなく、鉄道の顧客をゼロから創造した。(21)

第二は、常に消費者、それも大衆の立場からビジネスを考えたことだ。中内は、常に「フォー・ザ・カスタマー」を唱えそれを実践した。小林はその先駆者だ。例えば中内が幼少の頃連れていってもらったという阪急百貨店の食堂だが、そこには小林の知恵が隠れている。その食堂は、カレーやオムレツなどの洋食が中心だった。洋食なら、和食に比べよりよくより安くより多数の人に提供できるという利点があり、小林はそれを考えたのだ。

また、大正期につくった宝塚大劇場にも小林の思いが詰まっている。小林は「芝居の実質を低下させずに国民の希望に合わせたい」というのが最大の希望だ。そこで、消費者の生活状態や生活感覚から事業のありようを逆算する。大衆が観劇にひねり出せる額は、一人一円が精いっぱいと踏んだ。ビジネスの方向はそこからスタートする。一円でしっかりとした芝居を見てもらうには、どうすればよいかを考えるわけだ。収容力の増加しかない。そこで、一五〇〇人収容の大劇場をつくった。問題はそこからだ。その劇場で利益を出さないといけない。いろいろ考えた。興行時間の短縮、窓口の従業員の削減、常に劇場に来てもらうために冷暖房サービスや飲食サービスの提供……。大衆の購入できる金額から、ビジネスのありようを決める、このやり方は、前章で述べた中内の「単品・大量・販売・計画」のそれと全く同じだ。

第三に、共に欧米への憧れを事業のドライブにしていたことだ。すでに述べたように、中内がアメリカの豊かな生活への憧れをそのまま事業の原点としたが、小林もそうだ。沿線で住宅分譲をしたが、住宅の中には畳が全くない洋館建て住宅もあった。だが、それらは売れ残る。小林はそれでも洋館づくりをあきらめない。合理的な小林にも、不合理な面もあったわけだが、洋風の生活をわが国に浸透させたいという小林の強い思いが表れている[22]。

第四に、市場創造の取り組みはリスクが大きい。そのため失敗も多い。小林はいくつかの失敗例を自身で挙げている。箕面に自然の形で野生の動物を見る動物園をつくったものの、管理運営が難しく閉鎖。宝塚に室内水泳場を設置したが、水が冷たすぎて客が水に入れず閉鎖（この後、これが宝塚少女歌劇の舞台に変貌する）。沿線の土地・住宅分譲はうまくいったが、住民の便宜を考えて近辺に設けた購買部や倶楽部は運営がうまくいかず閉鎖。ちなみに、この購買部や倶楽部は、今でいうとニュータウンに近接するSMや娯楽施設といったもの。これを住民たちが自身で運営するという先進的な取り組みだったが、あえなく失敗した。

小林の目論見通りにいかなかった取り組みも多い。箕面有馬電気軌道はそもそも、箕面と有馬をつなごうというのが一つの目論見だったが、有馬温泉側との話が進まず中止。梅田と神戸をつなぐ鉄道を計画実施した時は、当時大会社であった阪神電鉄に売却するつもりだったが、交渉が進まず挫折。大阪市内を経由して京阪電鉄につないで京都に出ることを予定したがこれも挫折。小林はこれらの挫折により、この時期、知己を失い信用を失墜したと述べる[23]。

中内にも、次に述べるハイパーマートをはじめとするディスカウンター業や「PCB事業」など、失敗した仕事や目論見通りいかなかった仕事は少なからずあり、悪いことにはそれが致命傷にもなった。だが、市場創造に懸けるかれらにとって、「向こう傷」は勲章なのだ。向こう傷に目を奪われて、世の中に新しい地平を開くという余りある功績を見逃してはいけない。

新しい旗印——日本の物価を半分に！

ロマンあふれる事業の展開を図ったが、他方で「よい品をどんどん安く」の精神は衰えることはなかった。一九九〇年代は、ポストバブルの時代だ。バブルがはじけたにもかかわらず、円高基調となっていた。一九九〇（平成二）年一月に一ドル＝一四〇円台だったものが、九四年には一ドル＝一〇〇円割れに、そして九五年四月には一ドル七九円七五銭を付けるに至った。こうしたデフレと円高の経済を、中内は絶好機と捉えた。「日本の物価を半分にする」ことが日本経済の課題であり、流通トップ企業としてのダイエーの責任であり、かつそれが可能だと考えたのだ。

徹底して価格にこだわった。第一に、ディスカウント小売業態の展開を図ること。第二に、安さの第一条件である「圧倒的な仕入量」を手に入れること。そして第三にPBを開発することである。ディスカウントに向けた、いわば中内ダイエーの三点セットだ。順に見ていこう。

ディスカウント事業については、これまでダイエーは多様な店舗を開発した。ビッグ・エー

（一九七九年）から始まって、トポス（一九八〇年）、Dマート（一九八一年）、バンドール（一九八五年）といった具合である。時代に合わせてディスカウントの企業形態を開発したという見方もあるが、渥美俊一が言うように「ディスカウントのフォーマット」を確定できなかったという見方もある。[24]だがここにきて、本格的なディスカウントのハイパーマート（一九八九年）の導入を図った。ハイパーマートは世界の流れを意識していた。当時、ウォルマートとカルフールは世界で最も先進的な小売会社で、共に新しいディスカウント業態を模索していた。中内も、それに伍して勝負すべく実現したのがハイパーマートだ。[25]

ハイパーマートは、食品スーパーと日用品のディスカウントストアの複合体。狙いは店舗の低コスト化を通じての商品のディスカウントにある。すべての無駄を省く。品揃えも顧客が必要とするものだけに限定。地代の安い郊外に立地。建物や商品陳列にはもちろん経費をかけない。香川・坂出市に出店したハイパーマートではトイレに便器を使わず、コンクリートの打ちっぱなしにしたほどだ。売場では、商品を大量陳列し、客は大型カートで食品やその他日用品を買い回りする。駐車台数は、店舗の規模と平日の来店客数を考慮し八〇〇台とした。当時、ジャスコやイトーヨーカ堂が注力していた巨大店舗と比べ売場面積も駐車場も小ぶりだった。

ダイエーは、この業態の全国展開を図った。一九八八年に北海道の釧路からスタートして、翌年兵庫県二見へ出店。続いて九三年に三店、九四年に五店、九五年に三店と、九六年までに二六店舗を開店した。

第二の施策は全国ＳＭチェーンの構築だ。「十万人に一店の割合で出店し、大型店一二〇〇店を目指」した。[26]

一九九〇年に、旧知の秀和の小林茂から中堅スーパーの株式の購入を持ちかけられた。[27]小林は、中堅スーパーの大同団結を唱え、忠実屋、いなげや、長崎屋などの株式を取得、忠実屋では筆頭株主になった。防戦する忠実屋は、第三者割当増資でいなげやと株式を持ち合い、秀和の持ち株比率を下げることを狙った。だが、逆に秀和の新株発行差し止め請求が裁判所で認められた。事態は混迷していた。

中内は「流通業界のリーディングカンパニーとしての自負と責任からこの問題を放置しておけ」ないとし、[28]一九九〇年一二月、忠実屋株二八〇〇万株を担保に秀和に対し、七〇〇億円の融資をしたことを記者発表した。そして忠実屋と提携し関東圏の基盤を強化した時点で、ダイエー、忠実屋、ユニード、ダイナハの四社合併を発表した。北海道から九州・沖縄までをカバーする日本初の全国ＳＭチェーンの誕生だ。年間総売上高は合わせて二兆五九〇〇億円、店舗数は三五六店、総売場面積二五三万平方メートル。壮大な規模だ。まさにダイエーは絶頂期を迎えた。

ただしこの四社合併については、一部のマスコミは「もはや規模の拡大を求める時代ではない」と酷評したと中内は言う。[29]だが、もちろんのこと、中内はそうは思っていない。「小売業がナショナルチェーンとして巨大な販売力を持ち、その販売力を仕入れに転化する。それによって初めて全国規模で寡占化を狙う巨大メーカーに対するカウンターベイリング・パワー（拮抗力）

を持つことができ、互角の立場で商品開発に取り組むことができる」[30]と考えていた。創業以来の旗印をあらためて高く掲げた。[31]

第三の施策。チェーンストアとは「工場を持たない（ファブレス）メーカー」というのは、中内の年来の主張だ。[32]

それもあり、PB開発では常に他社に先駆けた。先述のように、一九六〇年代初期、食品や衣料品でPB（その当時はストアブランド）を展開した。さらに家電製品にまで拡張したが、それはうまくいかなかった。だが、PBの火は消えず、一九七八年に「ノーブランド」、続いて八〇年に「セービング」を導入した。これら二つのPBは統合され、一九八四年に「ニューセービング」になる。だが、それももう一つうまくいかず、同年「デイリーユース愛着仕様」を導入し、ショップ展開も試みた。ダイエーに二年遅れたが一九八〇年にこの市場に参入していた西友の「無印良品」の二番煎じの感は免れなかった。

しかし一九九〇年代に入って「セービング」に新しい息吹が起こった。円高を背景に、海外企業と提携し企画・開発・生産を行う「開発輸入」の手法である。中内は素早くその流れをつかみ、「まず、お客さんのニーズを受信しろ。世界のベストソースに足を運び、現地のサプライヤーと一緒に商品開発に取り組め」と仕入担当者に指示を出した。「バレンシア・オレンジジュース」はその代表選手だ。オレンジ果汁は一九九二年も輸入規制が緩和され、好機と考え、世界中のオレンジ果汁を調べた。その中で、ブラジル産の晩生のオレンジに注目した。酸味が少なく、価格もフロリダ産より二割安かった。これを使って、一九九二年三月に通常のオレンジジュースより一〇〇円安い一リットル一九八円で発売された。

ブラジルのメーカーと直接契約して安価に仕入れ、近くの工場で加工し、自社店舗流通網を使って販売する。まさに「工場を持たないメーカー」だ。売行きも好調で、一九九三年には一六八円で販売することができるようになった。[33]

こうした努力の結果、「セービング」は一九九三年二月、「日経優秀製品・サービス賞の最優秀賞」を獲得した。「確かな品質・低価格を基本コンセプトに、お客様重役会や従業員が売り場で聞いたお客さまの声をもとに、お客さまの不満を解消する視点で商品を開発。市販の同等商品と比較して三割から五割安いという圧倒的な安さでお客さまの支持を得た」とされた。この時点で「セービング」は三三九品目に増え、売上高は年間三〇〇億円を超えた。[34]

複数路線戦略の挫折

以上、一九九〇年代以降の「物価二分の一」に向けたダイエーの取り組みを紹介した。だが、一九九五（平成七）年一月に阪神・淡路大震災が起きた。ダイエーには不運としか言いようがない。それに対する中内ダイエーの対応については次章で触れるが、神戸を発祥の地とするダイエーの被害はどこよりも大きかった。大震災の被害総額はダイエーだけで四〇〇億円にのぼり、一九九五年二月期決算の最終損益は二五六億円という上場以来初の大赤字となった。

震災以降、中内は、当然のことながら「業績回復」を経営の最優先に掲げた。赤字店舗の閉鎖、社員三〇〇〇人のグループ会社への出向を決定。既存店でもコスト削減を徹底させた。新規出店もハイパーマートだけに絞った。だが、そうした対処策は効果が出ず、「裏目に出た」。中内は後にそう語る。既存店のサービスレベルが落ち、業績はさらに落ち込んだのだ。期待のハイパーマートの業績も伸びなかった(35)。

ハイパーマートの店舗は「通路はコンクリートむき出しで殺風景。売り場には販売員がいない。サービスも、品揃えも悪い」と中内自身も後に反省する(36)。

その結果、震災から一年半後の一九九六年八月の中間決算では、経常利益が予想の半分以下の六〇億円にとどまった。狙っていたV字回復はならなかった。決算発表の席上、中内は「ここ数年、ローコスト・マス・マーチャンダイジング・システムを重視してやってきたが、消費者のニーズやウォンツから見ると、三歩半も前に出過ぎていた」と反省の弁を述べた。

中内は、あらためて既存店舗の営業力強化に乗り出した。出向させた社員五〇〇人を売場に戻した。店舗改装費も増額した。本部主導だった仕入も店主導に切り替え、お客さんの声をすぐに営業に反映できる仕組みづくりに努めた。だが、それも功を奏さなかった。一九九七年二月期の経常利益はわずか五億円。翌一九九八年二月期には、消費税率のアップや雇用不安による消費低迷が追い打ちをかけ、二五八億円の再度の大赤字に転落した。その対処のため、一九九八年一月に、地元密着の品揃えや店舗運営の迅速化を図るべく、総合スーパー部門を七地域に分割し権限委譲を進めた。ハイパーマートについては、一〇〇億円を投じて全店改装に努めた。そうした努力を重ねても、店の業績は回復の兆しを見せなかった[37]。

震災というアクシデントはあったものの、どうしてダイエーの業績は回復しないのか。いくつかの要因が指摘されてきた。①環境、②戦略、③組織に分けて整理しておこう。

第一に、ダイエーを取り巻く環境が原因の一つと考えられた。小売業界は、厳しい競争環境下にあった。すでに述べたように、様々なタイプの強力なライバルたちが現れた。その結果、売場面積過剰が常態となっていた。商業統計表のデータを見ると、一九九四年に総合スーパーの店舗数は一八〇四店、売場面積は一一三九万平方メートル、売上高は九兆九五六六億円であった。それが、二〇〇二年には店舗数は若干減って一六六八店、売場面積は一三五三万平方メートルで約一九パーセント増。売上高は八兆五一五一億円と約一五パーセント減となった。この間、売場面積の拡大に売上高が追い付かず、売場面積の生産性は三〇パーセント近く落ち込んだ。売上を軽視するかたちで売場拡大競争が起こっていたことを意味する。

第二に、戦略の問題も指摘された。まず中内は全国チェーンにこだわったが、それはこの時代に適切な戦略だったのかという疑問がある。現実に、この四社合併による「全国チェーン構想」は中内が想定したような結果が出なかった。それもあって、中内は地域別事業部制に切り替えた。全国を地域に分けるというのは、「全国チェーン」ないしは「チェーンの規模の利益」を一貫して追求してきた中内には、ある意味矛盾する施策である。

あわせて、市場需要の読み違いがあったという意見がある。中内は、一九八八年以降注力したハイパーマートについて、半歩や一歩ではなく「三歩半も前に出過ぎた」と反省の弁を述べた。「三歩半」。そうかもしれない。というのは、中内が将来像として描く「ディスカウント業態が市場を支配する世界」は、それから四半世紀以上経つ現在でも、どういうわけか日本社会には定着していない。

その点でいえば、グローバル企業のカルフールとウォルマートも同じ過ちを犯している。二〇〇〇年に日本市場に勇躍参入した当時世界二位の小売企業カルフールは、わずか四年で日本から撤退した。また、世界一位のウォルマートは西友と組んで今もなお日本市場の攻略を続けているが、予想されたほど成長してはいない。何か読み間違いがあったのだろうか[38]。

第三に、組織の問題だという意見がある。ダイエーの収益性が改善しないのは、ダイエーの内なる要因、つまり組織問題だと指摘するのはほかでもない中内の生涯の盟友の渥美俊一だ。

前章2節で、大店法がダイエーにもたらした功罪を指摘した。〝功〟の面として、本法の成立以前、ダイエーに強い出店意欲をもたらしたこと、そして成立後は各地域市場への参入者が抑制され、各地域でダイエーの安定した市場地位を保証するものであったことはすでに述べた。だが、この〝功〟の面も長期で見ると、はたしてどうだったか。少なくとも二点、問題があった。

第一に、短期的には独占的な利益を得ることができても、長期的には独占の地位に甘えてしまい革新への意欲が衰える。競合の脅威がない商圏に対しては再投資意欲も落ちて不思議ではない。しかしそうした状況に甘えて、再投資しないと店舗・設備は老朽化・陳腐化し、（規制の網にかかりにくい）新進気鋭の専門店チェーンのライバルたちの攻勢に対応できなくなる。

第二に、競合の脅威のない市場にある組織には〝緩み〟が生まれる。渥美俊一が、ダイエー崩壊にかかわってダイエーのマネジメント不全をいくつか指摘しながら、こう述べているのは印象的だ。

「（その当時のダイエーの――引用者注）売上高の異常なほどの拡大現象が、すべての経営上のマイナスを消してしまっていました。それができたのは（中略）一九七四年三月に施行された大店法のおかげです。大店法では、その地域内にすでに一番広い店をもつ小売業が、常に地域内売場面積順位で一位を占め続けることになります。（中略）二五年の間、売場面積順位が変わらないために、ベンダーはダイエーにサービスの限りを尽くし、これに（ダイエーの――引用者注）商品部が甘えるという構造ができ上がったのです[39]」。

ダイエーの誇る強力な商品部は、ダイエーの成長をつかさどり、動力を与える司令塔だった。商品部は、ダイエーの店に必要なすべての商品を調達する権限を持った。そして、その力を背景に、メーカーとの交渉を有利に運び、有利なコストポジションを得るのに貢献した。また、店に対しても指導力を発揮するに至った。そうした力を背景に、取引相手のメーカーと組んで商品の共同開発も積極的に行なった。この独裁的な力がダイエーを高度成長に導いた要因だったことは間違いない。だが、渥美は、地域ナンバーワン店を保証されていることを背景に手に入れた社内外での「優位な立場」に甘えてしまったというのだ[40]。

市場の安定は、普通は安定した収益をもたらす望ましい状態だ。だが、それが逆に、組織の緩みを呼んだり、成長エンジンとして貢献した組織や制度を成長の桎梏に変えたりすることがある。良いことは良いことのままでいつまでも続かない。だが、その良いことが悪いことに変わるその機を見つけて対応するのは、なんとも難しい仕事なのだ。

中内の決断

さて、一九八七（昭和六二）年のV字回復を受けて、その後一〇年間、中内は複数路線戦略を追求し、次々に手を打った。その背景には、V字回復の後、本体の収益性が回復しただけでなく、バブル経済の中で土地建物を自社物件としてきた戦略が功を奏したこと、またそれを原資に銀行から多額の融資を受けることができたことという事情があった。その時代の中内の投資案件をあらためて整理すると、次のようになる。

日経平均株価が二万円を超えた一九八七年にはリッカーの再建に乗りだし、新神戸オリエンタルホテルの経営権を獲得。翌一九八九年には新業態「ハイパーマート」を提唱し、日本ドリーム観光に経営参加。東証株価が三万八九五七円の史上最高値を付けた一九八九（平成元）年には総工費二〇〇〇億円をかけてドーム球場・リゾートホテル・テーマパークを建設する「福岡ツインドーム構想」を発表。一九九二年リクルートの買収。一九九三年、忠実屋をはじめとするSM四社の吸収合併。一九九四年ハワイのアラモアナショッピングセンターの完全買収。一九九五年の阪神・淡路大震災はダイエーに大きい傷を与えたが、その後も変わらず買収を続けた。一九九五年、ヤオハンの一部を買収、カネボウ銀座ビル購入。

こうした投資案件においては、「頼まれたら断れない」中内の性格がそうさせたといわれる。それだけをいうと採算を無視した投資のように聞こえるが、そうとばかりも言えない。最終的に売却時に利益を生み出した案件は多く、さらにマルエツ、ユニード、アラモアナショッピングセンター、リクルートなどに至っては、十分なキャッシュフローをも生み出していたという(41)。

福岡のボールパーク構想も、投資の回収は長期に及ぶのは仕方ないことだが、野球球団・球場経営の可能性を切り拓き、予想以上の観客動員を記録し日本一にもなっている。一九九七年には、福岡への投資のために一五〇〇億円をシンジケートのかたちで銀行から三〇年ローンで借り入れた(42)。中内にもまた融資する銀行にも、不況はいずれ回復するという期待がこの時点ではあったのだろうか。大塚英樹は「それが結果的に致命的だった」という。ダイエーにとっても、またシンジケートを組んだ銀行にとっても。

すでに株価は一九八九年に、地価は一九九一年にピークをつけていた。バブルの恩恵を受けない庶民には、不動産を右から左に移すだけで巨万の富が生まれることを不思議と思う感覚が消えないのだが、バブルの渦中にいる銀行や企業家にはその感覚がない。彼らは誰よりも経済理論を熟知し内外の経済事情に通じているにもかかわらず、バブルであることがわからない。野口悠紀雄が言うように、「人は、バブルの渦中にいるとき、それがバブルであることを認識できない」のだ[43]。

ダイエーが一五〇〇億円の融資を受けたその一九九七年から翌年にかけて、三洋証券、北海道拓殖銀行、山一證券、日本長期信用銀行が相次いで破綻した。ここにきて、バブル崩壊の現実と、日本経済の極めて困難な状況とが、誰の目にもはっきりしたものとなった。

ダイエーの決算数字も、一九九七年二月期、売上高・経常利益ともに前期の九〇パーセントに落ち込んだ。一九九八年度二月期には数字はさらに悪化し、経常損益は二五〇億円、連結も九〇億円の赤字に転落した。単体・連結共に赤字というのは一九七一年上場以降初めてのことだった。この時点でダイエーが抱える有利子負債は、本体だけで六九〇〇億円、グループ全体では二兆六〇〇〇億円を超えていたといわれている。ダイエーの負債をバランスするはずの含み資産は、バブル崩壊と共に大きく下落した。一九九三年二月期末時点で、グループ全体で二兆円と推定された含み資産は一九九九年には三〇〇〇億円にまで下落していた[44]。収益源であるはずの本体小売業の収益回復も見込めず、いよいよ万事休すの状態に陥った。

一九九八年五月、味の素の社長・副会長を歴任した鳥羽董を財務担当副社長に起用し、中内潤副社長を営業全般の責任者にして、三人トップ体制に改めた。だが、いっそうの組織風土改革が必要と考え、一九九九年一月二〇日、社長職を譲ることにした。その日、取締役会で社長人事を決議し、続いて開いた店長会議で総括を述べ会長専任になることを発表した。社長には鳥羽が就き、ダイエーオーエムシー社長であった佐々木博茂が営業担当副社長に起用された。潤副社長は、持ち株会社の社長となった。中内家はダイエー本体の経営から距離を置くことになった。鳥羽新体制の下、「再生三カ年計画」が推進され、有利子負債の削減が図られた。さらに小売以外の事業を縮小し、ローソンなど優良子会社の上場に取り組んだ。本体でも赤字店舗の追加閉鎖や創業以来初となる希望退職者の募集、定期採用の見送りを決定し、本社移転も決めた。

中内は、会長専任になり、経営から身を引いたものの、会長室の壁面に「臥薪嘗胆」と大書した。だが、翌二〇〇〇年一〇月、ダイエー関連株のインサイダー取引が問題となり、社長の鳥羽と副社長の川一男は疑惑を受け引責辞任。中内もその責任をとって取締役会長を辞任した（取締役最高顧問に就任）。翌二〇〇一年の株主総会で、中内は名誉職の「ファウンダー」に就任。ダイエーの経営から完全に身を引いた。その株主総会の退席の際には、業績悪化したダイエーについてそれまで厳しく中内の責任を問い詰めてきた株主たちから、長年の中内の功績を讃えて温かい拍手が起こり鳴りやまなかったという。

中内の意を受けてダイエーを引き継いだのは、河島博と共にダイエーV革を成功させたダイエー子飼いの高木邦夫たちだった。彼らにダイエーのその後の経営を委ねて、中内はダイエーを去った。創業以来、四四年の月日が経っていた。

（1）中内功［二〇〇〇］、『流通革命は終わらない——私の履歴書——』（日本経済新聞社）一〇〇ページ。

（2）同前一〇一ページによる。一九八一年度四三〇億円の営業利益が、八二年度は三八〇億円に、純利益は九八億円から六二億円に下がった。一兆二三〇〇億円の売上高対比で見ると儲けの効率は極端に低い。
（3）同前一〇三ページ。
（4）同前一〇四ページ。
（5）河島は、リッカー社長として五年間奮闘努力する。中内は「五年間にわたる更生計画を無事終結させ、再生させたのも河島さん」と述べ、「河島さんには、その後も苦労を掛けた」と同前『流通革命は終わらない』で述べる。中内と河島は、互いに自分の立場を理解し合うものであった。加藤仁［二〇〇六］、『社長の椅子が泣いている』（講談社）は、河島が二つの会社で社長として出色の貢献をする様子を描く。（河島はいずれの会社でも社長としての仕事は全うしていないので、だから「社長の椅子が泣いている」になるのだが）、加藤は「ヤマハでの河島」と「ダイエーでの河島」をきちんと書き分ける。加藤自身、ヤマハトップの理不尽さに対する憤りは隠さないが、中内との関係については大人の関係を終始保ったように描く。実際、河島はV革後も一九九七年まで、ダイエー副会長の席にあった。
（6）新体制の構築を狙いながらも、中内がなお、社での実権を持ち続けた様子については、大友達也［二〇〇六］、『わがボス中内㓛との1万日』（中経出版）や、恩地祥光［二〇一三］、『中内㓛のかばん持ち』（プレジデント社）、あるいは『朝日新聞』二〇一二年九月三日～一〇月二二日に掲載された中内潤へのインタビュー記事「ボス、ときどき僕1～6」を参照のこと。
（7）大友達也［二〇〇七］、「あの弱かったイオンがダイエーを呑み込んでしまった。何故？」同志社大学『社会科学』七九号一八八～一九〇ページによる。
（8）一九七六年から八六年の一〇年間に、ジャスコは一五三店出店する。そのうち、一〇万人以下の都市での出店割合は五六パーセント。他方、ダイエーは同期間に八四店出店したが、一〇万人以下の都市での出店は一二パーセントにとどまる。李敬泉［二〇〇四］、「ジャスコの出店戦略の原型」『経営研究』第五五巻第一号一四三〜一六三ページによる。

(9)『流通科学研究所リサーチノート』(中内学園流通科学研究所)二〇一三年六月発行に所収の「イオン名誉会長相談役岡田卓也氏インタビュー記録」による。

(10)ジャスコはこれ以外にも、都心商圏には一九八二年には東京の葛西店、八五年には茨城の日立店(直営一万七五〇〇平方メートル、専門店六三九平方メートル、駐車場七〇〇台)、八七年に大阪南千里店(直営一万四〇〇〇平方メートル)を出店している。

(11)流通業界における収益性の推移については、石井淳蔵[二〇〇八]、「小売業態研究の理論的新地平を求めて」石井淳蔵・向山雅夫編著『小売業の業態革新』(中央経済社)や、前掲『流通科学研究所リサーチノート』所収の日高優一郎・石井淳蔵[二〇一二]、「日本企業のすぐれたマーケティング行動の理解に向けて—過去三〇年の収益性データによる海外優良企業と日本主要企業との比較研究」を参照のこと。

(12)それでも先に本文で述べたように、イオンは規制を巧みな戦略でかいくぐって出店を続けた。

(13)現にユニクロ社長の柳井正は、中内のお別れの会で「中内さんはいろんな言葉を残されましたけれども、その中で一番有名なのが『よい品をどんどん安く』という言葉です。この言葉は小売業の永遠のモットーなのではないかと思います」と述べる(日経電子版二〇一五年七月一日付)。さらに「次に中内さんがどんなことをされるのかということが、全ての小売業者の興味の的だったと思います」とも述べる。またニトリの創業者似鳥昭雄も、中内の盟友であった渥美俊一を生涯の師と仰いだ。

(14)中内は日本商業学会関東部会で、チェーン経営の論理を説明する時、このだしじゃことスカートの例で説明した。

(15)荒井伸也は、亀有という地で、イトーヨーカ堂は三五年のあいだに四回も新店を出して、その地の商権を守り抜いたことを高く評価する。『Network』(オール日本スーパーマーケット協会)二〇〇七年六月号による。

(16)総合スーパー（GMS）が衰退する事情については、田村正紀［二〇〇八］、『業態の盛衰』（千倉書房）や前掲石井論文［二〇〇八］を参照。

(17)余談になるが、中内の父親の秀雄が最初勤めた会社は鈴木商店だった。鈴木商店は神戸生まれの総合商社だ。当時は三菱商事や三井物産をこえる存在だった。だが一九二七年に清算に追い込まれる。安定収益事業を持たなかったことが大きかったといわれている。三菱や三井は国から払い下げられた鉱山などの安定収益事業があったが、鈴木にはそれが欠けていたことにあった。桂芳男［一九八九］、『幻の総合商社鈴木商店』（社会思想社）による。ダイエーも、イトーヨーカ堂やイオンが持っていた安定収益事業を持っていなかった。同じ神戸から出て日本一となった二つの会社が、同じような経緯で破綻したことになる。

(18)仲上哲［二〇一一］、「専門量販店の成長—その背景と経営にかんする考察—」『阪南論集　社会科学編』（阪南大学）による。

(19)日本経済新聞社編［二〇〇四］、『ドキュメント・ダイエー落城』（同社）二七八ページ。

(20)ソニー・マガジンズビジネスブック編集部編著［一九九五］、『二一世紀への革命商人　中内㓛語録』（ソニー・マガジンズ）四六、六二〜六三ページによる。

(21)以下、小林一三の足跡については、小林一三［二〇一六］、『逸翁自叙伝』（講談社学術文庫）を参照のこと。原著は産経新聞社より一九五三年に刊行されている。

(22)同前による。

(23)同前による。

(24)渥美俊一［二〇〇七］、『流通革命の真実』（ダイヤモンド社）一三九〜一四四ページによる。

(25)中内は世界の潮流に敏感だった。一九九二年に「コウズ」という会員制ディスカウント店を導入した。それは、ウォルマートが創業者の名から店名をとった新業態「サムズ・クラブ」（一八八三年）に倣った。「コウズ」の名は、もちろん中内の「㓛」の字に由来する。「コウズ」は倉庫型店舗で、ケース単位で販売する「ホールセールクラブ」だ。年会費を払った会員に、衣食住フルラインの商品を大ロットで卸価格で提供する業態である。

(26)『エコノミスト』一九九四年三月二九日号による。

(27)一九八二年に、ダイエーは東京本部を秀和が所有する浜松町の通称「軍艦ビル」に設置したがその時以来の縁だ。

(28)前掲『流通革命は終わらない』一二二ページ。

(29)同前一二五ページ。

(30)同前。

(31)一九九四年の日本商業学会関東部会で、中内は「単品大量計画販売」こそが、チェーンの本質だと述べる。中内は古い理論を押し入れの中から持ち出したわけではない。この時代におけるダイエーの戦略を背景においてその主張を聞くとその意図がわかる。

(32)「中内潤氏へのインタビュー」による(二〇一六年七月一一日実施。聞き手は筆者)。

(33)ダイエー社長室調査部編[一九九四]、『流通革命の旗のもとに50—10—3』(同室)一五二ページ所収の「戦略的マーケティングソフト研究会　講演(一九九四年四月一四日)」での発言による。

(34)ダイエー社史編纂室[一九九七]、『ダイエー四〇年の歩み　ネアカ　のびのび　へこたれず』(アシーネ)一〜四ページ。

(35)『週刊ダイヤモンド』一九九五年一〇月七日号(ダイヤモンド社)掲載の記事「百貨店、スーパー、動乱」による。

(36)前掲『流通革命は終わらない』一三二ページ。

(37)前掲『ドキュメント・ダイエー落城』一七二ページ。

(38)世界的な小売業がわが国で成功しない理由については、石井淳蔵[二〇一二]、『マーケティング思考の可能性』（岩波書店）を参照のこと。
（39）前掲『流通革命の真実』一八一〜一八二ページ。
（40）田畑俊明［二〇〇五］、『ダイエーの蹉跌』（日経ＢＰ社）では、商品部の力が次の時代の桎梏に変化するさまが解説されている。
（41）前掲『中内㓛のかばん持ち』七九ページ。
（42）大塚英樹［二〇〇七］、『流通王』（講談社）三〇八ページ。
（43）野口悠紀雄［二〇一五］、『戦後経済史——私たちはどこで間違えたのか』（東洋経済新報社）二三八ページ。
（44）前掲『流通王』三一〇ページ。

Ⅵ 「デモクラシー」の思想で社会に挑む

大学創設の底流にあるもの

わが国の「流通新秩序」の形成を目指した中内であったが、一九八〇年代に入って少しずつビジネス以外の世界に活躍の場を求めていく。本章と次章では、教育・社会分野を中心とした中内の活躍を追っていく。時代は少し戻ることになる。

さて、会社や会社経営者が独自の研究所や研修所を設置する例はないわけではない。松下幸之助は、PHP（Peace and Happiness through Prosperity）の実現を唱道し、そのためのPHP研究所を設置した。そのウェブサイトを訪ねると「人間には本来、繁栄、平和、幸福を実現できる本質が与えられているという人間観に立脚して、これからの人類の歩みの上に真のPHPを、より好ましい姿で実現していくための理念と方策を、多くの方々の衆知に教えを請いつつ研究していきたいと考えています」という理念が述べられている。幸之助は、教育に特に熱心な経営者であり、さらに政治家を育てる「松下政経塾」や、商人の子弟を育てる「松下幸之助商学院」も設置している。

中内㓛記念館内に再現される書斎の様子

また、豊田工業大学はトヨタ自動車の社会貢献活動として誕生した。「日本の自動車産業の礎を築いた豊田喜一郎は、社業繁栄の暁には『大学』を設立し、日本の将来を担う技術者を育成することにより、社会に貢献したいと考えていました。その夢と精神は語り継がれ、昭和五六年、晴れて実現しました」という一文が、同大学の理念・歴史として掲げられている。

時代を開いた非凡な二人の経営者は、自身が創り上げた家電あるいは自動車の事業や産業の価値や意義を社会に伝承すると同時に、その事業の基盤となる技術や哲学を学ぶための場を創った。

中内も、先人となる二人の経営者と気持ちは同じだ。自身が創り上げた流通分野の事業や産業の理解を促し、そこでの思想や技術や哲学を学ぶことができる場として流通科学大学を創設した。だが、流通のコンテンツ（流通にかかわる哲学や技術）を学ぶというのは、重要だが、中内にとって大学設立の一つの理由にすぎない。中内には、一人ひとりの個性を育てる個性主義ないしは反管理主義への強い思いが大学設立のもう一つの理由としてあった。

そうした個性主義や反管理主義への強い思いこそ、流通分野から教育分野へという中内の人生の主題の大転換を生み出し、大学設置を促した理由だった。そしてその底流には、アメリカでジョン・F・ケネディの言葉を聞いて以来、一貫して持ち続けたデモクラシーの思想があった。こうした仮説を、中内の活動において確かめたい。

深化する中内の思想

中内の思想は、三つの時期に分けて理解できる。第一は、終戦直後、生きるためにがむしゃらに働いた時代。第二に、自身の使命と組織の大義を知り、それにより組織をリードした時代、第三に、「自主・自立・自己責任」という社会の思想に依拠した時代の三区分である。

がんじがらめに人々を縛っていた既成の秩序が崩壊した時、解放された欲望は自由の感覚をもたらす。(1) 厳しい規律の下に置かれた軍隊での生活。そうした経験を持つ中内にとって、戦後の闇市で生きることは一種の解放感を感じさせるものだっただろう。三宮のガード下での進駐軍払い下げ薬品を扱う商売や現金問屋の商売は、それなりに生の実感を与え充実したものに思えただろう。見合いや新婚旅行よりも仕事が大事というエピソードからも、中内がそれらの仕事にのめり込んでいたことはうかがい知れる。

だがその一方で、心の中にちょっとした「空白」も生まれる。「生きるためにはなんでもあり」というアナーキーな気持ちの中に、「こんなことばかりやっていていいのか」という虚無の感覚も当然芽生えて不思議はない。闇市商売をやりつつも神戸経済大学に入学したこと（そしてまたすぐに大学をやめてしまうことも含め）から、当時の中内の揺れ動く気持ちがうかがえる。

だが、起死回生を狙った千林での小売チェーンがことのほかうまくいった。渥美俊一のデモクラシーの定義を借りると、この頃の中内には「生活デモクラシー」の概念が似合う。それは、「一部特権階級のみしか享受できない豊かさを大衆が享受する社会」の実現を目指すものだ。[2]

その概念を深化させたのが一九六二（昭和三七）年の訪米で、ジョン・F・ケネディ大統領の言葉に出会った時だった。スーパーマーケットの意義を悟ったのだ。同じく渥美の定義に沿って言えば、それは「経済デモクラシー」への気づきということになる。生活デモクラシーと経済デモクラシーとのあいだには高い壁がある。生産と流通の仕組みの転換が伴なわなければならないからだ。渥美に言わせると「製品製造業による一方的な現行の見込み生産体制を、チェーンストアによる受注生産体制へと切り替えること」にほかならない。流通革命とは、この経済デモクラシーを目指す試みであること、そしてそれを実現することが自身の使命であることを中内は痛いまでに自覚した。

中内は、一九八〇年代の中葉以降、デモクラシーの思想を軸に教育分野に挑む。「自主・自立・自己責任」はその頃から中内が好んで使った言葉だ。自主・自立・自己責任で、自分たちの望む社会を構想し実現する、そんな社会のありようを中内は心の中に描いた。自分の夢を自由に描く「自由」と、その夢の実現に向け努力する「自由」がそれである。

それは、「制度としてのデモクラシー」というより、「思想としてのデモクラシー」だ。それは、「自分たちは誰にも従属していないという感覚である。人々は等しく自由であり、誰も特別な存在ではない。したがって、人々は自分たちの力で社会をつくっていかねばならないが、そこに自然の支配者は存在しない。いいことも悪いことも、すべては自分たちから発し、自分たちに帰ってくる。外で操っている人間など存在しない[3]」という感覚、経験を指している。

こうして、中内の思想の深化を、三つのタイプのデモクラシーの推移として表すことができる。**図表3**に示しておこう。

本章では、この三つのうち、「思想としてのデモクラシー」を追求する中内の活躍を四つの局面に沿って見ていく。具体的には、第一に、一九八四年に臨時教育審議会(臨教審)のメンバーとなり、「人は何のために教育を受けるのか」というラディカルな問いを提起した局面。続いて流通科学大学を設立し、これからの社会に役立つ人材を示し、そうした人材育成に挑んだ局面。そして第三に、経済界の総本山である経団連に乗り込み、そこの副会長となり、「商」の置かれた社会的通念の壁に挑んだ局面。そして第四に、その中内に突然、阪神・淡路大震災という試練が襲いかかり、あらためて「社会を支えるライフラインとしての流通」の原点が問われる局面、

図表3　3つのデモクラシー

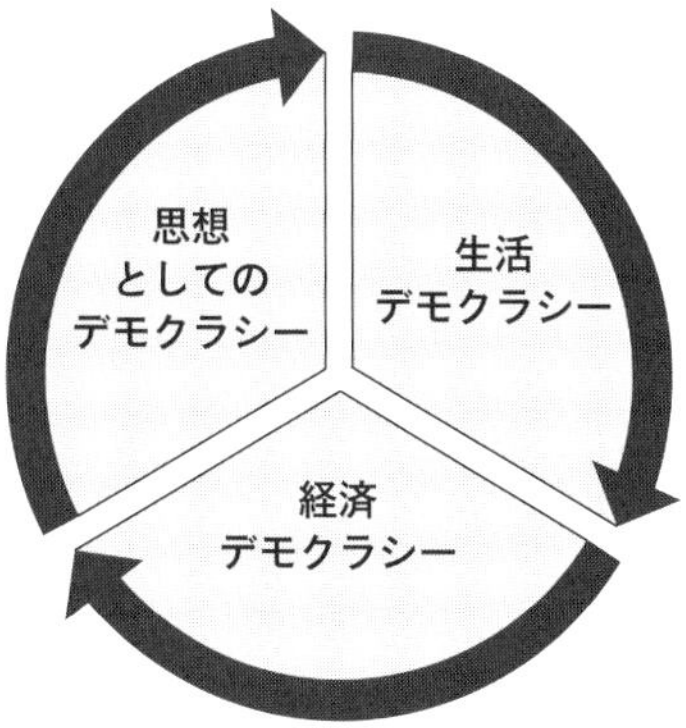

［出典］ 筆者作成。

である。

行論の都合上、本章では臨教審と経団連と震災における中内の活躍を見、最後に流通科学大学の設立と大学での活躍を見ることにする。

臨教審委員として教育改革に挑む

一九八四（昭和五九）年九月、中内は、中曽根康弘首相の諮問機関である臨教審の委員に選ばれた。元京都大学総長の岡本道雄を会長とし、総勢二五人が委員として参画した。四部会が設置され、中内はその第一部会に所属した。第一部会は、元通商産業審議官の天谷直弘を部会長として、わが国における「二十一世紀を展望した教育のあり方」をテーマとする部会だった。

そもそも、臨教審という制度においてわが国の教育をあらためて考えようというのには、二つの社会的背景があった。一つには、高度経済成長によって経済的には欧米にキャッチアップしたわが国だが、次代を担う若者のために今後の教育を考えたいという問題意識である。もう一つの背景には、当時、校内暴力等で教育現場の荒廃が喧伝されていて、教育への社会の関心が高まっていたことである。世の中の流れや情勢に敏であった中曽根首相は、みずからイニシアティブをとってこの制度を設けた。

さて、中内だが、すでに大学の設立構想を持っており、一九七九年五月にはそれを発表していた。一九八四年には、仮称であるが「流通科学大学」の校名を定め、事業計画の策定が進んでいた。当然、教育について、おおいに考えるところがあった。なにより、わが国教育に浸透している「画一教育」や「管理主義」に対して思うところがあった。

筆者と世代を前後する人は例外なく、生徒を厳しく管理する教育を経験している。学校とは、そうした厳しい集団の規律を教え込む制度でもあった。先生は、生徒に規律を教え指導する者、生徒・学生は未熟で指導される者という厳然とした一線が引かれていた。「規律正しく」という名の下に、「画一教育」や「管理主義」が教育の中に浸透し、それが世の常識にもなった。

こうした現代の教育のありようは、中内には、戦前の教育や軍隊での教育が亡霊となって生き延びているように見えたのかもしれない。個性を徹底的に押さえつけ、集団としての規律を第一とする戦前・軍隊での教育が……。

彼が思う教育は、それとは百八十度違っていた。集団の規律を求めて生徒・学生の個性を押さえつけるのではなく、一人ひとりに備わる個性的・創造的な力を伸ばすことが大事だと考えた。

それは、「自由教育」と呼ばれる教育思想にほかならない。

中内の自由教育の原点は、神戸三中時代にあるようだ。大学設立構想を発表した年に、同中の近藤英也校長についてエッセイを書いている。(4) 近藤校長は、中内たちに対して、「人はまず願いを立てるべし」と説いた。「自分はいかなる人物となり、なにを目的に生きていくべきか」を深く考えないといけないとも説いた。みずからの人生は、みずから目的を定めたところから始まるというわけである。目的は人様々であり、それが人の個性ともなる。大事なことは、その目的がなければ、学びも人生も始まることはない。中内は、「私も先生にならって『ジェントルマンとして、自分が何を目的に生きていくか、自ら深く考えよ。結果は自己責任である』と言い続けている」というのだが、これが中内教育論の原点になったと思われる。

さて、臨教審メンバーとなった中内の活動を追おう。中内はまず、そうした画一教育や管理主義の教育が現代でもどうして生き延びているのか、根本から考えた。そして、教育基本法の成り立ちにおける欺瞞に気がついた。教育基本法の第一条には「教育の目的は、人格の完成云々」とあるのだが、中内はその文言がまずかったのではないかと述べる。どういうことか。

戦後まもなく、廃墟の中で新生日本の教育像を描くにあたり、アメリカ側と協議が行われた。おそらくはアメリカ主導でその教育像が描かれたのだろうが、その時の英訳に問題があったと中内は思う。アメリカ側が出してきた教育の目的に関する英文の中に、「the full development of personality」の言葉がある。これを、日本側で「人格の完成」と訳した。「それがそもそも問題だったのでは」と中内は指摘する。教育基本法がこの時、「教育の目的」を「人格の完成」ではなく、「個性の開発」と掲げていたら、戦後の教育の流れは大きく違っていたのではないかと言うのだ。(5)

たしかに、「the full development of personality」自体は、「個性の開発」とも訳すことができる。だが、「個性の開発」と「人格の完成」とでは、日本語の持つニュアンスはかなり違う。「画一的教育」や「管理主義」は、「人格の完成」という言葉の下では成立しても、「個性の開発」という訳では成立しがたかったように思える。中内は、そう指摘するのだ。

人格の完成という言葉は、格調は高いかもしれないが、意味するところが具体的に伝わってこない。そればかりか、抽象的に過ぎて、逆に「管理教育を助長し」てきたのではないかと。(6)

教育分野においても中内は革命的だ。「過激な教育自由化論者」であることをみずから自任した。「教育は社会と連動して存在しなければならない。けっして聖域ではないし、専門家だけの領域でもない(7)」というのだ。

中内は、第一部会のメンバーと議論を重ねた。「埼玉県で行われた二泊三日の合宿で、学習院大学教授の香山健一さん、元共同通信論説委員長の内田健三さんなどの論客と侃々諤々やりあった」と『流通革命は終わらない』の中に書く。第一部会としてはその結果、創造力に富む人材を育成するためには各人の「個性の最大限の開発」が必要であることを共に理解し、そのための新しい教育理念として「個性主義」という言葉を選んだ。「今次改革の方向が『画一主義から個性主義への、大胆かつ細心な移行、改革』にあることは明らかである。この個性主義とは、個人の尊厳、個性の尊重、自由、自律、自己責任の原則の確立であることを確認した」というのは、臨教審第一部会において発表されたメモの一部である。

この意見に真っ向から反対したのが第三部会（有田一壽部会長・初等中等教育の改革担当）であった。この後、この「個性主義」の是非が臨教審の主テーマの一つとなる。議論が延々交わされた。だが、結局は慎重論側が勝つ。そして、「個性主義」という新しい理念を表す言葉が、現状の教育の枠内での「個性の重視」という言葉に置き換えられた。臨教審が終わるにあたって第一部会の最終会議の席で、中内は一つのメモを委員たちに配った。それは「臨時教育審議会を終えるに当たって（昭和六十二年八月二十日）」と題されたものである。(8) それは、どうして中内たち第一部会の考えが臨教審の結論として受け入れられなかったのかを問うものである。中内の思いと考えを、そのメモに沿って整理しておこう。

「中内メモ」

中内は、まず「臨教審とは何だったのか」を問う。臨教審は、なぜ文部省の諮問機関ではなく、総理大臣直属の審議会として設置されたのか。この問いは大事な問いなのだが、その認識が甘かったと言う。

第一回の総会の席上において、中教審と臨教審の違いが論じられた。そして、「中央教育審議会は文部省固有の所管事務に関する諮問機関であるのに対し、本審議会は、教育およびこれに関連する行政各部の諸施策の基本方策について包括的・総合的に調査審議を行おうとするもの」と説明された。だが、その趣旨は生きなかったと中内は考える。臨教審の今回の答申に対しては、「これなら中教審で十分だった。何のための臨教審か」という批判が少なくなかったことを指摘する。臨教審において「真実、文部省の枠を超越した、包括的・総合的調査審議が行われたのであろうか」と問う。これまでの中教審での議論の延長線上の議論に終わってしまい、「臨教審」の名が泣いているというわけだ。

続いて、「総会主義の蹉跌」を論じる。最初に、本審議会では、すべては総会で決めるという「総会主義」を掲げた。審議会では当初から、「全員の合意でいこう」と決めた。そして、わざわざ、「議事は、出席委員の三分の二以上の多数によって決する」という項を審議会規則から除いた。「全委員の合意を得て決する」ことにすると修正した。そこには、できるかぎりの議論を重ねようという趣旨があった。

だが、「現実は総会でなにを発言しても、うやむやになり、結論には反映されないことが多かった」と中内は述べる。その理由として、審議会の中に「運営委員会」という制度を導入したことが問題だったのではと指摘する。運営委員会は、四部会の上部機関でも決定機関でもなかったにもかかわらず、「運営委員会で決まったから」と議論が封じられてしまうことが多かったというのだ。そして、「運営委員会とは何だったのか。『総会主義』は基本的に無理だったのか」と問うのである。

第一部会で議論した方針が最終的に認められず、曲げられることになった理由として、中内はもう一つ、四部会並行審議の矛盾を挙げる。基本方針が決まってもいないのに、他部会の審議が並行して進行するのは奇妙だというのだ。

「個性主義」とか「規制緩和」とかの路線とは食い違う論議が他部会においても同時進行し、結果として部会間の対立を余儀なくされ、その結果、その後の審議が歪められてしまったと中内は考える。「一時は、第一部会優先審議の合意もあったと思うが、結局並行審議になってしまったのは、なぜだったのか」とあらためて問うのである。

最後に、臨教審は「文部省や文教関係者の干渉を排除出来たのか」を問う。厳しい主張だが臨教審という制度の本質をつく意見であり、中内の残念な思いがよくわかる。ここは全文を紹介しておこう。

「個性主義にしても、生涯学習にしても、九月入学にしても、すべてはこれまでの学校教育のしがらみからの解放を目指したものだった。それが、既得権益とぶつかることは、当然予測できたことであった。だからこそ、文部省の付属機関でなく内閣直属に設置されたのだった。しかし、委員や専門委員、事務局員に、多数の文部省関係者や文教関係者がおり、実際は、その影響力は大きく、本来の臨教審の存在理由を生かし切れなかったのではないか。素人は教育に口を挟むな、教育現場が混乱する、という声も随分聞かれたが、この意見こそ排除されるべきものであった。なぜなら、教育の専門家に任していた結果がもたらした弊害と、時代遅れに対する荒療治のための審議会であり、そのために素人（社会的常識）の意見こそが重要視されるべきであった。ある意味では、教育の現場に混乱を引き起こすことが、教育改革だったのではないか。波風の立たない改革は、改革ではなかったとも言える[9]」。

本審議会はそもそも、必要とあれば、教育に革命を起こすことを考えてつくられた審議会ではないか。中内は「臨教審」についてそう考える。「過激な教育自由化論者」を自任する中内らしい、面目躍如たる意見ではないか。

メモは、最後にポスト臨教審が大事であると述べ、それをどう進めるのかを提案する。「ポスト臨教審を早期に設置決定すべき」「ポスト臨教審を民間で作ろう」「秋季入学の実現を望む」「いくつになっても学べる体制づくりをする」ことなどが提案されて終わる。中内は、臨教審が終わった後も、「私は教育の理念を『個性主義』に決めたことは、今でも正しかったと考えている」と述べ、このような中途半端な形で終わったことを「無念だった」と述べる[10]。

中内の臨教審に懸けた思いと考えについてかなり詳細に述べたが、中内が教育に懸ける思いがどれほど純粋で、強いものであったかがわかるだろう。中内はその後、この挫折を経て、「個性主義」や、「自由な学び」という理念をさらに研ぎ澄ましながら、流通科学大学設置へと向かっていく。これは次章で扱おう。

偏見の壁に挑む

さて中内は、教育分野のみならず、広く社会とその偏った通念にも挑戦する。その社会通念とは「士農工商」の通念である。「士農工商」の考え方は、私たちは江戸時代の遠い昔の話と思いがちだが、中内は現代においてもその通念が潜んでいると思っていた。その象徴的な事件が一九八〇（昭和五五）年に起きた。

中内は、その一年前の一九七九年、土光敏夫会長の時に経団連に入会した。そしてその翌年六月に、経団連の会長に就任したばかりの稲山嘉寛が記者会見において「公定歩合の引き下げ」を主張する中で、次のような趣旨の発言を行なった。「いまは投資と言っても、スーパーなどサービス産業、第三次産業ばかりだ。これらの投資は注文（消費）を奪い合うための過剰投資であって国全体の利益にならない」と。

それを翌日に知った中内は「ものを作らないスーパーは日本経済の『寄生虫』のような存在であるといわんばかりの見解だ」と感じたと後に述べている。そして、直ちに記者会見を開いた。そして「時代の変化についていけない人が経団連のトップにいるのは残念だ」と厳しく抗議した。さらに、朝日新聞に「稲山批判」の論説を投稿した[11]。

中内の投稿の主旨は「流通業の意義」と「二次産業優位の時代は終わった」という点にある。流通業とは何かについての中内の基本的な主張でもあり、要約しつつ紹介しよう。

中内が一番批判したい点は、稲山のその言葉の裏には「ものづくりだけが価値を生み、消費は悪徳だ」という戦前の発想、具体的には「一九四〇年の戦時体制」の価値観がそのまま残っているという点だ。ここで言う「一九四〇年体制」とは、一九四〇年当時、革新官僚と呼ばれた官僚たちが、日本の生産力を戦争に駆り出そうとして創り出された戦時統制経済体制を指す。それが、戦後においても制度として残り、日本の高度成長を支えたことが野口悠紀雄たちによって明らかにされたのだが、そのことを指して「一九四〇年体制」という。銀行法、食糧管理制度、健康保険制度など、一九四〇年当時の制度が戦後にも残り、日本の高度成長を支える基軸となった[12]。

それに対して、中内はモノづくりだけで価値が生まれるわけではないことを主張する。中内のこの視点は、流通業の意義を理解する上で極めて大事な視点なので、少し敷衍しながら述べておこう。

モノ中心の発想においては、「価値は工場や研究所において生まれる」と考える。だが、価値は、消費や生産の場で消費され使用されて初めて生まれるという対照的な見方を中内は主張する。どちらでもいいような違いに見えるかもしれないが、世の中のありようはずいぶん違ってくる。

もし価値が工場や研究所で生まれるのであれば、それらの活動の前後に位置するマーケティングや流通の諸活動はその価値の生産とはさしあたり無関係で、生まれた価値を伝達するだけの活動となる。その時、流通において発生する費用は、価値を生まない空費と見なされる。流通にかかわる諸活動は、それなりに必要があると認められるにしても、少なければ少ないほど望ましく、なければそれにこしたことがない活動ということになる。大事なのは製造業で、流通業は製造業の添え物という理解になる。

こうした「モノ中心の理解」は、経済学や経営学、さらには流通を専門に扱う流通論や商業学においてさえも一般的である。流通や商業は、生産の補助的、従属的な機能と位置づけられる。その当時において、林周二の「流通革命論」が一世を風靡した。林の主張は、中内たちの流通革命を理論化したものと見なされているが、中内はそうは考えない。林の主張はモノ発想・コスト発想の議論だと言う。それがあって、林のそれは〝流通革命論〟ではなく、正確には流通〝簡素化論〟と呼ぶべきだと、中内は言う[13]。

林と同じような主張は、現代の流通論・商業論の代表的テキストでも語られている。「商人の存在根拠論」と呼ばれるものがそれだ。そこでは、商人の存在根拠は、生産者と需要者のあいだで生じる取引数を最小化する点にあるとされる。この存在根拠のモデルは、中内の言う「流通簡素化論」そのものであり、〝まず生産者ありきの世界の中の商人〟という構図になる[14]。

しかし、そうではないと、中内は自著の『わが安売り哲学』の中で語っている。「商品の価値は最終消費者が財布からお金を出して、その商品を手にしたときに決まる。メーカーの倉庫や店舗に陳列されているときには、ただのものにしかすぎない。われわれ小売商の手によって消費者のもとへ届けられたとき、商品は本当に生きてくる」と[15]。

この一文は、価値は工場や研究所で生まれるのでなく、消費者との接点で生まれることを主張するものである。
流通業は、すでに製造業者が存在する業界の中において最後に登場するプレイヤーというのが「流通簡素化論」の考えの前提だが、そうではない。中内は、製造業をはじめとして業界や市場を創造するところに流通業のそもそもの存在意義があると考えるのだ。その同じ意味で、流通業は、新しく顧客を創り出すことで、みずから組織としての社会的課題を果たすというピーター・F・ドラッカーの考えは中内の受け入れるところだ。[16]
つまり流通業者の課題とは、他のいずれの組織もそうであるように、それまでなかった新しい「顧客（需要）」を創り出すことにある。もちろんのこと、ダイエーはその開業以来、スーパーマーケットで買い物をする顧客を新たに創り出してきた。それまでそうした買い物を経験した消費者はわが国にはいなかったのだ。そう考えた時、顧客創造業として独自の地位を確保する流通業、つまり製造業の単なる添え物ではない流通業の価値の所以がはっきりと見えてくる。[17]
その後、稲山本人にも直接会って意見を述べたという。それに対して、稲山は、言葉少なく「鉄は国家なりと思っていたが、世の中はだいぶ変わったな」と答えたという。そして、稲山もさるもの、「そんなに言うなら君が経団連の中で流通業の役割を説け」と、逆に中内に経団連への積極的な参画を要請した。中内は断れなくなるのだが、中内に言わせると、「ミイラ取りがミイラになってしまった」。[18]

それからしばらくたった一九八八年五月、斎藤英四郎新会長から広報委員長を依頼された。斎藤会長からは「〝民僚化〟した経団連に風穴を開けてほしい」と言われ、前任の花村仁八郎からは「今までの経団連とは違った新しいパブリシティーを」と励まされた。中内は、期待に恐縮しつつも、福原義春（当時、資生堂社長）に協力を願い、「変化に対応する経団連」の実現に挑んだという。[19]そして一九九〇（平成二）年一二月に就任した平岩外四会長は「消費者との距離が遠い経団連を改革したい」として、中内を副会長に選んだ。稲山への抗議から一〇年。中内は感無量の思いだったことを隠さない。自身の名誉というのではない。経団連の副会長になったことは、流通がインダストリー（産業）として認められたことだと思ったからだ。

中内は「平岩新会長の下で国民と共に歩む経団連に脱皮しないといけない。大企業、経済界の代表でなく国民の代表として行動していくようにしたい」と抱負を述べている（『朝日新聞』一九九〇年一二月一一日）。経団連において国民目線を強調するというのは、フォー・ザ・カスタマーを理念とする中内らしい抱負だ。

中内は、こうして「商」の意義や「顧客志向」の価値を積極果敢に唱道した。もっとも、それにより中内が最初にこだわった「士農工商」についての社会的偏見が消えたとはまだまだ言えないようだ。二〇〇六年の流通科学大学主催の「流通シンポジウム」において、岡田卓也（イオン名誉会長相談役）は「流通産業は、いまや国民総生産の六〇%を占めており、国の基幹産業となっている実態にもかかわらず、流通・小売業の社会的地位が製造業などに比べて低い産業構造がなお続いている。士農工商の時代から、現在に至ってもいまだ流通業界の位置付けは高いとは言えない」と指摘する。続けて「中内さんは流通革命でそうした格差と戦いつづけてきた。我々も挑戦し続ける」と中内氏の功績を評価する。そして「まだ流通革命は終わっていない、次世代の流通革命を担える人材を、この流通科学大学で育てていただきたい」と、大学に向けて檄を飛ばしている。[20]

阪神・淡路大震災の救援活動

中内は、徹底した平和主義者である。それを立証するような事件が、一九八一(昭和五六)年二月の関西財界セミナーにおいて起こった。セミナーの議長を務めていた日向方齊(当時住友金属会長)が基調講演を行なった。大塚英樹によると、三〇分にわたって、憲法改正、徴兵制、軍備拡張の必要を唱えた。静かな会場の中、ただ一人中内はそれに対して「異議あり」と発言を求め、「あなたの認識はおかしい」とかみついたのである。「対米追随から脱却した自主外交の確立こそ、必要ではないか。ソ連を仮想敵国と見るのではなく、日本が東西世界、南北世界の懸け橋としての役割を果たす努力が必要ではないか」と主張したのである。[21]それをめぐって二人のあいだで激論になった。割って入る人がいて、話はとりあえずなんとか収まったという。[22]

中内の平和主義は、過酷な戦場経験に根ざしていて、とってつけたお飾りではない。そうした背景の下、「流通業は平和産業」を謳い、「社会のライフラインとしての流通業」を常々主張した。その主張は、極めて厳しい状況下で真価を問われることになる。一九九五年一月一七日に発生した阪神・淡路大震災がそれだ。中内が生まれ育ち、ダイエーを育てた神戸が壊滅的な被害に遭った。それに対する中内の対応は素早かった。

震災現場にて。当時72歳（1995年１月/写真提供:『FOCUS』新潮社）

中内を二人三脚でサポートしたのは、副社長の中内潤だ。中内潤は、社内ではシステムやロジスティック部門の責任者だったが、それが活きた。二人の中内が組んだ震災対応の取り組みは、「非常時の経営」のお手本となるものであったと、吉本隆明をはじめとして評価は高い。

一九九五年一月一七日午前五時四六分、兵庫県南部地震と呼ばれる大地震が神戸・淡路を中心に発生した。死者は六四三二人、ダイエー関係者では一一九人が死亡するかつてない大震災となった。その日、中内は東京の自宅でいつもの通り午前五時半に起床した。商売柄テレビの天気予報を見る。五時五〇分頃、「近畿地方に地震発生、大阪震度５」というニュース速報が流れる。関西はダイエー発祥の地であり、「被災者はいないか」「店は大丈夫か」と気がはやり、すぐさま家を出た。六時半に浜松町オフィスに到着し、七時には中内潤副社長を責任者として「災害対策本部」が設置された。当時の村山内閣が対策本部を設置したのは、震災発生から三時間以上も経った午前九時頃であったことを思えば、極めて早い時に設置された[23]。

だが、ダイエー本社には大阪や姫路から連絡が入っても神戸からはない。電話をかけても、つながらない。中内の不安は募るが、東京で今できることをすぐやるしかない。中内潤対策本部長は、次々に手を打った。八時に物流と情報ルートの確保を決断し、それらを押さえる。トラック、タンクローリー、ヘリコプター、フェリーなど陸海空のあらゆる輸送手段の確保に走る。カップラーメン、おにぎり、水などの緊急物資を調達し、輸送手段が整い次第、全国から神戸に送り込む準備をする。一方で、NECから移動式の衛星通信機材を借り、技術者と共に神戸に向かわせる。一一時には、営業担当専務の川一男を隊長とする先遣隊がヘリコプターで東京を出発する。神戸のポートアイランドに到着した先遣隊は、徒歩で三宮に向かった。ポートアイランドは埋め立て地で下は液状化していた。そのため、三宮には泥だらけになりながら二時間かかって到着した。一三時には、東京二四〇人、福岡一二〇人の応援部隊が組織され各地を出発した。一八時には、災害対策本部と現地対策本部間で衛星通信が稼働した[24]。

一連の活動を、潤副社長と共に指揮しながら、この時、中内は何をどう感じていたのか。『流通革命は終わらない』にその時の話が出ている。

「矢継ぎ早に決断を下しながらふとテレビに目をやる。高速道路の橋げたは倒壊し、住宅やビルもぺしゃんこ。何本もの大きな火柱が上がる。想像以上の被害に、私は戦慄した。幼いころ父から『大正時代、米騒動で大商社の鈴木商店は焼き打ちされた。暴徒と化した民衆は恐ろしい』という話をよく聞いた。歴史上の事実が突如、現実味を帯びる。現地に入って自分が指揮しなければと思うが、東京にいて、それもかなわない。まさに隔靴掻痒の感」[25]。

中内は、被災地の人々の不安を取り除くことを考え、ダイエー、ローソンを問わず、「店に灯をともせ」「早く店を開けろ」と川専務に指示を与えた。電気の通じている店は灯をつけ、店は開けられなくても店頭や駐車場で営業せよと指示を出した。これらの方策は、被災者の心に勇気を与えたと後に高く評価された。

余談になるが、震災後、筆者も小売商店の被害調査で神戸市の三宮や長田に入った。多くの街の商人たちに会って話を聞いた。そして、商人たちは震災直後からすぐに店を開けようと必死の努力を行なっていたことを知った。ダイエーをはじめとするチェーンストアの社員たち（彼らも商人だ）は、電車は動かず、車が通れない道を何時間も歩いて店に辿り着いて店を開いた。他方、個人商店の主人たちは、自身の家族の安全確保が第一ということもあり、店への取り組みはどうしても二の次になっていた。震災当日、個人商店のほとんどは休業した。

このエピソードを知って、二つのことが印象に残った。第一に、商・ビジネスに徹することができるチェーンストアは、社会を支える強力なライフラインになりうること。第二に、チェーンストアは、ダイエーを筆頭にそうした社会に対する強い使命感を持っていること、これである。

閑話休題。中内は、震災の三日後に現地入りする。全国展開の起点となった三宮店の無残にひしゃげた姿を見て、茫然自失した。五〇年前の敗戦時の神戸の焼け跡が脳裏に浮かんだ。そして「この危機を乗り切れるのは、戦争を体験した自分しかいない。『おれがしっかりせねば』と全身が熱くなる。もう一度、最初から出直しだ」と心に誓った。[26]

さて、ひと段落ついて、現地での記者会見が開かれた。その時、記者から「ダイエーはどうして商品を無料で配らないのか」と質問された。例えば二〇〇ケース分のカップラーメンがすぐに二トン車で三宮に運びこまれたが、ダイエーではそれらを一個一〇〇円で販売した。中内たちが有料で商品を販売したことについては賛否両論ある。批判する作家もおれば、賛意を表明する吉本隆明のような思想家もいる。吉本はこう言う。

「同じ神戸に拠点をもつ山口組は、ただで物品を配った。ダイエーはそれなのに必需品を安価ではあっても金銭を取って分けた、と批判する人もいました。しかし僕は、『商人は物を売るのがプロだ。たとえ、ただで配ったとしても被災者三十万人すべてにゆきわたるものではない。却って、物を巡っての騒動の原因ともなりかねない。また、ただで配るということは、市民個人の尊厳を冒瀆し、市民社会の契約に反することで、経済人としてはできないこと』と思いました」。

被災時という緊急事態において無料での配給か有償での販売か、その是非の判断は難しい。ただ言えることは、商人中内には、無料での配給はアタマの中にこれっぽっちもなかったということである。中内は、記者からのその質問に「あぜんとした」と後に述べている。「商人が無料で商品を配ることなど、できるはずがない。生活必需品を適正価格で安定供給し続けることが私の使命だ」と述べる。中内の考えはそうなのだ。続けて、「商人として、神戸を中心とした被災地の人々に『ダイエーが店を開けたら安心だ』と言われるように最大限の努力を続けた」とも述べる[28]。

被災地の神戸に商品を供給するためにいち早く先遣隊を派遣し、各地から多くの社員を被災地支援に向かわせる。陸海空のあらゆる輸送手段を確保し、必要とされる諸物資を集めまくる。これが中内ダイエーの取り組みの姿だ（「機敏だった震災対応」『読売新聞』一九九五年二月二日）。

それに必要とされた時間と努力とそれにかかった経費は、それこそカップラーメンを一〇〇円で販売したところで、補塡できるものではない。中内たちダイエーの人々は、最初から損益は度外視して支援を行なった。有償での販売を批判する人にはこの全プロセスを見てほしいと思う。筆者には、ダイエーに課せられた「ライフラインとしての流通」に向けて、中内と潤副社長が持っていた強い使命感が伝わってくる[29]。

「自由の教育」を求めて

先に述べたように、二〇〇一（平成一三）年一月、中内はダイエーの取締役を辞し、ファウンダーという役職に就く。だが、それは名誉職で、ダイエーの中での実質的な力は失われた。年齢ももう七八歳になっていた。だがそうした中でも、中内は中内らしさを失わない。二一世紀の中内の活躍の舞台は一〇年以上前に設立した流通科学大学へと移る。

流通科学大学。ユニークな名前だ。生産と消費を結ぶあらゆる事象を流通ととらえ、科学的、総合的に教育・研究する大学を目指した。中内には、生産と消費をつなぐ「流通」の重要性がますます大きくなるという確信があった。後に中内との書簡による対話集を出版するピーター・F・ドラッカーは、中内のこの「流通」についての考えを強く支持した。

ドラッカーは「経済発展の原動力となるのは生産よりも流通である」[30]と述べ、さらに一九九六年一〇月の流通科学大学での講演の際には「この大学はマーケティングと流通を専門とする世界最初の大学」であり、「今日、最も多くのことを学べる大学」だと評した。しかも当時の経済学が、生産や消費を論ずるのに対し、流通科学大学では「流通について論じている。そのような所は、他にない。したがってこの大学が行っていることは、一つの偉業である」と褒め称えた[31]。

中内には「流通を盛んにすることが世界平和につながる」という思いがある。戦争の悲惨さを経験した中内には、戦争はもうこりごりだという思いと共に、商品流通が滞るところに戦争が生まれるという確信がある。「かつての戦争は資源の取り合いが大きな要因となっていました。第一次大戦は鉄と石炭、第二次大戦は石油、私たちは、悲惨な戦争を二度と起こさない仕組みを、二一世紀に向かって考えていかなければなりません。流通を通して、人、もの、情報を交換し、

互いに理解し合えば、戦争なんて手段はとれなくなります」と流通科学大学初代学長森川晃卿との対談で述べる。(32)

社会における流通の意義を若者に伝え、二一世紀の流通の屋台骨を支える人材を育成するために、私財三〇億円を投じた。残りの三四億円は五〇〇社の企業で賄われた。

大学設立に際して、中内の目的ははっきりとしている。大学像と教育像に分けて見てみよう。

【大学設立目的①　中内が目指す大学像——個性主義と学びの自由】

中内が描く大学像は、先に述べた臨教審での経験に深く根ざしている。そこで突き詰めてきた議論が基礎となって次の四点が目指された。①「個性主義」、②学び手の立場に立った「学びの自由」、③「社会と連動した教育」、そして④生涯教育、がそれである。(33)

個性主義は、すでに述べたように臨教審において中内が強く主張したテーマである。中内たちの部会のメモには、個性主義は「個人の尊厳、個性の尊重、自由、自律、自己責任の原則の確立」とある。中内はその理念をそのまま大学の基本理念に置いた。一人ひとりの個性をどう育て伸ばすかが大学の課題だとして、こう述べる。

神戸市に流通科学大学設立、学園内を歩く中内㓛

「主役は学生だ。学生が自分の個性を伸ばし、スキルにまで高めるために、自分の学びたいことを、学びたい方法で習得し、それを生涯学習へとつなげる。大学はそれを支えるサービス業でなければならない」[34]。

大学は主役である学生を支援する存在と位置づける。とはいっても、学生が方針もなく好きなまま学んでよいわけではない。中内は「目的のある学び」が重要と考えた。将来自分は何をやりたいかを見定めて、そこから逆算してどういう科目を学ばないといけないのかを考えるというわけだ[35]。

これは、これまでの大学でのカリキュラムづくりからは出てこないアイデアだ。これまでだと、まず学問体系があって、その学問をきちんと学ぶために、どういう順番でどういう科目を学ばないといけないのかが定められた。それがカリキュラムとして形になる。学生からすれば、どうしてこの順番に科目をとらないといけないのか、あるいはその科目は自分の目指す世界にどう役に立つのか、よくわからないままに科目を選び単位をとることになる。それは、学問体系に従順なカリキュラムであっても、学生のためのカリキュラムとは言いにくい[36]。

中内が大学を設立するにあたって、「フォー・ザ・スチューデント（大学は学生のために）」と言い、「学校の立場でなく、学生の立場にたって学びやすい環境をつくることが肝要」[37]と述べた意図は、こうしたカリキュラムづくりに表れてくる。

ただしかし、個性主義といっても、一般には抽象的で伝わりにくい。中内はそこを工夫して、わかりやすく「ネアカ、のびのび、へこたれず」という標語を用いた。この標語は中内の創作というわけではないが、「未来に向けて、自分のもつ力をたゆまず伸ばしていこう」という前向きの気持ちが伝わってくる。しかも、リズムがよくて覚えやすい。中内自身、この言葉がよほど気にいったのか、学生への大事なメッセージとして用いた。自身で書にしたためたりして、流通科学大学では構内の各所にこの言葉が掲げられていて、中内の思いを伝えようとしている。

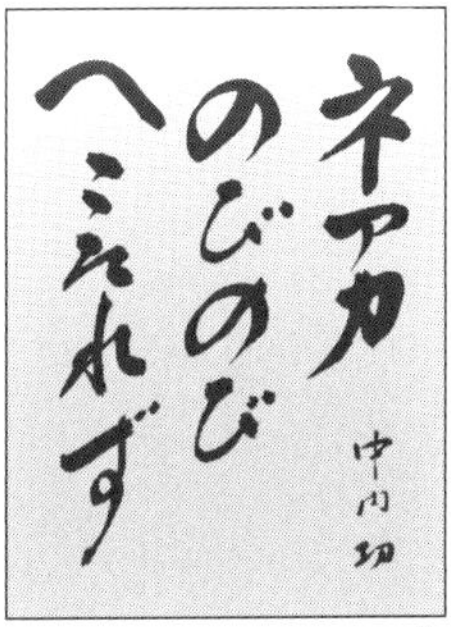

中内㓛が大切にした言葉

【大学設立目的②　社会との連動——実学重視と社会に開かれた大学】

教育は社会から孤立したものではなく、社会と連動したものだということは臨教審で中内が力説したところだ。大学として、その課題に対して〝実学重視〟と〝社会に開かれた大学〟として応えようとした。中内のアタマの中では、大学は研究を至上とする「象牙の塔」ではない。

実学は、福沢諭吉から学んでいる。諭吉は「学問とは、ただむつかしきを知り、解し難き古文を読み、和歌を楽しみ、詩を作るなど、世上に実《じつ》のなき文学を言うにあらず」という。その言葉を引いて中内は「実学」の意義を次のように説く。

「これ（中内が先に引用した文章—引用者注）は、福沢諭吉の『学問のすゝめ』の一節である。更に、『されば今かかる実なき学問は先ず次にし、専ら励むべきは人間普通日用に近き実学なり』と綴っている。『実学』というと実用一点ばりと受け取られがちだが、それは誤解だ。福沢自身が『実学』という言葉にサイエンスというルビをふっている。つまり、福沢のいう『実学』とは、『実験・実証の学』なのである[38]」。

学識をひけらかすだけの学問ではなく、世の中に意味のあることを学ぶことが大事だというわけだ。そして、実験・実証の学を学ぶ場、「実学の場」とすることを大学に期待する。

また、「社会に開かれた大学」を目指した。具体的には、海外からの留学生を引き受けること、社会や企業と深い交流を持つことを課題とした。企業に長期間訪問してその企業のことを学ぶ「企業インターンシップ」、学内に企業を呼び込んで行う「インターンシップ・オン・キャンパス」、さらに「企業と学生との共同企画・研究」などの試みは、中内の意を受け流通科学大学が他大学に率先してやり始めた実学のかたちだ。

余談になるが、大学キャンパスや食堂や買い物施設も、周囲の市民に開放した。午前や午後のひと時、子供を連れた母親たちが学生食堂で食事する風景はよく見られる。中内はこんなところまで気を配った。

【大学設立目的③　学ぶことが生きること】

生涯教育も、臨教審でテーマとなった問題だ。中内はそれも大学の課題に置いている。「学習することに、年齢的な制限はない。人生八十年時代には、大学をでるまでの一時期だけに学ぶのではなく、生きている限り学び続ける『生涯学習』という考え方が当たり前になってくる。学ぶことが生きること、という時代がやってくる[39]」。

学ぶことの根本には「学ぶことへの意欲」がとにもかくにも不可欠であると中内は考える。そして、その学ぶ意欲こそが「自分は何ができるのか」「自分はどう生きたいのか」という自分の存在意義をかけた問いを形づくる。「学ぶことが生きること」というのは、そういうことだ。中内は学ぶことは人生そのものだと考えているので、いくつになっても学ぶことができる場が必要と考えた。社会人になっても、学びたいと思えば学ぶことができる大学像を描いた。

流通を科学することを学ぶ

中内は、大学で何を教えたいと思ったのか。その目指す教育像は、「流通科学大学」という校名に込められている。というのは、「流通」といい「流通科学」といい、普通名詞として日常で特に違和感なく使われる言葉だが、校名としてはあまり通りがよいわけではない。だが、「流通を科学する」という大学の狙いをそのまま校名とした。

分野がなんであれ、「科学する」ことはその分野の発展には不可欠だ。例えば、最近のスポーツ界を見ればそのことはすぐわかる。

野球界に科学のメスが入ったのはそれほど古いことではない。それ以降、トレーニング法が大きく変わった。「走れ走れ」のトレーニングから、選手の強化すべきポイントを把握して、そこを重点的に鍛えるといった、選手に合わせたメニューが開発された。それと共に選手の寿命は延びた。四〇歳を超えてMBLで活躍するイチローのような選手が生まれたのは偶然ではない。

流通業界も同じだ。中内がビジネスを始めた時は経験と勘と度胸だけで渡っていけたが、それだけでは流通業の組織を運営するのは難しい。

中内は言う。「こうすればこうなるというふうにして科学的に実証していき、消費者のニーズに応えていくという形でマーケティングの技法をもっともっと発達すべきです。こういう風にすれば売れるはずだと言う科学を活用することによって、商業を実証していくという仕組みが必要です」と。[40]

「流通」は、英語で言うと「マーケティング」だ。実際、流通科学大学の英語名は、University of Marketing and Distribution Sciences である。とはいえ、流通もマーケティングも、実のところ人により様々に解釈される。今でも、モノが流れる、つまり「物流」についての学問か、あるいは「市場調査」や「広告や宣伝」についての学問かと見る人も少なくない。その意味では、中内があえてこの校名を選んだということは、挑戦的でもある。中内は、その意義を次のように語る。少し長くなるが、大事なところなので引用しておきたい。

「かつて高度成長期に、流通革命論が盛んに議論されたことがある。それは、単なるパイプとしての流通の在り方を説いたものであった。この時代、生活全般にわたって人々は飢えており、それを満たすことが大きな目的であった。すべてにおいて『作る側の論理』が優先し、メーカーが作ったものを、消費者に向けて流すことだけが、流通に求められた。流通に主体性などなかった。

しかし、時代は変わった。人々の『飢え』は満たされ、『ニーズ』が多様化してきた。個性化時代の幕開けであり『使う側の論理』が台頭し始めた。このような時代には、日々刻々と変化し続ける『ニーズ』をどう捕えるかが大きな問題である。二十一世紀へ向けて、この傾向はますます強くなっていく。

こうした状況で、流通に求められるのは、これまでのような単なるパイプ役ではない。それは、多様化し個性化し続ける生活者としてのニーズを受信し、その情報を生産者に伝え、その情報を商品化して、生活者の必要な時に、必要な量を、買いたい値段で届けることのできる双方向のコーディネーターとしての役割である。（中略）

流通に求められるものがこれほど大きく変化しているのに、流通を真正面から『科学』しようとする大学がないのはどうしたことか。既存の大学では、流通を経営学や商学の一部として見ているにすぎない。これから必要なのは、このように断片的な知識としての流通ではない。たんに経済学、経営学、商学にとどまらず自然科学、社会科学、人文科学はもとより情報制御、システム工学などにかかわるインターディシプリナリーな学問としての『流通』である。

私が、流通科学大学を設立しようとする理由も、まさに、この点にある[41]」。

「流通」の現代的意義を語り、「流通を科学する」ことの意義を述べる。「流通学」は、今は経営学や商学（あるいは経済学や社会学も含めてよいだろうが）分野の中の一分野としての位置づけにとどまる。だが、中内は、そうはしたくない。逆に、「流通」でもって、経営学や商学や経済学を包摂したい。「流通」は、社会科学にとどまらず、自然諸科学や、当時最新であった情報やシステム工学をも包摂する、これが中内の「流通学」の概念だ。

ユニークでかつ気宇壮大だ。だが、決して空想的ではない。そもそも学問体系とは、人が創り出したものであり、決まりなどあるわけではない。だが、中内の考える「流通」やその学問に懸ける思いは、残念なことに、それが世の中の常識ではない。社会には、長いあいだ築かれてきた学問の伝統があって、新しい概念はなかなか浸透しない。大学設置申請を受けた文部省（当時）でも、「流通科学大学」の名は認めたものの、「流通学」という学部名の申請に対しては難色を示した。「流通学」という学問体系を認めがたいがゆえである。中内は、気を取り直して「商学部」で設置した[42]。

流通科学大学では、開学当初、二〇〇人定員の募集に対して一万人を超える受験生が殺到した。中内の大学づくりに対する社会の期待がどれほど高かったかがわかるだろう。それを受けて、一九九四（平成六）年には新学部を設置し、実学の大学としての実質を着実に深めていく。

大学での教育者としての中内は、みずから学生たちとの接点を積極的に設けた。中内の大学についての考えは、先に述べたように「フォー・ザ・スチューデント」の言葉通りに、学生たち一人ひとりに優しく接した。年に何回か学生たちに講義した。[43]それだけではない。入学式には、一時間近くかかるのだが、学生一人ひとりと握手を交わした。さらには、学生には、社会や大学で中内が感じたことを直接学生たちに伝えるべく、毎週はがきを送った。それらはがきの一部は、学生たちがまとめて一冊の本[44]にもなった。学生の中には、中内から巻紙の手紙をもらった学生もいる。今でもそれを宝物のように大事にしているという。

ダイエー時代は見知らぬ人とはあまり言葉を交わさないと言われていた中内だが、大学ではそんなことはなく、若い学生たちの輪の中にみずから積極的に加わっていった。大学を訪問する学生の父兄とも気軽に話をし、一緒に写真に収まったりもしている。今でもその写真を大事に持っているご父兄もおられるという。

一九九一年には、学生たちをみずから引率して「中国からソ連にかけての内陸地域を縦断する」調査プロジェクト（流通科学大学中国東北部・ソ連極東部調査走破隊）を企画し実施した。「中国とソ連の変革する流通事情」を視察すること、そして流通の改善にかかわって日中・日ソ間の相互交流に貢献することがテーマだった。隊長は当時流通科学大学学長の片岡一郎。中内は総隊長となって、現地にも渡って陣頭指揮も行なった。走破隊は一九九一年七月二五日から九月二〇日までほぼ二カ月かけて、天津、北京、瀋陽、長春、綏芬河《すいふんが》（ここは、中内が関東軍独立重砲第四大隊の初年兵として過ごした地）から、ソ連のウラジオストック、ハバロフスク、ブラゴヴェシチェンスク、ナホトカを走破した。総走行距離は四九三五キロメートルにも達した。(45)

「共生」の理念

ダイエーでの経営から身を引いた二〇〇一（平成一三）年の九月から、起業家志望の一年生を対象に「中内ゼミ（別名「創成塾」）を開講した。中小・中堅企業の後継者や起業家の育成に取り組むのが狙いだ。その理念は「次代の革命家を育てる」というより、「地域における共生」に焦点があてられた。「共生の理念の下に、中小商店と大型店が競争の中で協力し合う地域社会を作り上げたい」というのだ。中内はゼミを始めるにあたり、学生の父母たちに向かってこう述べた。

「大型店だけでは、世の中は成り立ちません。大型店は杉の木のようなものです。森が、杉の木ばかりだと、花粉症が増えて仕方がない。人工林では駄目です。自然の森には、大型店のような杉の木だけでなく、ぶな、つつじ、しゃくなげ、などいろいろな木があり、いろいろな花がさきます。虫も住み、鳥もやってきます。それらは中小商店のようなものであり、すべてが集まり共生して森が成り立っています。地域社会は森です。祭りひとつをみても、大型店だけでは実現できません。商店街があり、商店主や働く人たちがいて、初めて地域の祭りができます。この意味で、人間的で心の通い合うコミュニティーを作り直すことが必要です。私は、中小・中堅企業の後継者や起業家精神をもった人を対象に『中内ゼミ』を開き、二十一世紀を切り拓く冒険商人を育成していきます。彼らが、共生の理念に基づいて地域社会の商業を活性化し、新しいコミュニティーづくりに参画することを期待しています[46]」。

様々な樹木や草花、虫や鳥が創り上げる「森」。そうした「森」があって初めて、杉のような大きい樹木も成長することができる。そしてそれがまた「森」を育てる。「森」という秩序がまずもって大事なのだと説く中内には、チェーンや大型店に対するこだわりや、世の中を変革してみせるといった気負いはない。「他者に依存することなく自立せよ」と説いた二〇世紀時代の厳しさもない。むしろ、世の中にすでにある「地域社会」という秩序（「森」）を愛おしみ、他者と共存する姿を見ることができる。ダイエーを率いて、「革命家」として世の秩序に挑んできた二〇世紀の中内とは少し違っている。

社会は変わり、思想もそれに応じて深化する。中内の自主・自律・自己責任の思想も、安定し成熟度を増した世の中になって、その思想の限界が少しずつ見えてくる。それは自分一人で生きていく力を持った強者の思想に聞こえるかもしれない。あるいは自己の殻を大事にし、社会とのつながりを最小限にすることを強調する孤立の思想に聞こえるかもしれない[47]。

しかし、中内の本意はもちろんそこにはない。そもそも中内が望んだ社会とは、「いろいろな選択肢が与えられていて、そこから自由に好きな選択肢を選ぶことができる社会」であった。一方で規模の経済を活かした大型店の生きる道があり、他方で思いやりや心配りあふれた街の小売商店の生きる道がある。それら選択肢が揃うことで、社会は豊かさを増す。そう考えると、中内にとっては、「自由」や「デモクラシー」と「他者との共存」とはなんら矛盾するものではなく、同じ土俵の上に乗っかっているものだったのだろう。

さてその中内ゼミだが、三〇名のゼミ生を募集した。このゼミは、中内が亡くなる年の二〇〇五年まで四期続いた（二期目からは一五人定員）。筆者が二〇〇八年に流通科学大学学長に赴任してその仕事を務めるあいだ、中内ゼミの卒業生を含め、その時代の卒業生たちと会って話をする機会をいろいろと持った。彼ら卒業生は、中内に直接学んだことを誇りにし、学生時代のことを懐かしく語っていたことが強く印象に残っている。中内の熱い言葉と教育者としての真摯な姿勢は、若い彼らの心に強く響いたのだ。

中内は、海外での講義も行なった。中国南開大学、ラオス国立大学、台湾の高雄第一科技大学とアジア各地を回り、「流通業の役割」や「グローバル化する欧米流通業との競争と共生」について講義した。二〇〇二年には「ルート66調査隊」を編成してアメリカ横断を図った。持ち前のチャレンジ精神は歳とともに盛んになっていく風であった。二〇〇四年には八二歳になっていたが、運転免許もとった。長年、中内の秘書を務めた宮島和美によれば、「一〇〇メートルでもいいから、ルート66を運転したい」と言っていたという。[48]

（1）レベッカ・ソルニット、高月園子訳［二〇一〇］、『災害ユートピア』（亜紀書房）を参照。

(2)渥美俊一〔二〇〇八〕、『二一世紀のチェーンストア』(実務教育出版)一二六ページ。
(3)宇野重規〔二〇一三〕、『民主主義のつくり方』(筑摩書房)三一ページ。
(4)中内㓛〔一九七九〕、「私の選んだ道:『願』を説いた校長」『日本経済新聞』一九七九年九月一七日。同内容は元岡俊一・大溝靖夫編〔二〇〇五〕、『ネアカ のびのび へこたれず 中内㓛言行録』(学校法人中内学園流通大学)に所収。
(5)中内㓛〔一九九〇〕、「『個性』をはぐくむ教育を」『経済人』(関西経済連合会)一九九〇年九月号による。
(6)中内㓛〔二〇〇〇〕、『流通革命は終わらない――私の履歴書――』(日本経済新聞社)一一〇ページ。
(7)中内㓛〔一九八八〕、「フォー・ザ・スチューデント」『日本教育新聞』一九八八年三月一二日。
(8)三年間の臨教審で、どのような課題について、どのように議論がなされたのかについては、内田健三〔一九八七〕、『臨教審の軌跡』(第一法規出版)の中で詳らかにされている。その書の最後に、この中内のメモがほぼ原文そのまま掲載されている。
(9)同前二一九~二二七ページ。
(10)前掲『流通革命は終わらない』一一〇ページ。
(11)中内㓛〔一九八〇〕、「二次産業優位時代は終わった」。『朝日新聞』一九八〇年六月二〇日の「論壇」への寄稿のこと。
(12)野口悠紀雄〔二〇一〇〕、『一九四〇年体制増補版』(東洋経済新報社)を参照。
(13)佐野眞一〔一九九八〕、『カリスマ』(日経BP社)三七一ページ。
(14)石井淳蔵〔二〇一二〕、『マーケティング思考の可能性』(岩波書店)二八三~三〇九ページ、同〔二〇一四〕、『寄り添う力』(碩学舎)二二一~二四〇ページも参照のこと。
(15)中内㓛〔二〇〇七〕、『〔新装版〕わが安売り哲学』(千倉書房)一ページ。
(16)P・F・ドラッカー著、野田一夫監修、現代経営研究会訳〔一九六五〕、『現代の経営』上・下巻(ダイヤモンド社）などを参照のこと。

(17)日本が世界の中で第二次産業を独り占めできる状況ではなくなっている点についても批判するが、ここではその議論は省略する。

(18)前掲『流通革命は終わらない』一一四ページ。

(19)同前一一四〜一一五ページ。

(20)小売大手企業の経営者から「士農工商」の壁の話を聞くことは少なくない。ライフ創業者の清水信次は、消費税決定の経緯に触れながら、「GDP五〇〇兆円のうち約六割は個人消費関係だが、士農工商の名残から、小売業の発言力は弱い」と話す（『繊維ニュース』二〇一五年五月二九日）。また、二〇一二年に「企業家大賞」を受賞した喜びのことばの中で、「自分が受賞することで、小売業の社会的地位を少しでも高めることができればうれしい」と述べるヤオコー会長の川野幸夫（『企業家倶楽部』二〇一三年一・二月号）がいる。

(21)大塚英樹［二〇〇七］、『流通王』（講談社）二五一〜二五五ページによる。

(22)中内のこの発言、つまりアメリカと距離を置き中ソとの連携を深める点、筆者は石橋湛山の外交政策との類似を感じずにはおられない。松尾尊兊編［一九八四］、『石橋湛山評論集』（岩波文庫）を参照。

(23)一九九三年一月一五日夜、釧路でマグニチュード7震度6の大地震が起こった。他のチェーン組織が翌日休業する中、ダイエー各店は、中内潤副社長を中心に運営を協議、朝八時から開店した。「店舗はライフライン」という意識はダイエーにおいては徹底したものだった。ダイエー社長室［一九九三］、「店を思うみんなの気持ちが一つになった」『CEO中内の記録』（同室調査部）七〇〜七三ページによる。

(24)恩地祥光［二〇一三］、『中内㓛のかばん持ち』（プレジデント社）八四ページ。

(25)前掲『流通革命は終わらない』一二九〜一三一ページ。

(26)同前一三一ページ。

(27)吉本隆明［二〇〇六］、「あの行動力の背後」佐野眞一編著『戦後戦記　中内ダイエーと高度経済成長の時代』（平凡社）二二〇〜二二一ページによる。
(28)前掲『流通革命は終わらない』一三一ページ。
(29)ソニー・マガジンズビジネスブック編集部編著［一九九五］、『二一世紀への革命商人　中内㓛語録』（ソニー・マガジンズ）二一〜二五ページによる。
(30)P・F・ドラッカー、中内㓛著、上田惇生訳［一九九五］、『挑戦の時　往復書簡Ⅰ』（ダイヤモンド社）六〇ページ。
(31)この発言を含め、ドラッカーの流通科学大学での講演（一九九六年一〇月一八日）の内容は、上田惇生氏に翻訳されて、小冊子『P・F・ドラッカー博士講演会「挑戦と創生」』（流通科学大学により一九九七年二月に発行）に収録されている。
(32)『流通科学大学案内』一九八九年度版による。
(33)生涯教育については開学当初、企業人相手の研修やセミナーを積極的に開講したが今は中断している。
(34)前掲『流通革命は終わらない』一一一ページ。
(35)中内㓛［一九八八］、「私の大学革命」『月間知識』一九八八年九月号による。聞き手は上之郷利昭。同内容は前掲『ネアカ　のびのび　へこたれず　中内㓛言行録』一三二〜一四一ページに所収。
(36)とはいえ、学問体系に従順なカリキュラムであっても、学生のなりたい未来に無関係に編成されているわけではもちろんない。「いつかは必ず役に立つ」ように編成される。問題は、しかし、その「いつか」を学生はなかなか理解できないところにある。
(37)前掲の中内執筆コラム「『個性』をはぐくむ教育を」。
(38)中内㓛［一九八八］、「本当の実学とは」『日本教育新聞』一九八八年三月一三日の「視点」への寄稿。
(39)前掲の中内執筆コラム「『個性』をはぐくむ教育を」。

(40) 中内㓛「一九八八」、「私の大学革命(上之郷利昭氏との対談)」『月刊知識』一九八八年九月号。同内容は、前掲『ネアカ　のびのび　へこたれず　中内㓛言行録』に所収。
(41) 中内㓛「一九八六」、「流通科学大学への夢」『季刊消費と流通』(日本経済新聞社)一九八六・夏。
(42) 中内㓛は、流通学部を、流通学科(貿易／商業経営／広報宣伝・消費者)、経営学科(組織・人事／財務／企画・調査)、ファイナンス学科(金融・証券／保険)、デベロッパー学科(産業社会／不動産)、観光学科(観光・観光事業／サービス)のような体系で考えていたようだ(一九九一年の商学部改組案参照)。この学科体系は、岩谷堯に言わせると「自らの事業の体系の反映のように見える」とのことである。『流通科学研究所リサーチノート』(中内学園流通科学研究所)二〇一二年一一月発行に所収の「岩谷堯氏インタビュー記録」による。
(43) 大学院でも、林周二、田島義博、そして荒川祐吉の各教授と共にオムニバスで講義を行っている。その成果は、流通科学大学[一九九九]、『明日への開拓者たちへ』(同大学出版)にまとめられている。
(44) 流通科学大学[一九八九]、『流通科学大学中内㓛理事長から僕たちへのハガキ』(同大学出版)。
(45) このプロジェクトについては、中国・ソ連調査走破隊報告書編集委員会編[一九九二]、『ランドクルーザー中国・ソ連五〇〇〇キロを走る―変革する流通事情調査』(流通科学大学)が詳しい。
(46) 中内㓛[二〇〇一]、「父母懇談会挨拶」二〇〇一年六月二三日。同内容は前掲『ネアカ　のびのび　へこたれず　中内㓛言行録』に所収。
(47) 宇野重規[二〇一三]、『民主主義のつくり方』(筑摩書房)を参照。
(48) 「宮島和美氏へのインタビュー」による(二〇一六年二月一九日、聞き手は著者)。

Ⅶ　一代の革命児、逝去！

悼み、悲しまれて

二〇〇五（平成一七）年九月一九日午前九時半、中内㓛逝去。享年八三。八月二六日に神戸の流通科学大学を出て、病院に定期検診に行って倒れた。脳梗塞だった。その後意識を戻すことはなかった。突然の死だった。

多くの人が中内の死を悼み惜しみ悲しんだ。流通科学大学で同年一一月三日に開かれた「学園葬」には、四〇〇〇人を超える弔問客が訪れて、白いカーネーションを遺影に手向けた。また、日をあらためて東京で開かれた同年一二月五日の「お別れの会」には、二〇〇〇人を超える東京在住の財界人やダイエー関係者が参列した。「お別れの会」では、日本スーパーマーケット協会会長であった清水信次が開会の挨拶を述べた。中内の生涯の友であり、中内を心より尊敬する清水の言葉は、中内の数々の功績を余すところなく述べかつ簡潔だ。その一部を読みやすくして掲載しておこう。

清水は、まず中内の来歴を語る[1]。

「酷寒零下四〇度のソ満国境の関東軍国境守備隊から灼熱のフィリピン戦線に送られ、ルソン島リンガエンで斬り込み特攻で敵弾に倒れ瀕死の重傷を負った。その後、飢餓地獄の中で九死に一生を得、日本に生還された。神戸三宮焼跡の闇市からスタートし、その後大阪千林に『主婦の店ダイエー一号店』を開店。ついには流通・外食・金融・レジャーをはじめ企業数一八七社、従業員一〇万人、売上総額五兆二二九三億円を超えるダイエーグループを築き上げられました」。

続いて、東京でお別れの会を開くことになった経緯と事情を語る。

「かつての経団連会長稲山嘉寛氏や斎藤英四郎新日鉄会長および東急グループ総帥の五島昇氏をして、戦後経済界最大の革命児にして野武士集団の巨塊と嘆ぜせしめた中内さんですが、首都東京においては氏を追慕する機会がない。本来の母体であるダイエーさんが、産業再生機構の厳しい管理下にあって諸事困難な事情にある。そのため生産・流通・外食等、関係一一団体の同志の皆さんが話し合って、中内さんの功績を讃え、御冥福を祈るお別れの会を合同で行いたいとの意志が急速に盛り上がりました」。

そして、中内が流通科学大学を設立するに至った経緯と、多くの学生が中内の意を継いで社会で活躍していることを紹介し称える。

「郷里の先輩坂本竜馬に共鳴触発された中内さんが、後世に人材を育て残すべく、昭和五四年にその構想を発表し、一〇年後の昭和六三年に設立されました。

流通科学大学は、神戸市六甲連山の高台に開かれた広大な敷地にあります。創立一七年にして既に一万人を超える卒業生と、四〇〇〇人を超える在校生が中内学園長の薫陶を受けてきました。中内さんの魂は、今後も永遠に受け継がれて光り輝いてゆくものと確信いたします。まさに、大隈重信侯の早稲田大学、福沢諭吉翁の慶応義塾にも匹敵するものであると申しても過言ではないと思われます」。

こう述べて最後に、中内がどれだけ多くの人に慕われていたのかに触れながら、参列された多くの方々への挨拶と、中内の遺志を継ぐことを約束して終わる。

余談だが、清水はこの後も、流通科学大学の母体となる中内学園理事となり、激務の中、毎年来校し大学卒業式や入学式において来賓として学生や父兄に挨拶する。「中内切亡き今、中内のことを一番よく知る私が、中内の思想と情熱を若い人たちに伝えなければ」と思われたのだろう。大学での挨拶では、常に変わることなく中内の功績を称え、中内が流通革命に捧げた情熱そのままに、中内の思想を引き継ぐことが自分たちの課題であることを切々と訴えられた。

清水にこのように称えられる中内は、清水が述べるように実業家でありかつ教育家でもあるということで明治期の福沢諭吉や大隈重信に並び、また一代で幾多の事業・企業・産業を創生した功績は同じく明治・大正期の渋沢栄一や小林一三を彷彿とさせる。一九九三年にはそうした功績が評価され、勲一等瑞宝章が与えられた。

石橋湛山、小林一三、そして中内㓛

さて、本詳伝を終えるにあたり、中内㓛が人生をかけて問い続けたものは何だったのか、あらためて考えてみよう。

中内が誕生したのは大正期であり、本書はその時代の特徴を探るところから始まった。大正期は、後に「大正デモクラシー」と呼ばれたように、政治面でも文化面でも民衆中心の政治運動や文化運動が展開した時代だった。一八六七（慶応三）年の明治維新以降、一九四五（昭和二〇）年の敗戦に至るまでの約八〇年のあいだで、これほど民衆が自由闊達な力を発揮した時代はなかったのではないだろうか。

興味深いことだが、その後の日本軍やアメリカ占領軍による統治の三〇年を経て大正の精神が昭和の世に蘇った。大正デモクラシーを代表する論者でもあった自由主義者・平和主義者の石橋湛山が、一九五六年一二月にわが国第五五代内閣総理大臣の座に就いたのである。石橋湛山はしかし、残念なことに病気のため数カ月で首相を退いた。ただその後も、戦争のない平和な世界をつくるため、日本がその掛け橋となるべく積極的な平和活動を続けた。米ソ冷戦下の中、一九五九年には日中米ソ平和同盟を主張して、当時の中共（中華人民共和国）を訪問し、周恩来と共同声明を発表するに至っている。

自由主義・平和主義者の石橋湛山の後を継いで第五六代内閣総理大臣に任命されたのは、奇しくも岸信介であった。[2] 岸は一九六〇年の日米安全保障条約締結で歴史に名を残した。それと共に戦前、商工省において「革新官僚」の主軸となり新統制経済の構築を目指したことでも知られている。当時の革新官僚には、後に社会党党首となる勝間田清一や外務大臣の椎名悦三郎や郵政大臣の迫水久常の名前も挙がる。

すでに触れたように、第二次近衛内閣で、岸が商工省次官だった時の商工大臣は、阪急グループ創設者の小林一三であった。近衛首相は、組閣後の一九四〇年八月一日、大東亜圏の秩序を図る「国策基本要綱」を発表する。それをきっかけに、岸信介次官と小林一三大臣は、特に「資本と経営の分離」をめぐる経済制度づくりにおいて激しく対立した。

岸たちの官僚案は、企業の資本と経営を分離し、資本については従来通り資本家（株主）のまで経営だけを国有化する案、「民有国営」の案だった。それは、直接的には企業の生産力を戦争へ集中させるための統制経済の方策だったが、思想的には社会主義的色彩の濃い施策だった。企業は公共の利益に奉仕すべきであり、不労所得で生活する特権階級の存在を許してはならず、市場よりも官僚のほうが正しい判断ができるといった思想が岸たち革新官僚の背景にあった。それがゆえに、小林は岸を「アカ」と呼んだほどだ。

企業家として自由経済、自由主義を信奉する小林は当然のごとく、その案に強く反対した。岸は次官職を辞め、当該案も「国策基本要綱」から省かれることになった。小林は、岸たちの案を「叩き潰した」わけである。[3]

だがその後、紆余曲折があり小林も大臣を辞職し、最終的には巧みな制度設計でもって岸たちの官僚案が残った。戦時統制経済体制は完成し自由主義の経済は場を失うことになる。同年には、大政翼賛会も成立し、日本はいわば「社会主義国」に似た姿へと変身していくことになる。そして、その当時の制度はほとんど変わることなく、われわれの時代にも続いているといわれる。[4]

革新官僚と呼ばれ、国による統制経済の構築を狙う岸信介と、自由主義・自由競争を信奉する小林は、その基本的な思想からしてかみ合うことはなかった。その岸が、小林と立場を同じくする自由主義者石橋と総理の椅子を争ったこと、そして石橋の次の総理に就任したということは、まことに「奇しき縁」ということになる。[5]

ちなみに、石橋湛山は官僚統制の現実に批判的立場にある。石橋は『東洋経済』一九二四年九月六日号掲載の論説「行政改革の根本主義—中央集権から分権主義へ」において、官僚主導の体制を厳しく批判する。「元来官僚が国民を指導するというが如きは、革命時代の一時的変態に過ぎない。国民一般が一人前に発達したる後においては、政治は必然に国民によって行わるべきであり、役人は国民の公僕に帰るべきである。（中略）これまでの官僚的政治につきものの中央集権、画一主義、官僚万能主義（特に文官任用令の如き）というが如き行政制度は、根本的改革の必要に迫られざるを得ない」と述べる。

さて中内だが、石橋湛山の復活とほぼ時を同じくして一九五七年九月、弱冠三五歳で大阪市内の千林商店街の一隅で末弟の力と共に小さな安売り薬局を開業した。彼は、店では朝から晩まで家族のことも忘れ、従業員の誰よりも一所懸命働いた。未知の分野であった小売業の世界を現場だけでなくセミナーにも積極的に出ていって必死に勉強した。そして、アメリカ視察において自身の天命を悟ると共に、それ以降、「デモクラシー」という大義を掲げて、小売チェーン事業を発展させた。そして、供給側の独占的な力に徹底的に抵抗し、消費者志向を貫き、最後まで消費者主権を基礎とする市場の働きを信じた。そして、いろいろ形を変えて出てくるエリートによる社会設計の思想には強く抵抗した。

また、中内は、石橋湛山と同じく筋金入りの平和主義者だった。「流通はライフライン、流通産業は平和産業」であることを、ことあるごとに訴え続けた。阪神・淡路大震災の折、全ダイエーを挙げて試みた災害地支援対策は、平和主義者としての思いをまさに立証するものであった。

そして千林に出店してから約三〇年後の一九八八年、中内は神戸の地に大学を設立した。年来の悲願であったところの教育における管理主義を排し、学生の個性を育み伸ばすことを大学の理念とした。この「反管理主義」そして「個性主義」の教育理念は中内が大学設置を構想した時から目指していたものだが、それは本書第Ⅰ章に述べたところの大正期に誕生した「自由教育」の思想と驚くほど似ている。

中内の流通から教育におけるこうした活動の軌跡は、中内が誕生した大正期の思潮に照らし合わせる時、一つのまとまりを持った思想として理解することができる。もちろん、中内が大正期の思潮に直接影響を受けていたと言いたいわけではない。中内にかかわる資料からは、大正デモクラシーや石橋湛山に直接的にかかわるような話は出てこない。

中内の大正期とのかかわりは、間接的、断片的なものでしかない。幼少の頃、母親に連れられて阪急百貨店の食堂でライスカレーを食べることが楽しい思い出として残っていること。後のことだが、大正期に梅田の阪急百貨店をはじめ阪急グループの基礎を築いた小林一三の事業の思想や実践に憧れたこと。特に、大衆の気持ちからの事業発想や、日銭商売の値打ちや、まちや文化創造への積極的取り組みに共感したこと[6]。小林一三がそうだったように、大正期大衆文化の創造・発信基地でもあった大衆のまち、浅草が好きだったこと……[7]。

また、経済思想家の長幸男は、実務家の思想に関心を示し、中内の『わが安売り哲学』を高く評価して自身編著の『戦後経済思想』の一編とした。その彼は実は、石橋湛山研究の第一人者であり、石橋湛山への尊敬の念を隠さない。ここにも、中内と石橋湛山ないしは大正期の思潮との偶然とは言いがたい因縁を見ることができそうだ。大正期のデモクラシーの思潮への共感の裏返しでもあろうが、戦前の革新官僚たちが小林商工大臣と激しい対立の末、つくり上げた「一九四〇年体制」には、強い反感があった[8]。

「岸信介さんが作った一九四〇年体制、大東亜戦争の準備のための法律が全部残っているわけでしょう。食管法（食糧管理法—引用者注）とか日本銀行法だとか、専売法、建築基準法、すべてそのまま引き継いできたわけでしょう。すべて官僚の判をもらわないと動かないということの国の仕組みは、一九四〇年代のまま。それを根本的に変えて、発想の転換をしないといけない[9]」。

経団連会長の稲山嘉寛の「商」を軽視し、「消費は悪徳」と見なす発想に対して中内が強く反発したことはすでに述べたが、稲山のその発想は実は「一九四〇年体制」の発想そのものでもあるのだ。「一九四〇年体制」概念の提唱者の一人である野口悠紀雄は「消費は浪費であり、したがって悪徳である」という通念は生産者優先主義の考えであるとする。そして戦時経済においても、そしてまた戦後の高度成長期においても「一九四〇年体制」の下、この通念が支配的だったと述べている[10]。消費を軽視する発想（逆に言うと、供給側においで世のありようを設計できるという発想）は、市場や競争の働きを軽視する発想にほかならないというわけなのだ。

中内のこうした「一九四〇年体制」への批判的言動や、自由闊達な事業家の小林一三への強い共感を見ていると、筆者には中内の奥にある精神と中内が生まれた時代の精神とが重なって見えてくる。中内が流通・教育・社会に向けて様々な活動を通して一貫して追い求め訴え続けたものはいったい何だったのか。それは「大正期の自由とデモクラシーの精神」に仮託することで見えて来はしないだろうか。

そうした思想を語り訴えた人は、大正期にも戦後にも数多くいる。だが中内のように、語り訴えると共に既成の力ある勢力に挑み、それで足りないと見るや、みずからそのために必要となる組織や制度を創り上げた人はごくごくかぎられている。

「ありがとう!!　中内㓛さん」

ダイエーの経営から身を引いて以降、中内はダイエーの失速に関係して多くの人の批判を受けた。「ああすべきだった、こうすべきだった」と、評論家や学者からはいろいろな意見が出た。それらに対して、中内は弁明しなかった。言いたいことは山ほどあったはずだが、言わなかった。

何も言わなくても、しかしその功績は多くの人々の心の中に残っている。逝去して八日後の九月二七日、中内がオーナーを務めたダイエーホークスの後身、福岡ソフトバンクホークスは、福岡Ｙａｈｏｏ！ ＪＡＰＡＮドーム（当時）で東北楽天ゴールデンイーグルスと対戦した。その試合が始まる前、両チームの選手・関係者は球場に来ていた観戦者と共に中内への哀悼の意を込めて一分間の黙禱を行なった。その時、ドームの電光掲示板にはこう表示されていたという。

「ありがとう!!　中内㓛さん　福岡はあなたを忘れません　安らかにおやすみください」と。

（1）流通科学大学ＨＰを参考にした。
（2）福田和也［二〇〇二］、『滴みちる刻きたれば（第三部）松下幸之助と日本資本主義の精神』（ＰＨＰ研究所）は、松下幸之助と岸信介とは同時代において、経済と政治という立場は違っても、欧米流の弱肉強食の資本主義ではない新しいタイプの、いわば日本型資本主義を目指すものだったことを示唆する。

（3）坪井賢一［二〇一一］、「電力国家管理と『資本・経営の分離』をめぐる小林一三と岸信介の闘い」『週刊ダイヤモンド』二〇一一年六月二四日号（ダイヤモンド社）による。

（4）野口悠紀雄［二〇一〇］、『一九四〇年体制増補版』（東洋経済新報社）。また同前坪井論文［二〇一一］による。また、小林英夫・岡崎哲二・米倉誠一郎・NHK取材班［一九九五］、『日本株式会社の昭和史』（創元社）では、官僚支配の一九四〇年体制が戦後も持続した事情を探る。

（5）同内容は松尾尊兊編［一九八四］、『石橋湛山評論集』（岩波文庫）一四〇〜一四三ページに所収されている。

（6）尊敬する人物、目標とする人物を尋ねられた時、中内は決まって小林一三と答えたという。若い頃から、小林一三全集を繰り返し読んだと言っていたという。ソニー・マガジンズビジネスブック編集部編著［一九九五］、『二一世紀への革命商人　中内㓛語録』（ソニー・マガジンズ）四四〜四六ページ参照。

（7）浅草は、言うまでもなく大正期大衆文化を象徴する拠点だった。佐野眞一［一九九八］、『カリスマ』（日経BP社）六〇七ページに所収。大衆を原点に置いて事業を発展させた小林一三がこよなく浅草の地を愛したのと同じように、中内も自身が生まれ育った新開地と似た浅草を愛し当地の開発に力を貸した。『東京新聞』一九九四年一二月二一日による。

（8）『東京新聞』一九九五年五月一一日掲載の中内㓛の寄稿「日本はすべてが談合や」による。また佐野眞一によるインタビューにおいても、中内は小林一三のへの憧憬と、その小林に対立して一九四〇年体制を持ち込んだ革新官僚への嫌悪感を語っている。同前『カリスマ』第二十一章による。ダイエー社長室調査部［一九九五］、『CEO中内の記録』（同部）一八二ページに所収。

（9）前掲『二一世紀への革命商人　中内㓛語録』六ページ。

（10）前掲『一九四〇年体制増補版』一三六ページ。

第二部
論　考

“流通革命の先導者”とは何者か

一つの出会いと一つの別れ

I　二つの「流通革命」——中内㓛と中内力

ダイエー分裂の危機

ダイエーが急成長を遂げていた一九六八（昭和四三）年、ダイエー社内では大問題が持ち上がっていた。社長の中内㓛と専務を務める末弟の力とのあいだで、会社運営上の意見の食い違いが目立つようになり、中内家ではダイエー東西分割論が俎上にあがるようになっていたのだ。

千林の小さな薬局が売上高数百億円の大企業になるまで、㓛社長と力専務は二人三脚で経営にあたった。二人のあいだには自然と役割分担もでき、㓛社長が営業を、力専務は内部管理を担当するようになった。また、力専務が卒業した神戸商大の同期の何人かは、ダイエーに途中入社し幹部として活躍していた。兄弟二人で、互いに切磋琢磨しながらダイエーをいっそう発展させるものと誰もが思っていた。しかし、二人は対立した。ここでは、二人の対立点を探る。筆者は、二人が対立したということ、そして力専務が退社するという事件は、わが国の流通革命史においても重要なターニングポイントだったのではないかと考える。[1]この問題を探ることで、当時のダイエーの向かう先、つまり「どのような課題を抱え、小売業としてどのような可能性が見えていて、どのような選択肢があったのか」を知ることができる。また、その分析を通じて、わが国に起こった流通革命の性格を浮き彫りにすることができる。

あらためて二人の対立点はどこにあったのか、見ていくことにしよう。〝歴史〟は〝人と人との関係〟の中で創発することを実感するはずだ。

衆議独裁か否か

まず二人が対立し始めるきっかけはというと、一九六三（昭和三八）年の会議での一つの議論だったという。社の意思決定方式にかかわるものだった。

同年、ダイエー西宮本部で開かれた経営会議の席で、功社長は、「皆よく協議してくれ。しかし、決めるのは私が決めるから」と発言したというのだ。それに対して、力専務は反論した。「社長が決めるということが最初から決まっているのなら、本気で議論できない。社長の方針と意見に反対する発言は出てこない。会議そのものが不要だ」と。[2]対立点が抽象的で、これだけではどちらがどうとは言いにくい。同席した者もそうだったろう。役員会の議論にもなじまない。「振り返れば一九六三年という頃から、意見の対立が生じ始めた。この頃から、二人の意見がぶつかり始めた。そして、二人の意見がぶつかると「他の役員や部長は誰も発言しない状態が続いた」と力は語る。[3]「兄弟喧嘩は犬も食わぬ（?・）」ということもあったかもしれない。だが、二人の意見の対立は理論的にも深い内容を含むものであって、おいそれと結論を下すことが難しかったということもあった。それを取り上げる。問題は三点ある。

【チェーンの規模のエコノミーと個店利益の積み上げ】

二人は、新規出店をめぐっての考え方に違いがあった。功社長は「利益はチェーン店全体で出せばいい。今は積極的な出店が必要だ」という意見だ。それに対して、弟の力専務の主張は「一店ごとの採算を重視すべきだ」というものだ。[4]

【垂直統合と商人純化】

功社長は、「垂直統合」策を主張する。小売分野にとどまらず卸売さらには製造分野へ介入していく策だ。他方、力専務は「小売業は仕入れでは常にフリーハンドである必要があり、垂直統合は途を誤らせる」という意見だ。[5]

【連邦経営主義と統一経営主義】

その頃、ダイエーには合併や提携にかかわるいくつかの話があったが、それらは実らなかった。合併後の経営体制について二人のあいだで意見の違いがあったからだ。力専務は、「（合併する）両社が協力して運営し、あちらの経営のトップも参加することを前提に」考える。他方、功社長は吸収合併、買収合併を考えた。[6]そもそも未来に向けての企業のガバナンスのイメージが違っていた。

ダイエーが直面する問題群

切社長と力専務の争点となった以上三点は、ダイエーの、さらにはもっと一般的に当時の（そしてさらには現在まで続く）総合スーパーの基本戦略を考える上で、避けては通れない問題群だ。それらの理論的背景も含め少し詳しく見てみよう。

【チェーンの規模のエコノミーvs.個店の収益性】

チェーンストア化に向かうという考えは一致しても、展開の方法で二つの立場がはっきり分かれた。チェーン全体で利益を出すやり方と、一店一店利益を出していくというやり方である。

◆チェーン全体で利益を出すという切社長の立場

チェーン全体の利益を第一に考えることと個店の繁栄を考えることとは話が違うというのが、この立場だ。中内の朋友であるコンサルタントの渥美俊一の主張はもっと明確だ。個店の繁栄を第一に考えるのは「繁盛店の論理」だというのだ。

「繁盛店」の概念は、いまだチェーン経営が本格化していない一九六〇年代に、小売業の仲間内で盛んに取り上げられたテーマだ。

店舗の坪効率が何百万円あるかが商業誌の誌面で取りあげられ、関心ある店主たちがその店舗を見学に行き坪効率を上げる工夫を学ぶといった啓蒙活動が行われた。そうした繁盛店では、

「坪（売場）効率」が、今でいうKPI（Key Performance Indicator〔企業目標の達成度を評価するための主要業績評価指標〕）」として置かれる。

だが渥美は「過大な売場販売効率の店は混雑するだけで、客にとって便利な買物環境にないだけでなく、過大なコストがかかる」と述べ、どちらかというと評価しない[7]。チェーンストアの定義からこの「繁盛店」の言葉を消さなくてはならないとまでいう。彼にとって大事なことは、チェーン展開される店舗数でありその集計となる「総売場面積」である。

では、個店では利益が出なくても、チェーンとして利益を出すにはどのようなメカニズムがあるのか。大きく分けて二つある。第一は市場での店舗集積による規模のエコノミーであり、第二は商品の仕入における規模のエコノミーである。

前者、市場での店舗集積のエコノミーは、例えばコンビニのセブン-イレブンが試みる集中出店方式を考えるとわかりやすい。物流基地をその地域に集中出店した店舗の中心に置いて、そこで商品を在庫し、そこから配送することで集中出店のエコノミーを得る。一店一店の利益を足し合わせた以上の利益が出てきそうだ。それ以外にも、集中出店した店舗間で、様々なシナジー効果もありそうだ。共同で販売促進するエコノミーや教育研修、あるいは人的交流ができるエコノミーも重要だ。後者、仕入規模のエコノミーは、店舗増による販売量増を通じて商品仕入量が拡大されることで得られる。商品の仕入量が増えればそれだけ仕入の規模のエコノミーが働き、商品単位あたりの原価は下がるからだ。

この当時重視されたのは、後者の仕入のエコノミーだった。そのエコノミーを得るために、チェーン組織は独特の努力が必要になる。それは、チェーン本部において、①商品揃えを単品に絞ること、②各店舗で販売する商品の全量を一括して仕入れること、③そのために販売と仕入の機能を組織として分離すること、といった工夫だ。

会社としては、自然にチェーン本部（特に、商品仕入部門）の指導力を高めることにつながる。これは、当時においてはアメリカで成功したチェーンストア理論の核心にあたるものだ。そして切社長が狙ったのはこの仕入におけるエコノミーであった。(8)

◆個店ごとの利益が大事だとする力専務の立場

ただ、仕入のエコノミーを軸にしてチェーン全体としてのエコノミーが生まれるといっても、それは机上の空論にすぎない。現実に力を発揮するかどうかはまた別問題である。創業時のように資金的に余裕のない時に、そうした戦略をとるのはあまりにリスクが大きい。ダイエー自体、一九五八（昭和三三）年の三宮出店においては、ひとまとまりの敷地をすべて買う資金的な余裕はなく、時間を経て順次買い増していくやり方を採用するしかなかったくらいだ。

それからもしばらくのあいだは、ダイエーはその全投資額を銀行からの借り入れに依存していた。(9)この時、出店した店が赤字になると、それ以後の出店が滞ってしまう。悪くすると、一店赤字になると、それこそ数店の黒字でカバーできなくなる恐れもある。力専務は、そこを、「チェーンはいちばん弱いところから切れる」と言って警戒したのだ。

力専務の論理は、チェーンのエコノミーは存在するとしても、採用するタイミングを慎重に考える必要があるということだ。その時点のダイエーは、チェーンエコノミーの論理を積極的に採用する状況にはないというのが力専務の立場になる。だが、慎重に一歩一歩、個々の店の収益を確保しながら成長する力専務の方式は、成長のスピードという点で遅れをとることは覚悟しなくてはいけない。

◆単品・大量・計画・販売主義の可能性

「個店の経営重視」か、それとも「チェーンのエコノミー重視」かの問題は、もっと根本的な問題にも抵触する。特定単品の価格の魅力と、店舗品揃えの魅力と、どこまで両立できるかという問題がそれだ。ダイエーは、三宮店で牛肉とリンゴとバナナを圧倒的な低価格で提供することで、切社長のいう単品大量計画販売方式の口火を切った。だが、その低価格の単品の魅力だけで、各店が消費者を引きつけ続けることや店としての利益を確保することは実のところ難しい。そのために、いわゆる「マーチャンダイジングミックス」を図らなくてはならない。その時、二つの点に留意する必要がある。

第一は、マーチャンダイジングミックスの試みは品揃えする商品の拡大をもたらし、売場規模の拡張をもたらすことだ。この論理を、中内切自身、『回想録』の中で、三人の大学教員のインタビュアー[10]を相手にこう述べている。「粗利五%の商品がありますね。それを全商品の二〇%にして、粗利一〇%の商品を三〇%置いて、二〇%の商品を五〇%置く。そうすると平均が一四%

になるわけです。お客さまには、この粗利五％の商品を『安い！』と強調するわけです。それで粗利二〇％の商品で利益を出す」。

いろいろな商品を巧みに組み合わせることで、「安い」という評判を得ると同時に、店としての利益を確保するやり方、これが中内の言う「マーチャンダイジングミックス」だ。それを中内は、インタビュアー三人に対して白板に図解しながら語るのだ。その論理が、中内には自家薬籠中のものとなっていることがわかる。

インタビュアーは、中内のその話の中に、ダイエーの中で「単品大量販売」のビジネスから「マーチャンダイジングミックス」のビジネスへと転換があったことを嗅ぎ取り、中内にそうした転換は、いつ頃から意識し始めたのかを質問する。だが、中内は、その質問に対しては、「急激に変化したわけではない」と言い、両方共に必要なものだと答える。

「競争で安く売るためには、品揃えを増やさざるを得ない。消費頻度の低い商品もお客さんに買ってもらわざるを得ない。ある意味では自己矛盾でしょうね。単品を安く売る、しかしそれでは商売にならん、ということですね。お客さんに安いということを感じてもらいながら、一方では品揃えということで、荒利のとれる、利益のいただける商品を中に入れていく。（中略）そうすると店舗を大きくせざるを得ない」[11]。

特定商品をディスカウントし続けるためには、ある程度の粗利レベルを確保できる商品を広く品揃えする必要がある。つまり、ディスカウントのためにそもそもマーチャンダイジングミックスが必要であり、両者は共に経営にとって必要だというわけだ。そしてそのために、店舗の売場拡張が必要になる。ディスカウンターには、そうした矛盾を克服する必要があることが強調される。[12]

第二の留意点として、マーチャンダイジングミックスをうまくやるためには、地域の住民のニーズをとらえることはもちろん、ライバル店舗に対して常に優位な地位を確保する必要があることだ。

食品であれ衣料であれ、地域で最も顧客を呼び込む魅力のある店舗は「地域一番店」と呼ばれる。地域一番店の条件はせんじ詰めれば、当該商品について地域で一番の売場面積を確保していることだろう。ダイエーは一九七〇年以降、この論理を徹底し、出店地における地域一番店の市場地位を確保してきた。だが、他の小売企業も、ダイエーのそうした試みを、指をくわえて見ているわけではない。ダイエーがそうしたように、ダイエーのそれに対抗してさらに大規模な新店舗をぶつけてくる。その動きに対抗するために、店舗の改装、拡張、時には建て替えも必要になる。そうすることで、長期にわたって当該地域における一番店としての市場地位を確保することができる。

チェーンのエコノミーを狙う大量出店戦略は、中内㓛社長の戦略の根本だった。だが、それと同時に、地域における一番店維持戦略も必要なのだ。実践的には、そのバランスをうまくとる必要がある。㓛社長の大量出店戦略と、力専務の個別店舗収益性の確保戦略との対立は、その意味ではチェーン経営においては避けては通れない課題でもあったのだ。[13]

【垂直統合論vs.商人純化論】

第二の対立点は、垂直統合か商人純化かだ。切社長は、川上への垂直統合の方策を唱え実行した。卸売や製造分野への介入は、それにより消費者に商品をより安く提供できるという考え方に基づいている。確かに製造原価（あるいは卸の仕入原価）で商品を仕入れることができれば、卸売を経由するより安く仕入れることができる。さらにPBやSBの形にして、みずから製造部門をコントロールすることになれば、さらに原価は下がる。それを狙って、問屋やメーカーへの資本参加や役員派遣策をとるというわけだ。

そのやり方に、力専務は反対した。彼が主張する方策はいわば「商人純化論」ともいうべき方策である。川上に向けての垂直統合は「商人の本来もっている力」を軽視したものだという。よいものを安く販売するためにはよいものを安く仕入れる必要がある。そして、このように言う。

「例えば電気製品だと日立でも東芝でも松下でも三菱でも、どこのメーカーであっても安くて良いものを見つけて仕入れ、消費者に提供する。ところが資本関係や人的関係が（取引先とのあいだに─引用者注）できると、そこの商品がベストでなくても、また仕入れ値が少々高くても買ってやらなければならないようになる。そこからスーパーと卸、メーカーとのもたれ合いが起こり、消費者のためにならない商品も売らざるを得なくなってくる」と。[14] つまり「小売商としてのダイエーの力」とは、結局のところ「（可能な）あらゆる供給者から仕入れて、（可能な）あらゆる需要者に販売する点」にあるというわけだ。
「あらゆる供給者から仕入れて、あらゆる需要者に販売する」仕事こそが商人（商業）の本来の役目だということについては、商業の本質とは何かを研究する「商業論」や「流通論」の世界においても主張されてきたことでもあった。「この課業なくしては、そもそも商人が社会において存在する根拠はない」とすら、学界では主張された。「商人の存在根拠」と呼ばれる理論がそれである。力専務の意見はその理論と重なる。[15]

こうして二人は「よいものをどんどん安く」と安さを追求することは一致するが、その方法については真っ向から対立した。

どちらが正しいのか。大学の商業学・流通論の試験の答えとしては、力専務の答えが正しいとなるだろう。だが、現実世界ではどうだろう。切社長側に立つのは、コンサルタントの渥美俊一だ。彼は、わが国の大規模小売業者が成長するための方法論としての「垂直統合」論を熱心に説いた。[16] 要するに、渥美の考え方は「チェーンストアはその単品販売力をもって生産段階に介入し、最終的には装置産業化するという」方法であると矢作敏行は要約する。[17] 渥美自身、中内が亡くなってその功績をいろいろな点で評価しているが、この垂直統合の試みにおいて他社に先駆けたことを特に高く評価する。

セゾングループの理論的指導者であった佐藤肇も、切社長の主張に同意するだろう。佐藤は、小売企業を基軸にした垂直統合された流通システムが早晩現れて、有力メーカーが支配するシステムあるいは有力卸売企業が支配するシステムと共に、三つ巴の相拮抗する全体流通システムを構成するという構想を述べている。[18]

また海外では、マークス&スペンサーは、そのやり方をとったことで知られている。中内㓛は早くから同社の戦略に注目していたが、同社の店の商品の大部分は自社のPB商品で構成されている。

他方、力専務が力説する商人純化論も、決して理論家の机上の空論とは言えない。それを企業の方針としたのは、その当時のイトーヨーカ堂ではないか、と筆者は考えている。同社は、既存の取引業者を大事にする。ダイエーと同じく「よいものを安く」という方針は同じだが、それは、よいモノ、つまり「ナショナルブランド商品」を卸売業者の協力を得ながら安く売ることに主眼があった。[19]

【連邦経営主義vs.統一経営主義】

合併話の一つは、次兄の中内博が社長をしている「サカエ」との合併だった。一九六三(昭和三八)年頃の話だったらしい。現金問屋でスタートしたサカエも、その当時はすでにスーパーマーケットチェーンを大阪や京都を中心に展開していた。もう一つの合併話は、年は明示されていないが、姫路のスーパーマーケットチェーンのフタギとの合併に関係するものであった。[20]

合併後、どのような経営スタイルをとるのか。一方は、合併した会社がそれぞれ分権的に経営する「連邦経営主義」のスタイル。他方は、合併した会社を組織として完全統一するいわば「統一経営主義」。この違いとして見ることができる。

その当時、スーパー業界の中では、中規模クラスの会社を中心に合従連衡が盛んに行われた[21]。その潮流の中で、「連邦経営」を積極的に進めた経営者もいれば、そもそも合併による成長あるいは共同仕入などの協業をよしとしない経営者もいた。

前者、連邦経営を進めた経営者には、ニチイを率いた西端行雄やジャスコを創業した岡田卓也がいる。矢作敏行によれば、西端は、ナショナル・チェーンでの一体化とは、なにもかも画一化するのではなく、参加企業の特色、個（主体）―全体（客体）を生かしたかたちで進められたという。具体的には、まず、第一段階で相手と共同出資の別法人を設立し資本参加する。店舗名や経営権は以前と同じで、従業員の給与はよいほうに合わせるのが原則。次に企業風土や理念の一体化が進んだ段階で合併に持ち込むのが一般的な手法であると紹介する[22]。

また岡田卓也が率いるジャスコ（現イオン）は、合併を通じて大規模化していった。そこで彼が提唱するのは「連邦経営」である。だいたいの合併は、規模のエコノミーを享受するために行われることが多い。最近の銀行等の合併を見ていると、合併して不要な事業や従業員をリストラして効率を上げることが主眼になっている。だが、岡田卓也の唱える「連邦経営」はそうではない。合併した会社の経営のやり方をできるかぎり活かすようなスタイルである[23]。

他方、統一経営主義とは、「会社組織は、細部末端に至るまで整然とマネジメントされる必要がある」とする派である。この派の代表者としては、イトーヨーカ堂の伊藤雅俊や関西スーパーマーケットの北野祐次の名を挙げることができる。両人共に小売企業同士の連捷合併が大流行だったこの当時、その波に乗ることなく内部成長の道を探った。拡大による規模のエコノミーを犠牲にしてもあえて内部成長に拘るのは、内部成長でなければ統一された経営は難しいと考えていたからだろう。北野祐次は、「利をもって集まる者は利をもって別れる」と考えていたという[24]。規模の格差が生じ、互いの店の商圏が重なると共に、協業は困難になるというのだ[25]。

内部成長に頼ったイトーヨーカ堂も関西スーパーも、それなりの成長スピードを確保しながら、この流通業界激戦の時代を見事に生き抜いた。またイオンも、ダイエーや西友やイトーヨーカ堂の後を追いながら、連邦経営方式を進めた。こうした結果を見ると、この議論を一般論で割り切ることはできそうもない。

切社長は、伊藤や北野と共に、中途半端なマネジメントになりがちな協業や連邦経営には、そもそも限界があると考える派だったのだろう。他方、力専務は、西端や岡田のように、連邦経営派だったのだろう。二人の志向の理はどちらも理解できるだけに、同時に二人を隔てる壁の厚さもわかる。伊藤雅俊と北野祐次の独立策と西端行雄と岡田卓也の合従連衡策とは、結局交わることはなかったのだから[26]。

中内力が去った後のダイエーの成長ぶり

以上のような対立を抱え、二人の溝は一九六八（昭和四三）年の年末になっても埋まらなかった。二人は、父の秀雄に最後の判断を委ねた。秀雄は、二人の意見の違いは大きく、二人一緒にやることは難しいと考えたのだろう。ダイエーの東西分割を提案した。全国を、これまで重点的に展開してきた関西以西と、それより東の未開拓地域とに分けて、兄弟でそれぞれ責任を持ってやったらどうだというものだ。だが、その妥協案も暗礁に乗り上げ結局、力専務はダイエーを去る決心を固め父にその旨を伝えた。一九六九年一月のことであった。

切社長と力専務が別れることになって、その後、ダイエーはどう変わっていくのか、見ておこう。まずダイエーの経営は、切社長に一本化された。分割されず規模を維持できたこと、そして切社長が自分の方針を心おきなく進めることができるようになったことは、ダイエーの成長にプラスに作用する。次の図表4を見てほしい。二人の対立が表面化した一九六九年前後のダイエーの業績の推移を示している。年度別の売上高、その伸び率、そして大卒採用数の経緯がわかる。大卒採用数は、いわばダイエーの将来に向けての成長期待を示すものだろう。

この表を見てわかるように、一九六九年からの急成長ぶりが際立っている。それまでの時期もかなりの急成長だが、それを上回る成長ぶりだ。新卒採用も、それまでは二ケタだったのが三ケタへ、それも二〇〇名から三〇〇名という数に大きく増えている。この時期、強い成長への志向があったことがわかる。そこには、大店法による規制が控えていたという事情はあっただろうが、なにより経営が成長志向の切社長に一本化されたことが大きいと思われる。

第一部でも述べたように、一九六九年に「流通元年」を宣言し、七〇年代初頭の数年間に、年

図表4　ダイエーの成長度合

年度	出店数	売上高	売上高成長率	大卒採用数
1963	5店	180億円		18人
1964	5店	260億円	1.44	36人
1965	1店	320億円	1,23	25人
1966	3店	390億円	1.21	28人
1967	6店	510億円	1.30	40人
1968	4店	720億円	1.41	100人
1969	10店	910億円	1.26	100人
1970	14店	1,430億円	1.57	300人
1971	13店	2,070億円	1.44	195人
1972	15店	3,050億円	1.47	250人
1973	21店	4,760億円	1.56	250人
1974	7店	6,390億円	1.34	330人
1975	11店	7,060億円	1.10	380人

［出典］　ダイエー社史編纂室［1992］、『ダイエーグループ35年の記録』（アシーネ）をもとに筆者作成。

に一五店ものGMSやSCを開店した。また、チェーン化のための基盤づくりにも積極的に取り組んだ。垂直統合も積極的に図った。PBやSBづくりにとどまらず、家電メーカーのクラウンを買収して、「ブブ」という独自ブランドもつくったくらいだ。

こうして、㓛社長の下に一枚岩となったダイエーは、積極的チェーン拡大策をとり始めた。そして、それまでの成長スピードをはるかに超えるスピードで快進撃を続け、七四年には小売業日本一の座を確保した。しかしその一方で、目立たないが失ったものも小さくないと思う。二点、指摘したい。

第一は、補佐役を失ったことだ。組織の内部管理機能を司る人物は、よく女房役あるいは補佐役と呼ばれる。ホンダには本田宗一郎に藤沢武夫が、松下電器では松下幸之助に髙橋荒太郎が付いていた。いずれも、外に向けて活動するリーダーと、それを内側から支える管理者のコンビだった。昔の船場の商家では、企業経営者には大番頭が付いたが、それはわが国における経営の一つの知恵なのだろう。

強大な権力をもったリーダーが組織を専制的に引っ張っていくことは、場合によっては、もちろんありうる。意思決定のスピードが速くなり、一枚岩の実行力を組織することができる。そうしたメリットの一方で、しかし、リスクも生じる。

リーダーの判断が間違っていても、あるいはリーダーのある判断が組織に深い亀裂を入れそうなものであっても、誰もそれを押しとどめる者がいないというリスクがそれだ。あるいは、リーダーの判断でたとえうまくいったとしても、組織のメンバーがリーダーに依存してしまい、みずから何かをしようという意欲を消してしまうリスクもありそうだ。リーダーの権力が強大であればあるほど、これらのリスクは大きくなり、その分だけ補佐役の存在の意義が増すことになる。

ダイエーでは創業以来、兄弟が息を合わせて経営してきた。その中で、兄がリーダー、弟がその補佐役という関係が自然に生まれた。普通の組織ではなかなか形成できない「信頼で結ばれた関係」が苦労なくつくられた。それはダイエーにとって幸運だったのだが、しかしいつの時からか、二人のあいだに阿吽の呼吸が働かなくなり、結果、別れることになった。リーダーと補佐役のあいだの、うまく機能しなくなった関係を解消するのはやむをえないことかもしれないが、それで失われるものは小さくない。

中内は、力専務を失ってすぐに第三神戸中学校の同級生で川崎製鉄に勤めていた加古豊彦を引っ張り、内部管理役として起用する。彼は、力専務に代わって、補佐役の大任を果たしたようだ。中内の朋友でライフ創業者の清水信次は、加古について次のように述べる。「川鉄システム部の企画の責任者で課長をやっていました。それを中内さんは引き抜いた。加古豊彦さんが副社長で、牧原（孝雄。ダイエー元副社長—引用者注）さんが専務。中内さんの右腕と左腕でした。それが二人とも若くして亡くなってしまった。これが痛かった。僕らはよく加古さんと牧原さんに、『これ、うちのおやじには内緒にしといてな』と言われました。企業を経営しているいろんな問題やトラブルがありますが、それを二人が『僕らの責任で』と言って処理していました。中内さんもまた、そういう細かいことや後ろのことは二人を信用して任せているから、二人がやったことに文句を言ったりチェックしたり怒ったりしない」と述べ、中内に信頼できる二人の補佐役がいたことを述べる。(27) だが不幸にして、二人ともにその仕事を果し終えることなく亡くなる。

その後は、ヤマハや味の素で社長を経験した河島博や鳥羽董を副社長役に起用するが、彼らは結果的には短期間でその役を退いた。長期にわたって補佐役を務める人材の確保に苦労することになる。

力専務の退社と共に、失ったものにもう一つ、「組織の強靭性（ロバストネス）」とでもいうべき力がある。目に見えない力だが、組織が長期継続するために必要な力だと筆者は考える。

切社長と力専務は、先に示したように、流通革命に、いわば対極の理想像を持っていた。一つの組織が、同時に二つの理想像は追求できない。だが、組織の中に二つの理想像が併存している組織は、ある面で強靭な組織だともいえる。一つの価値で純化した組織は強烈な突破力・破壊力（インパクト）を持つかもしれないが、その一方で環境の変化に対してはもろい。

例えば、政治の世界の話であるが、自民党の歴史はそのことを示唆する。自民党（保守合同前も含める）は、戦後間もなく現在に至るまで長いあいだ政権の座にある。吉田茂から始まって、安倍晋三まで二三人の宰相が続いた。党内には、中道左派から中道右派まで多様な意見を持った人がいた。それぞれの主張に従って派閥が形成された。それぞれの派閥は政権の座を狙った。だが、大事な点だが、ライバルが政権についても彼らは党を割って出ることはなかった。その意味で、自民党は「求心力を失わない多様性」を保っている。

例えばタカ派の派閥の政策が失敗すれば、そのあいだ冷や飯を食っていたハト派の派閥が次の時代を担う政策を展開する。一つの政策が失敗したからといって党自体が崩壊することはなく、代わりの派が政権を担う。そうして、政権与党の座が守り続けられた。顕在化している政策の背後に、潜在化したもう一つの政策が常に潜んでいるというこの構造こそ、長期にわたって自民党を政権与党の座に付けた力と言えるだろう。

組織内部における権力の入れ代わりのダイナミクスは、政治の世界に限ったことではない。組織であるかぎり論理は変わらない。一つの主張が顕在化すると、対抗するもう一つの主張は潜在化して次の機会を待つ。そうした複数の主張の存在は、組織にとって非効率で不都合な事態を招くことがありうる。だが、長期の組織の視点から見ると、その複雑な姿が正常な姿でもあるのだ。

力専務が去ることは、ダイエーの長期にわたる適応力つまり組織の強靭性が失われることを意味している。

もう一つの「流通革命」〜本章の結びにかえて〜

切社長と力専務、両者の組織内での力は拮抗していた。本章で述べたような一連の経過を眺める時、二人のうちどちらがダイエーに残っても不思議ではなかったし、ダイエーが東西に分割されることもありえた。「もしもあの時」という「歴史のイフ」がここにある。

われわれが現在「流通革命」と呼んでいる世界は、決して自然の過程がそうであるようにメカニカルに（つまり人間の意思とは独立に）生まれた世界ではない。力専務のこの当時の主張を考えると、もし彼がダイエーの主導権を握っていれば、ダイエーはイトーヨーカ堂とイオンを足したような会社になっていたかもしれない。すなわち、「野心的な出店は控え」、「一つ一つの店舗の収益性を大事にし」、「垂直統合は試みず、商人としての本分を守る」一方で、「分権的な連邦主義の経営を進める」……といった具合である。彼が創り上げる世界は、既存の売り手や買い手とのウィンウィンの関係をできるかぎり維持する中で（つまり、既存の秩序を前提にして）、進められるものであったろう。

この構図に対比させる時、㓛社長が現実に切り拓いた世界の性格とは、何だったのかが見えてくる。「積極的な出店を続け」、「商人の枠を乗り越えて、川上への垂直統合を進め（「工場を持たないメーカー」を中内は旗印に置いた）」、「完璧に統一された集権的な経営体制を築く」という世界である。

ありえたかもしれないもう一つの世界、つまり「可能世界」の理解の下ではじめて、現実世界の成立と共に私たちが手に入れたもの、そして逆にその世界の成立と共に私たちの手からこぼれ落ちてしまったもの、それらについての洞察を得ることができる。

（1）中内㓛自身、『わが安売り哲学』を書いた一つの動機に「昭和四三年当時ダイエー分裂の危機にあり、自分の考えを世に問うておきたかったから」と語っている。中内㓛［二〇〇七］、『〔新装版〕わが安売り哲学』（千倉書房）所収の「編集後記」による。
（2）中内力［二〇〇四］、『中内力自伝　選択――すべては出会いから生まれた――』（神戸新聞総合出版センター）一六ページ。
（3）同前一七ページ。
（4）中内㓛［二〇〇〇］、『流通革命は終わらない――私の履歴書――』（日本経済新聞社）六二ページ。
（5）㓛社長と力専務は、㓛社長がウエテルの役員を兼任していたことで、かなり激しい議論をしたようだ。前掲『中内力自伝　選択』二〇～二二ページ。その対立は、一つにはこの垂直統合か商人純化かの問題とも関係する。
（6）前掲『中内力自伝　選択』二六ページ。

（7）渥美俊一［二〇〇八］、『二一世紀のチェーンストア』（実務教育出版）一五〇ページ。
（8）渥美もそうだが、佐藤肇［一九七四］、『日本の流通機構』（有斐閣）でもこの仕入のエコノミーを強調する。店舗の市場集積によるエコノミーを得るというチェーンのメリットが現実に姿を現すのは、コンビニの業態が確立する時である。総合スーパーの時代においては仕入におけるエコノミーが意識されていた。
（9）前掲『中内力自伝　選択』一三ページ。
（10）御厨貴（当時東京大学教授）、松島茂（当時法政大学教授）、中村尚史（当時東京大学助教授）の三氏である。
（11）流通科学大学編［二〇〇六］、『中内㓛　回想録』（学校法人中内学園流通科学大学）二一二ページ。
（12）こうした矛盾を最小化にするには、扱い商品群を狭くすることである。食品と衣料品と日用雑貨品をすべて一つの店で扱うのは無理がある。食品だけに絞るとか衣料品だけに絞るとかという工夫が必要になるのはそのためだ。
（13）最近では、チェーン経営において「脱チェーン化」の必要性が指摘されている。チェーンでありながら、チェーンの画一性を避けようとする動きだ。㓛社長と力専務の論点が形を変えて表れている。
（14）前掲『中内力自伝　選択』一八～一九ページ。
（15）流通論・商業論のテキストには、今でもこの説が「商人の社会的存在根拠の論」として取り上げられている。ちなみに中内力は、商業研究者の風呂勉と神戸商大の同期で、卒業時には共に学術優秀賞を得た。
（16）渥美の垂直統合論については、渥美俊一［二〇〇七］、『流通革命の真実』（ダイヤモンド社）を参照のこと。
（17）矢作敏行［一九八七］、『小売りイノベーションの源泉』（日本経済新聞社）九九ページ。
（18）前掲『日本の流通機構』による。
（19）例えば、目篤［二〇一二］、「バブル経済崩壊後の大規模小売業における会社再生の考察：ダイエーの成長と再生過程における経営行動を中心に」『経済科学論究』ＶＯＬ九（埼玉大学）一一五〜一三〇ページ。もっとも、今ではイトーヨーカ堂も「セブンプレミアム」などＰＢ商品を積極的に販売している。その意味では、今ではむしろ垂直統合派に転換したと言ってよい。同社のこの歴史を見ていると、どちらが正しいかという議論ではなく、状況に応じて二つの施策を使い分けることが必要だということになりそうだ。

(20) このあたりは、前掲『中内力自伝　選択』や、佐野眞一［一九九八］、『カリスマ』（日経ＢＰ社）が詳しい。なおフタギは後の一九六九年に岡田屋とシロと合併して「ジャスコ」をつくることになる。

(21) 一九六三年に大阪の天神橋筋商店街の衣料品店「セルフハトヤ」と千林商店街の衣料品店「赤のれん」（岡本商店）を中核にして、卸問屋のエルピス（大阪）・ヤマト小林商店（京都）を含めた四社の合併があり「ニチイ」が生まれた。

(22) 前掲『小売りイノベーションの源泉』八四〜八五ページからの再引用。出典は西端行雄［一九七六］、『小売連邦』（ダイヤモンド・タイム社）。ニチイ20周年記念誌『nichi・カジュアル文化の担い手』。

(23) ジャスコという社名は、一九六九年に岡田屋（三重県四日市市）、フタギ（兵庫県姫路市）、シロ（大阪府吹田市）の三社が提携したときの共同仕入会社の「ジャスコ株式会社」を設立したことから始まる。その名前の由来は、Japan United Stores Company の頭文字をとったものである。まさに「連邦経営」を標榜するにはふさわしい企業名である。

(24) 前掲『小売りイノベーションの源泉』一五一ページ。

(25) 伊藤雅俊が共同仕入や企業合同ではなく内部成長を志向した話については、前掲『小売りイノベーションの源泉』七四〜七六ページを参照のこと。

(26) 中内㓛も一九八二年には「オレンジ合衆国」を標榜し、地方スーパーとの緩やかな連携を図る。その背景には「工場を持たないメーカー」としての力を、ダイエー自身が蓄えたということがあるようだ。藤島俊［一九八二］、『オレンジ合衆国――中内㓛の経営学』（同友館）一四八ページ以下を参照。

（27）流通科学研究所リサーチノート所収の「清水信次インタビュー（二〇〇九年）」による。

II　中内㓛と河島博——ロマンティストとプラグマティスト

時代が要請する経営パラダイムの転換

第一部で述べたように、一九八〇年代に入り、ダイエーの業績は踊り場にさしかかっていた。そこでマッキンゼーをコンサルタントとして起用したものの、事態は改善しなかった。そして、一九八三（昭和五八）年二月期に、連結決算で初めて六五億円を超す赤字を出した。赤字の原因は、「P」「C」「B」と呼ばれた事業にあった。百貨店のオ・プランタン・ジャポン、音響機器メーカーのクラウン、ボックスストア（限定品揃えの倉庫型店舗）のビッグ・エーがそれだ。公害源になぞらえて「PCB汚染」と悪口をたたかれた。この三事業が足を引っ張っていた。

加えて、それを支えるはずのダイエー本体の調子もよくなかった。一九八二年一一月決算では全店舗の七〇パーセント以上もの店舗が前年割れ、八三年の決算時は既存店の売上が厳しく、大幅減益となり、子会社の赤字を支え切れなくなっていた。[1]「ダイエーグループ全体の手術がいま必要だ」と中内は判断した。そして、その役目を前年みずからスカウトした河島博に全面的に任せることにした。

河島博は、ヤマハ（日本楽器製造）社長を退任後、一九八二年にダイエーに副社長として入社した。河島が力を振るいやすいようにと、中内がわざわざ配慮した役職だった。中内の期待は大きかった。河島は三年余りの短い期間であったが、中内の客将として、ダイエーのマネジメント不全状態を改善すべく奮闘努力した。

振り返ればその当時は、「スーパー冬の時代」と言われた時代だった。高度成長を謳歌してきた総合スーパー各社の業績はかげりを見せていた。ダイエーの宿敵のイトーヨーカ堂もダイエーと同じように、一九八二年から、セブン-イレブンを起業した鈴木敏文を中心にそれまでの小売経営のありようを根本から見直す、「業務改革」いわゆる「業革」を本格的に進めていた。[2]

そう。話を先取りすることになるが、河島が中内の意を受けてダイエーにおいて目指したことは、期せずしてイトーヨーカ堂で、伊藤雅俊の指示の下、鈴木敏文たちが目指したものと方向を一にする。ダイエーとイトーヨーカ堂という当時の流通業界を代表する二社が、同時期にそれまでの小売経営を根本から見直し変革を目指したこと、そして同じように途中入社の実力者の力を認め彼らに構造改革の仕事を託したこと、そしてそれがその後の流通業界におけるマネジメントのありようを定めたこと、そこには一つの時代の意思のようなものがあったと感じるのは、筆者だけではあるまい。

そうした時代の流れを意識しながら、河島博のダイエーでの功績とそれを可能にした河島流のスタイルを明らかにしたい。それは同時に、中内のマネジメントスタイルを浮き彫りにすることでもある。

前置きが長くなった。河島博がダイエーで、中内の期待を背負い、何を実現し何を変革しようとしたのか見ていこう。

ヤマハ社長時代の河島博

まずは、河島博（一九三〇〜二〇〇七）の略歴を簡単に紹介しよう。一九三〇（昭和五）年に静岡県浜松市に生まれた。兄は、自動車会社の本田技研工業で、創業者である本田宗一郎の次の社長を務めた河島喜好である。

その後、名古屋経済専門学校（現名古屋大学経済学部）を卒業し、一九五一年に日本楽器製造（以下では、ヤマハ）に入社する。一九六六年に若冠三六歳で取締役、七四年常務、七六年専務を歴任し、七七年一月に、四六歳の若さでヤマハの第五代社長に就任する。(3)

社長に就任した一九七七年から八〇年にかけて、毎年史上最高の利益を稼ぎ出した。ヤマハの一九七七年度決算は、売上高二七〇〇億円で経常利益一二六億円だったが、河島の社長最後の年になる一九八〇年度決算では、売上高三〇八〇億円の経常利益一六〇億円と伸びている。一ドル二六〇〇円が二〇〇〇円の円高になる変動期にありながら史上最高利益の更新であった。

彼が好業績を上げたのは、ヤマハの中にそれまでなかったマネジメント手法を持ち込んだことにある。その手法と考え方はダイエーにおいても威力を発揮する。手短にその手法の特徴を明らかにしよう。なおここでは主に、加藤仁『社長の椅子が泣いている』の記述を参考にする。

河島は第一に、ヤマハの経営に「中期計画」の概念を導入した。それは以下のようなステップだ。

組織の置かれた状況を吟味し、そこから進むべき方向を定める。それを達成するための方法を検討して、スケジュールを立てる。そして、組織の力を結束させながら、一歩一歩目標達成に進む。今ではこうした形で中期計画を立てるというのはよく知られた手法だ。だが、その当時はまだ新しかった。ヤマハの経営において「中期計画」が出てきたこと自体、管理職には驚きの出来事であったらしい(4)。経営トップの思いつきで始まる経営ではなく、「組織の合意に基づく経営」を狙ったものだ。

河島らしいところは、計画とはいっても、固定したものとは考えないという点だ。中期計画として例えば、三カ年計画の目標を立てたとしよう。ポイントは、三カ年計画の目標が三年後の目標ではないことだ。目標を設定することで、仕事がある方向に進捗する、その進捗のプロセスが大事だとする(5)。三カ年計画の目標は、進捗の中で変化する可能性がある。経営は決して硬直的な計画性においてあるのではない。状況の変化に即応して、計画そのものを路線修正しながら進捗を図る。そうした計画の機動性が大事だと考えるのだ。

計画進捗のプロセスを大切にするという言葉通り、計画進捗プロセスの中に多様な中間評価点、彼の言う〝句読点〟を入れる。例えば、次のような項目が句読点の候補として利用された[6]。
①経営の諸係数（売上、原価率、経費、償却、評価減、経常利益、使用資本等）
②商品・品番構成（開発商品機種、個別品番ごとの実績、当初計画との差異分析等）
③人員（技術、販売、事務・管理、技能職）
④収益改善対策と効果（合理化等各部で個別に収益改善目的の下に進めてきた対策とその効果、当初計画との差異分析）
⑤他部門との関連事項（他部門への要請事項、問題点等）
計画を進める中で、これらの句読点を用いて計画の進捗状況をチェックする。そして、その結果に応じて機動的に計画自体を変更する。これが河島流「計画論」だ。

河島のマネジメント手法の第二として、ファクターを〝因数分解〟するように読み、総合立体的に計画を組み立てることが強調される。そうすれば、たとえその計画が失敗に帰しても、学習ができ人材も育ち、ひいては集団としての能力を高めることができるというのだ。

では、〝因数分解〟とは何か。例えば、「売上を伸ばすために閉店時間を延長する」という計画案を考えてみよう。その案については、①延長時間分の売上増分はどの程度か、②経費はどの程度増加するか、③それによって昼間の売上は減らないか、④従業員確保はきちんとできるかといったファクターが、まずは気になるだろう。
しかしファクターは、それだけではない。①働く時間が延びて従業員のモラルはどうなるか、②組合はそれに対してどのような姿勢をとるのか、③近隣商店街はどう反応するのか、④入店しているテナントはその時間延長にどの程度協力してくれるのか。さらに、⑤夜間の警備体制は問題ないか、⑥夜間の物流は対応できるか、⑦長時間営業で店舗・企業イメージはどう変化するか、⑧競合店の反応はどうか、等々のファクターもある。[7]
こうして、計画案を因数分解するように、ファクターに分解識別し、案として「総合立体的」に把握する。続いて、それら一つひとつのファクターについて、その帰趨を読む。進捗にあたって、重要度や優先順位に間違いはないか確かめる。
河島によれば、こうした因数分解の操作に漏れがなければ、問題の半分は解決したも同じだと言う。[8]
手法の第三として、「曇りなき〝ヒトと仕事のオーガナイズ（有機的統合―引用者注）〟」が重要と考える。仕事の組み立てを図り、そこにヒトを組み合わせて、どのような組織体制をつくり上げるかである。それによって、組織がその力をフルに発揮して目標に向かうことが可能になるというのだ。[9]「アイ・ドゥ（I do）」でも、「ウィ・ドゥ（We do）」でもなく、「レット・ゼム・ドゥ（Let them do）だ」と、河島はいつも言っていたという。[10]「自分がやる」でもない。「私たちがやる」でもない。「彼らにやってもらうのだ」というわけである。

その後の話だが、中内㓛の秘書を長く務めた宮島和美（現ファンケル社長）は、河島の一連のプロジェクトにおいてメンバー間で交わされた文書を後に整理することがあった。そして、河島が出した文書の少なさに驚いたという。河島が出した文書は、人事の一つの文書だけだったというのだ。不思議に思って河島に尋ねたところ、「人事を決めれば、物事は終わっている」と答えたという。仕事を定め、その仕事に相応しい人を見つければ、後はその人に任せてしまうのが河島流マネジメントなのだろう[11]。

要するに、河島流マネジメントとは、事前に「ファクターに片寄りはないか」、「すべてのファクターが有機的に結びついているのか」を抜けがないよう確認し、進捗の「重要度や優先順位は間違っていないか」を確かめる[12]。そして、やるべき仕事の内容を定め、それに相応しい人を見定めて、その仕事を委ねる。そこで彼の計画業務は終わる、とこういうわけだ[13]。

ダイエーの「V字回復」の中での河島博

さて、河島はヤマハの過去最高の業績をつくり、さあこれからという一九八〇年六月に同社会長であった川上源一との方針の相違により解任される。河島はそれについての経緯や思いについては、一切の言明を避けた。そして中内じきじきの説得を受けてダイエーの副社長に就任する。一九八二年六月のことだ。

河島を経営者として迎えようとした会社は少なくなかった。その中で、ダイエーが一番彼に向いていたかどうか、それはわからない。というのは、河島にとっては、小売業は慣れない仕事の上、スカウト人事で集められた役員が多数在任し[14]、さらに中内に心酔する大勢の生え抜きの若手役員が生まれ始めていたからだ。その中で、外様の河島が期待される役割を果たせるだろうか。

河島も迷ったようだが、最終的にダイエーを選んだ。加藤仁はその書で、河島が踏み切った理由として、中内の小売業にかけるロマンとビジョン、フォー・ザ・カスタマーの経営姿勢、そして人情の厚さを挙げている。

中内は、後に『流通革命は終わらない』の中で、そのあたりの事情を次のように述べている。

「ダイエーグループ全体の手術が必要である。私はそれを前の年にスカウトした河島博副社長に全面的に任せた。河島さんは日本楽器製造（現ヤマハ）の社長として活躍したばかりでなく、海外での販売経験もあり、レジャー関係や音響機器にも詳しい。その腕を見込んで、私が口説き落とした。入社したてのころ、『ドライブが好き』という話を聞いたことがあるが、趣味の話をしたのは、その一回だけである。『イケイケドンドン』型が多い当社のマネジメント層の中で、数字に強く、論理的思考のできる米国型ビジネスマンとして、河島さんは異彩を放っていた[15]」。

自他共に許す「仕事人間」の中内に「仕事人間」と見なされるというのは、よほどの仕事人間なのだろう。同時に、河島が、中内に期待された仕事をわき目もふらず必死にやり遂げようとしていたこともこのエピソードから伝わってくる。

中内も、『流通革命は終わらない』の中でわざわざ河島との出会いを取り上げるだけあって、河島への期待は大きかった。二六番目の役員として河島を迎えるにあたり、大胆な人事を断行した。中内自身は社長と会長を兼務するようにして、二人いた副社長を副会長に、五人いた専務を副社長に昇格させて、河島を六番目の副社長に置いた。[16] 彼が活躍できる舞台を設けた。[17]

【商品事業統括本部の「三・四・五作戦」】

河島の担当は、「商品事業統括本部長」だった。中内は彼に、「商品面での強化を期待した」と発表の記者会見で語った。その仕事は、商品を開発し本体とグループ各社にそれら商品を供給することだ。中内が先頭に立ってやってきた仕事でもあった。

彼は、当該本部で「ビッグデイ・ミーティング」と称される会議を毎週開催した。河島を議長にして、四人の本部長や管理職たちと討議した。河島は、ダイエーには収益性を圧迫する三つの要因があると考えた。

一つは、「商品在庫」の増加だ。小売業では品切れは大敵で、その不安がふんだんに在庫を持たせることにつながる。またダイエーでは、売場に商品を山のように積み上げて、豊饒感を客に体感させようとする。だが、そうした売り方は在庫を増やしてしまう。二つめは、「商品ロス率」の上昇だ。万引きにあったり、商品を傷めて反故にしたり、伝票の誤記があったりして、売上高に占める損失の金額が増加する。残りのもう一つは「売価変更率」の増加だ。売れ残った商品のディスカウント販売が常態化して、それが粗利を低下させる。このあたりの事情を、大西良雄は次のように語る。

「与えられた売り上げ目標数字を達成するために、バックヤードにも売り場のハンガーにも溢れんばかりの商品在庫を抱え、売れるチャンスを待つ。売れ残った在庫は値下げに次ぐ値下げを繰り返し、とにかく売り上げのつじつまを合わす。それでも在庫は捌けず、この処分に戸惑っている内に次のシーズンが来てこれに乗り遅れる[18]」。

それまでのダイエーでは、売上高を伸ばすことに意識が集中し、粗利に対する配慮が欠けていた。ダイエーは業界トップの売上高を誇っていたが、収益面ではイトーヨーカ堂に大きく差を付けられていたのは、故なしとはしない[19]。

ダイエーの組織体質ともなっているこのやり方を転換する必要があった。そこで出てきたのが、「三・四・五作戦」だ。商品在庫を三割カット、ロス率は四割カット、そして売価変更率は五割カットを目指す作戦だ。組織になじむようにリズムを刻むわかりやすい標語が用いられた。

商品在庫を減らすことで粗利は上昇するが、その反面で欠品による売り逃しのリスクが生じる。そのリスクを避けるための工夫が組み込まれていなくてはいけない。そのために、①発注から納品までのリードタイムを短縮し、②発注単位を小さく、③納入頻度を高くして、④商品の回転率を上げる、ことが必要だ[20]。河島たちは、この、いわゆる「多頻度小ロット高精度」のシステム導入に注力する。いわば、従来の歴戦の勇士たちによる「イケイケドンドン」の経営から、「システム」の経営への転換である。

図表5　ダイエーの経営の主要指標

	商品回転率	粗利益率	交差主義比率
1982年度	12.3回転	24.3%	287.8
1983年度	12.5回転	24.3%	303.8
1984年度	14.9回転	25.4%	378.5
1985年度	17.3回転	25.9%	448.1

［出典］　大西良雄［1986］、『ダイエー恐るべし!!』（こう書房）99ページ。

この作戦は、一九八三年三月から実施された。一九八二年から八四年にかけて、商品在庫は九二〇億円から六二六億円に大きく改善し、売価変更率は四三パーセントも改善された。「商品回転率」、「粗利益率」、在庫投資の効率性を測定する「交差主義比率」も大きく改善した。一九八二年度から八五年度にかけてのダイエー小売部門では、商品回転率は一二・三回転から一七・三回転に、粗利益率は二四・三パーセントから二五・九パーセントに、交差主義比率は二八七・八から四四八・一まで改善した。[21]一九八二年から八五年までの主要指標の変遷を**図表5**に示しておこう。

わずか三年間だが、改善ぶりははっきりしている。当時、交差主義比率についてはは圧倒的にイトーヨーカ堂が高かった。八五年で五六五のスコアだ。ダイエーは四四八にまで伸び、それに追いつく勢いだった。[22]ダイエーの経営は筋肉質化したのだ。

【リストラ】

河島は、「多頻度小ロット高精度」の「システムの経営」をスタートさせたが、一九八三（昭和五八）年二月に商品事業統括本部長から多角化事業統括本部長へと部署が変わる。その時、ダイエーの業績はさらに切迫したものとなっていた。

一九八二年一一月、ダイエー一五三社の子会社を含めた連結決算は、上場来初めて経常赤字の六五億二〇〇〇万円を計上した。ダイエー単体では売上高は一兆二〇〇億円から一兆一三〇〇億円へと一〇パーセント増収だったが、利益額は四三七億円から三七九億円へと一五パーセントもの減益だった。しかも、七〇パーセント以上の店舗において、売上高の前年割れが起こっていた[23]。多角化した連結子会社の不振は明らかであり、それを支える屋台骨のダイエー本体も収益力に陰りがあることが誰の目にも明らかになった。

河島は、ここから多角化した連結子会社の本格的な再生にも取り組むことになる。そのために、中内の承認を得てダイエー再生の委員会を立ち上げた。この委員会に、中内は生首だけは切らないで欲しいとだけ条件を付けた。人情家の中内そのままだ。それに対して河島はもっと積極的に解釈して、人を引きあげ、チャンスを与え、経験を積ませる工夫を試みた。副本部長や副室長という職制まで設け人材登用を試みたのである[24]。

委員会メンバーには、六三年入社の大卒一期生の若手役員たちが選ばれた。中内が唱えた「流通革命」に共感して入社した大卒一期生から三期生の若手たちが、ようやく取締役に昇進する年齢に達していたのだ。中内の彼らに対する期待も大きかったし、河島もそれに否やはなかった。メンバーは、鈴木達郎（総務人事室副室長）、藤本敬三（管理統括室副室長）、隠田毅（ローコストオペレーション推進部長）、川一男（フーズライン事業本部長）、奥谷誠一（営業企画部長）、楠井義基（多角化事業統括本部主席）、高木邦夫（業務室副室長）であった。それに加えて、中内の長男の中内潤（丸興常務）もメンバーに加わった。

一九八三年一一月、ダイエー再生のための戦略策定機関「アドバイザリー・コミッティ」がスタートした。毎週のように会議が開かれた。「なぜ収益力が疲弊したのか」。これを分析するのがこの会議のメインテーマだった。一九八四年五月に、「コミッティ」は「構造改革三カ年実行委員会」、通称「実行委員会」に衣替えして、子会社の経営実態にメスを入れることになった。同年二月期の連結決算ではさらに事態は悪化し、一一八億八七〇〇万円の最終赤字となり、前期の二倍近くに膨らんでいた。実行委員会には、「コミッティ」のメンバーに加え、新しく五人のメンバーが加わった。松岡康雄（多角化事業統括本部長）、荒木進（財務経理室副室長）、平山敞（近畿本部長）、小濱裕正（関東事業本部長）、関口喬（FC・提携店サービス本部長）である。「コミッティ」にも「実行委員会」にも、中内自身は座長どころかメンバーにも入っていない。自分がいては自由闊達な議論がしにくいだろうという中内の判断によるのだが、中内のいないダイエートップ経営陣の会議はダイエー始まって以来だった。これらの会議で集中的に討議し、その結果を中内に逐次報告し、そして中内が決断するというやり方がとられた。(25)

作業は、子会社の実態調査から始まった。連結対象とはいえ当時は、会計基準は各社バラバラ。棚卸など決算処理方針も千差万別だった。これを統一しつつ経営実態にメスを入れていった。ダイエーの連結対象子会社は、完全連結が四〇社、持分法が一〇〇社、合わせて一四〇社と言われていたが、実行委員会メンバーも知らない非連結子会社もあって、その総数は二〇〇社を超えたという[26]。

業績改善見込みのない子会社がほとんどだったが、それぞれについて撤退か存続かあるいは子会社統合かが検討された。処理案件は、三〇〇件を超えた。中内はこれに対して、任せた限りは任せるという姿勢で、そのほとんどに対して異論をはさまず立案通り決裁した。中内にとっては、自身が苦労してつくった事業から撤退するのはつらいことだっただろうが、河島を軸とする彼の子飼いの部下たちの判断を尊重した。立案された三〇〇にもなる再建案は、大きくは二つのタイプに分かれる。第一は内科的治療のタイプ、もう一つは外科手術のタイプである。後者の外科手術には以下のタイプがあった。

① 親会社の負担で、貸付金や保証債務を貸倒れの形で償却して清算する子会社群（百貨店「オ・プランタン・ジャポン」、ボックスストア「ビッグ・エー」）。

② 増資して借金を返済させ金利負担を減らしてやる子会社群（「プランタン銀座」、「ダイエー・インターナショナルホテルズ」）。

③ 親会社に吸収して営業再建を図る子会社群（ディスカウントストア「Dマート」の西葛西、海老名の二店、「オ・プランタン・ジャポン」の三宮、なんば、新札幌の三店、津田沼ダイエー）。

④ 子会社同士を再編成し、その過程で事業の統廃合を行う子会社群（丸興とアサヒクレジッ

ト、第一建設と竜野開発、レストランの「ビッグボーイ」と「キャプテンクック」)。

ダイエーが放棄した債権額は「オ・プランタン・ジャポン」が三一〇億円、「ビッグ・エー」が八五億円、そしてこれ以前に放棄された家電メーカーの「クラウン」の六二億円を合わせて、この三社だけで四五七億円にのぼった。代わりに、いくつかの店舗の土地と建物を手放し、一九八四年から八六年の三年間に計上した資産売却益は四八四億円に達した。

「実行委員会」は、一九八四年五月から一二月まで八カ月しか存在しなかったが、大きい実績をあげた。大西の著書では、「正直言ってここまでやるとは、思っても見なかった。実行委員会は、ダイエーという巨大組織が決断力に富んだ柔軟性のある若い組織であることを証明してくれた」という、メインバンクであった東海銀行の融資担当者の言葉が紹介されている[27]。

【SBU体制の確立】

前者、内科的治療のタイプについては、重要な対策が採用された。戦略的ビジネスユニットの体制、「SBU(Strategic Business Unit)体制」の構築だ。例えば、大阪地区にダイエー本体が二五店、その他の店舗が八店、関連会社が六社あったとする。それらがタテ割りの構図だとばらばらで活動をする。それを避けるために、地域なり業態なりによって戦略的なビジネスユニットとしてひとまとめにし、独立採算の事業本部にする。そして、各事業本部に権限を委譲して責任者をおき、ユニット全体の最適を考えながら運営させる。そんな姿を思い浮かべるとよい。

その結果、①近畿、関東などの八地域の事業本部、②フーズ、ソフト、ハードの三商品本部、

③SM、ディスカウントストア、ダイレクトマーケティングの四つの小売業態、④デベロッパー、ファイナンス、サービス、ファストフーズ、レストランの五つの多角化業態、その他後方支援の六本部、計二六の事業本部が設けられた。各SBUの下に二〇〇の関連会社が割り振られ、SBU長は、関連会社を含むトータルの経営責任を負うことになった。(28)

例えば、ソフトラインの菅田敏SBU長は、衣料品の商品開発や仕入を総括する一方、ロベルト、ロベリア、ジョセフ・マグニン、せいざん、ジョイント、プレナタールなどの衣料専門子会社、コルドバ、USシューズ、ディナディナ、大中など雑貨関連子会社、合わせて一三の関連会社を傘下に収め、監督下に置いている。

そしてこの責任者たちも、実行委員会のメンバーに加わった。河島は、実行委員会を新たに「経営会議」という名に変更した。グループマネジメントの拠点になるものだった。

SBU長には、それぞれの経営の進捗と成果の報告を求めた。それも、予算と実績という単純なものではなく、損益、貸借、資金の三面を含む正規の事業部会計に則った緻密な計画と実績数字に基づくものだった。そして座長には中内が就き、河島と共にSBU長の報告を聞くことになった。一九八七年九月のことだ。

【四セクタービジョンの試み】

さらに河島は、マッキンゼーが唱導したものの画餅に帰した「四兆円ビジョン」に代わる「四セクタービジョン」を描こうとした。リテール六〇パーセント、ファイナンス一五パーセント、サービス一五パーセント、デベロッパー一〇パーセントの売上高構成比を定めて、中内㓛が唱える「フォー・ザ・カスタマー」の旗の下、それぞれに事業基盤を確立して、着実な発展を期そうとした。

だが、この試みは未完で終わる。河島はダイエーを去り、リッカー再建に取り組むことになる。相前後して、実行委員会メンバーの藤本はダイエーファイナンスへ、高木はリクルートに、楠井はマルエツに、平山はユニードに配置替えとなった。[29] 河島は一九八九(平成元)年にダイエー副会長に就き、九七年に退任する。その後、二〇〇一年に中内がダイエーを退任する際、次なる経営者として河島の名が挙がったという。[30] 中内の河島に対する信頼は終生変わらなかった。

「組織による組織の経営」と「理念の経営」

河島博のマネジメント論、そしてダイエーでの経営者としての取り組みを見てきた。わずか三年にすぎなかったが、中内の全幅の信頼の下、多頻度小ロット高精度の手法の導入、グループ企業の統廃合、そしてSBU体制の構築と、次々に対策を打った。中内だけでなく、多くの部下を納得させた彼のマネジメントの手法とは、何だったのか、あらためて整理しておこう。

【組織による組織の経営】

答えは、「組織の経営」つまり「組織による、組織のための」経営である。「中期計画」を導入し、〝因数分解〟の手法と姿勢を強調し、そして「人と組織の有機的統合」を図る、組織の経営を目指した。このスタイルを押し通し、組織に定着させていった。その方法は、決して特異ではない。多くの組織で通用するマネジメント手法だ。だが、そこには河島らしい工夫が隠れている。それは、計画と実践の融和を図る姿勢である。

第一に、計画は金科玉条のものではなく、実践を進めるための目処あるいは枠組みにすぎないという位置づけだ。計画から実行に至るプロセスつまりＰＤＣＡは尊重するのだが、同時に計画は不変のものではなく、実践にそぐわなければ変えられる性格のものであることを強調する。計画と実行をはっきり分離し、計画優位の立場を強調するスタイルとは一線を画す。

第二に、「考える現場」を尊重する。河島は、計画づくりにおいても現場発想を要求する。「書店に並んでいるようなビジネス書を参考にして月並みな経営計画を立てるな。あくまで自分で考えろ」と常々言っていたという。マニュアルで現場を統制しようというマネジメントとは対極にある。(31)

第三に、計画を立てて終わりではなく、実践が計画に沿って動くかどうかにも配慮を払う。計画に合わせた組織づくり、組織に合った人の配置、活動する人同士の関係に至るまで綿密な考慮を払った。

河島のマネジメントスタイルを見る上で、コンサルタント会社のマッキンゼーとのかかわりが面白い。ちょっと余談になるがそこに触れておく。マッキンゼーは、河島と同時代、ヤマハでもダイエーでもコンサルに入った。ヤマハでは河島が社長を辞めた後の一九八七（昭和六二）年にコンサルタントに入って、「センチュリー・プロジェクト」を提案した。だが、それは失敗する。一九九二（平成四）年春、ヤマハ会長の川上源一は、「わが社の業績悪化の元凶はマッキンゼーであります」と述べたという。

ダイエーでは、河島の入社前にマッキンゼーが入って「四兆円ビジョン」につながる提案を行なった。一九八〇年から五年間かけて、本体二兆円、関連会社及び新規事業で二兆円の計四兆円の売上を目指すというものだ。だが、その計画も現実にはならなかった。

マッキンゼーの計画自体に問題があるようには思えない。だが、マッキンゼー方式と河島方式には、同じ計画を立てるにおいてもはっきりした違いが一つあるように思う。

河島が採用する中期計画の構築や因数分解のマネジメント手法自体は、マッキンゼーのそれとたぶんあまり変わらないだろうと思う。マッキンゼーほどのコンサルタント会社なら、当然、中期計画を立てさせるだろうし、計画の中に当然のこと、進捗評価のための多種のファクターを組み込むだろう。

違いは、「人と組織を有機的に統合する」ことの熱心さや、「実践の中に計画を融和させる」方策の工夫や、「考える現場」に向けての取り組みといった面に表れそうだ。すなわち、計画と実践を融和させることに神経を払うかどうかである。それは、計画を実行する個々の組織メンバーの力を把握し、適材適所を図り、理に外れた政治的な考慮を排すスタイルである。コンサルタント会社は、その職務上、そこまで組織の中に深く入り込むことは難しい。その意味で、計画と実践の融和を図ることは難しい。他方、河島のマネジメント論の要は、「組織による」経営、そして人を育てる「組織のため」の経営である。そして、中内が河島に期待したのも、そこにあったのではなかったか。

【ロマンティスト中内㓛の経営スタイル】

最後に、河島を鏡にして中内の経営スタイルを考えてみよう。本書第一部で中内のダイエー経営に通じた読者は、中内のスタイルは、河島のそれとはずいぶん違っていることに気づくだろう。だからこそ、中内は河島に三年間、ダイエーの経営を任せたとも言える。[32]

二人の経営スタイルは、**図表6**のように対比できる。

河島の経営スタイルは、「プラグマティズムの経営（実践主導の経営）」という呼び名があれば、その名の通りのものだろう。[33]

先に述べたように、計画と実践を不離なものとして扱うこと。また、実践の進捗は粛々と進められ、人の目を気にするとか、人の気に入るように取り計らうとか、といった不用な社内政治の介入は一切ないこと。つまり、目的達成に役立つかどうかだけが彼のマネジメントにとって大事なのだ。自身、「テクノクラート」と位置付けていたのも、むべなるかなだ。

では他方、中内のスタイルは何だろうか。河島のそれに対照させていうと、「ロマンティシズムの経営（理念主導の経営）」だ。それは、河島の経営スタイルでは到達することができない遠い地点まで組織を引っ張ることができる。V革の際、河島と一緒に仕事をした小濱裕正はこう述べ

図表6　中内㓛と河島博

	中内の経営スタイル	河島の経営スタイル
理念と実践	• ロマンティシズム（理念主導） • 理念・目的・計画が実践に先行する（「流通革命」、「価格半減構想」）	• プラグマティズム（実践主導） • 計画と実践を融和させる（計画・目的自体が、実践の中で変化する） • 物事は目的有効性で判断される
プロセス	• 爆発的なエネルギーが誘発される • 時代の波を生み出す	• PDCAを通じて着実に目的に近づく • 近い未来を予期しながらそれに備える
組織	• 整然とした軍団 • マニュアル化	• 人と組織の有機的統合 • 考える現場

［出典］　筆者作成。

る。

「社長が『これでいこう』『こうだ』といって突っ走り、みんなが社長を全面的に信頼して走る。走りながら社長が『やっぱりこっちだ』と方向を変えたら、ただちにみんなも方向を変えて走る。それがダイエーの強さであり、だからこそ四十年（一九六五年）不況もオイルショックも突破できたのだ[34]」と、実行委員会の席で述べている。ダイエーの高度成長は、売上高至上主義、本部主導制、中内のカリスマ的リーダーシップなくして実現されなかったというのだ。

たしかに、経営には科学や理屈を超えた力が必要となる時がある。ダイエーはその力を発揮して高度成長を遂げた[35]。さして規模が大きくない会社が、年に一〇店も二〇店も出店する力は尋常なものではない。組織が一体となり、信じられないようなエネルギーを湧き立たせるのは、小濵が言う通り、中内のカリスマ的リーダーシップによるものだろう。

中内のロマンティシズムのリーダーシップの背後にはどのようなロマンがあるのだろうか。

中内は、ビジネスにおいて終生変わらず「よい品をどんどん安く」のスローガンを掲げ、社員には「フォー・ザ・カスタマー」の姿勢を語り続けた。その背後には、「だれもが、必要とする品を安価で手に入れることができる社会」への希求があり、「普通に暮らす人々が普通に社会の中心に位置する」という世界への思いがある。つまり、カリスマ的リーダーシップを支え、多くの人を呼び込んだ社会や世界に向けての理想があった。それは「デモクラシーへの思い」だった、と筆者は思う。消費者主権、自由な競争、公正な取引……。中内が打ち出した主張は、いずれも「デモクラシー」の名に相応しい[36]。

「デモクラシー」への思いに主導された運動は一つの「渦」となり、多くの人を巻き込んだ。新たな時代を中内と共に拓こうとする人々がダイエーに集まった。大学や高校を出た新卒社員だけでなく、意気に感じて入社した多くの途中入社組がいた。旧秩序を尊ぶ市民からは強い反発を受けたが、自分たちの自由を束縛する「無意味な社会的差別」や「規制」を嫌う若い市民や消費者運動家からは圧倒的な支持を得た。そうした内外の力が重なり、ダイエーを日本一の小売業に押し上げた。

中内ダイエーが生んだ「渦」は、それにとどまらない。バラバラになりがちな業界各社の力をチェーンストア協会に結集し、社会や行政に向けて自分たち業界の意義や主張を社会に問うた。

さらには、経団連副会長の要職に就き、なお存在する「士農工商の文化の壁（それこそ無意味な社会的差別である）」を打ち破ろうとし、また教育方面に立場を変えて自由な教育を打ち出していく。中内のデモクラシーを希求する理念の経営は、短時間の中にそうした時代の「渦」を創り出すすさまじい力を持ったのだ。

（1）一九八一年度四三〇億円の営業利益が八二年度は三八〇億円に、純利益は九八億円から六二億円に下がった。一兆二三〇〇億円の売上高対比で見ると、儲けの効率は極端に低い。

（2）もともとイトーヨーカ堂の収益性は、伊藤雅俊の経営の下、業界他社に比べ圧倒的に高いものだった。そのイトーヨーカ堂さえも一九八〇年代に入ると業績を低下させた。そして伊藤社長から「荒天準備対策」が出され、それを受けて一九八一年一月に「業務改革」の前身の「業務改善委員会」が設置された。

（3）河島のヤマハ時代の活躍は、加藤仁［二〇〇六］、『社長の椅子が泣いている』（講談社）に詳しい。ヤマハ音楽教室の創案、アメリカの子会社におけるヤマハブランドの確立等、目立った業績を上げた。

（4）同前二五九ページによる。

（5）同前二六〇ページによる。

（6）同前二七二～二七三ページによる。

（7）同前四〇〇～四〇一ページによる。

（8）こうしたマネジメント手法については、筆者も論じたことがある。「起きることを事前に予期する」、そして「それに備える」。つまり、「予期して備える」マネジメント手法である。石井淳蔵［二〇一二］、『マーケティング思考の可能性』（岩波書店）を参照のこと。

（9）前掲『社長の椅子が泣いている』四〇六ページによる。

（10）同前一三五～一三七ページによる。
（11）「宮島和美氏へのインタビュー」による（二〇一六年二月一九日実施。聞き手は著者）。
（12）前掲『社長の椅子が泣いている』四〇六ページ。
（13）ダイエーで長く河島の秘書を務めた中間徳子も「メーカー発想のせいか、いろいろなことが綿密・緻密でした」と語る。「中間徳子氏へのインタビュー」による（二〇一五年九月二四日、聞き手は著者）。
（14）その当時、ダイエーでは中内を除く二四名の役員のうち二〇名までがスカウト組だった。出身は官公庁、メーカー、雑誌社・新聞社と様々だった。
（15）中内㓛［二〇〇〇］、『流通革命は終わらない――私の履歴書――』（日本経済新聞社）一〇一ページ。
（16）前掲『社長の椅子が泣いている』三七〇ページ。
（17）このあたりの二人の関係する事情については、佐野眞一［一九九八］、『カリスマ』（日経ＢＰ社）や、大塚英樹［二〇〇七］、『流通王』（講談社）が詳しい。
（18）大西良雄［一九八六］、『ダイエー恐るべし!!』（こう書房）六八ページ。
（19）一九八〇年度決算で、ダイエーの売上高は一兆二五〇億円、営業利益額は三四八億円、当期純利益は九〇億円。他方、イトーヨーカ堂は、売上高は五七〇〇億円と半分に満たないが、営業利益額は二四一億円、当期純利益になると一〇七億円でダイエーを上回っていた。両企業には、収益効率に大きい差があった。
（20）石井淳蔵［二〇一二］、『営業をマネジメントする』（岩波現代文庫）第Ⅵ章を参照のこと。
（21）前掲『ダイエー恐るべし!!』九九ページ。商品回転率は売上高／在庫金額、粗利益率はマージン／売価。交差主義比率は、それらを掛け合わせたものである。
（22）ただこの後、イトーヨーカ堂はさらにこの数値を改善し、一九九三年には九〇〇にまで伸ばしている。一方、ダイエーは六〇〇にとどまる。
（23）前掲『ダイエー恐るべし!!』二九ページ。

(24)同前一五一～一五二ページ。
(25)そのあたりの中内の複雑な心境については、前掲『流通王』で触れられている。
(26)前掲『ダイエー恐るべし!!』一四五～一四六ページ。
(27)同前一五〇ページ。一九八一年に三六億円あった経常利益が、八二年にはマイナス六五億円、八三年にはマイナス一一八億円にまで損失は膨れ上がった。だが一九八四年にはマイナス八八億円に縮小し、八五年にはわずか一〇億円だが黒字転換、翌八六年には二八億円まで戻した。
(28)同前書一五四ページ。
(29)前掲『社長の椅子が泣いている』四一三ページによる。河島はリッカーの再建を担い、一九八七年に社長に就任する。債務が五三六億円あった上、工場も売り払っていて、成長資源を見つけるのに苦労する状況だったようだが、それでも五年間で債務を返済した。一九九三年には売上高三五〇億円、経常利益一億円を計上した。通販が売上高の三分の二、訪販が三分の一を占める流通企業に転身させたのだ。
(30)前掲「宮島和美氏へのインタビュー」による。
(31)ちなみに渥美俊一は、同［二〇〇八］、『21世紀のチェーンストア』や同［二〇一二］、『新版商業経営の精神と技術』（商業界）において、チェーンオペレーションにおけるマニュアルの意義を強調する。要約して言うと、マニュアルとは作業の指示書であり、果たすべき職務の具体的内容を明示するものである。同じ結果を生み出すための作業手順ということになる。
(32)その点での中内の懐の深さは正直、たいしたものである。河島も客分の将であることを自覚して、中内への報告は事前・事中・事後と欠かさなかったという。二人の間柄は、司馬遼太郎が『坂の上の雲』で描くところの、日露戦争での満洲での会戦における満洲総司令官大山巌と総参謀長児玉源太郎の関係を思い起こさせる。
(33)プラグマティズム、プラグマティストについての議論は、石井淳蔵［二〇一四］、『寄り添う力』（碩学舎）

で福沢諭吉を例にとってなされているので、参照のこと。
(34) 田原総一朗［一九八九］、『企業がよみがえる日』（ＰＨＰ文庫）一二九ページ。
(35) 中内のリーダーシップを十全に発揮できるようにということだろうか――。前掲『カリスマ』四二四〜四二七ページによると、ダイエー研修センター（ダイエー大学校）では、軍隊式の厳しいトレーニングが実施された。
(36) 中内のこの思いは、戦後思想と通じるものがある。自伝『わが安売り哲学』が、伊東光晴・長幸男編［一九七一］、『戦後日本思想体系8』（筑摩書房）の中に取り上げられたのは故なしとしない。

第三部
人間像に迫る

時代を駆け抜けた革命児の残像

心を揺さぶる数々の言葉とともに

Ⅰ　「流通革命家」の魂

思想の壁と対峙して

第一部・第二部で、中内㓛の波乱万丈の一生を追ってきたが、この第三部では、中内の人生の軌跡を三つの側面〜流通革命家・中内㓛、経営者・中内㓛、思想家・中内㓛〜に絞って、いささかの筆者の印象を記しつつ、あわせて中内の人間像を知る上で欠かせない文献を再録、各章に附すという構成で本書の締めくくりとしたい。

まず「革命家・中内㓛」は際立っている。筆者は三つの点でそう考える。

第一に、流通革命を先導した中内は、工場を持たない「ファブレスメーカー」を標榜した。単に「商人」でもなく、ましてや「小売業者」でもない、だからといってメーカーとも言いがたい。「ファブレスメーカー」とは、それまでの常識的な範疇には属さない革新的存在である。それを標榜することで、既存のメーカーや卸売業者や小売業者と一線を画した。中内には、メーカーから卸売・小売まで、すでにある流通の勢力はある意味ですべてライバルと見なし、一切の妥協を図る気持ちはなかったのだろう。

次に、中内はみずから、革新的な流通理論を説いた。昭和三〇年代、わが国の流通革命期に中内は事業家として先頭に立った。その中内たちの姿を追いながら、「流通革命論」を説いた先進的研究者たちがいた。普通なら、事業家としてはそうした学者からの支援はありがたいはず。だが、中内はそうは考えない。逆に、それら学者たちの理論を、実践の立場からラディカルにかつ筋の通った論理で反論する。流通革命の理論においても、研究者と妥協することはなかった。

革命家としての中内はさらに、わが国の社会に根付いた「生産志向」の思想、ないしはその背景となる「一九四〇年体制」に挑んだ。そこでの中内の唯一最大の味方は消費者だった。消費者の自由で自律的な判断が主導する経済・社会を目指し、妥協なき戦いを進める中で、世の常識ともなっている一九四〇年体制という思想の壁と対峙することになった。

こうした流通ないしは社会の革命にかける中内の尽きぬ思いは、どこから生まれたのか。それを知るために、最後の著作となった『流通革命は終わらない――私の履歴書――』（日本経済新聞出版社）のあとがきとして書かれたエッセイ、「『野火』は今も燃えている」を取り上げたい。その書では、中内は流通革命に懸けた自身の半生を振り返ると共に、それが終わらぬ戦いとなることを述べる。その締めくくりにこのエッセイがくる。

「毎年、八月十五日、私は条件反射のように、大岡昇平という作家が書いた『野火』という小説を書棚から取り出す」という一節でエッセイは始まる。この小説は、狂った復員兵の手記の形をとっていて、第二次大戦末期のレイテ島を舞台に敗走する兵士の姿を描き、飢えの極限にある人肉食いをテーマとするものである。

『流通革命は終わらない』のこうした構成を見ても、中内の心中にはフィリピンでの戦場での悲惨な体験と戦後の流通革命（ないしは社会・教育革命）への志向とが分けがたく結びついていることがわかる。余人には計りがたい人の心の内だが、本エッセイとその成り立ちから、革命に懸けた中内の思いの源泉をうかがい知ることができる。

文献

「野火」は今も燃えている◉中内㓛

毎年、八月十五日、私は条件反射のように、大岡昇平という作家が書いた『野火』という小説を書棚から取り出す。

たった百八十三ページの薄っぺらい本。その中に、三年八カ月に及ぶ太平洋戦争が凝縮されている。

人気のないオフィスで、本と向き合う。冷房の音だけが、かすかに響く。遠い記憶だが、敗残兵として、フィリピン山中を敵から逃げ回っていた時に聞いた正体不明の音のようだ。その不気味さに、まるで見えない敵に備えるかのように、思わず身をすくめる。

本を開くと、突然、肺病もちの部下に対する分隊長の激烈な言葉が、私の胸をつき、悲惨なフィリピン戦線が目の前に広がる。

「馬鹿やろ。帰れっていわれて、黙って帰って来る奴があるか」

「帰るところがありませんって、がんばるんだよ。そうすりゃ病院でもなんとかしてくれるんだ。中隊にゃお前みたいな肺病やみを、飼っとく余裕はねえ」

「どうでも入れてくんなかったら——死ぬんだよ。手榴弾は無駄に受領しているんじゃねえぞ。それが今じゃお前のたった一つの御奉公だ」

「……」

まるで、私自身が、分隊長に死の宣言をされているような錯覚に陥る。死すら自分で自由に選ぶことができない主人公。あくまでも受動的な、その姿。それが、この戦争を象徴している。兵隊には考えることは必要ない。一銭五厘の赤紙一枚で補充はいくらでもきく。「命は鴻毛より軽し」と『軍人勅諭』にはある。

敵への突撃で負傷兵となった私と、肺病もちの主人公。立場は似ている。芋の葉っぱさえ食えず、アブラ虫、みみず、山ヒル……、食えそうなものは何でも食った。あの飢餓戦線で、食糧を自力調達できない「傷病兵」は、やっかいものでしかない。

負傷した時、担架で私を連れて逃げてくれた戦友に感謝しつつも、いつ見捨てられるかわからない不安におののく。戦友を信じつつ、戦友を疑う。「人間信頼と人間不信の矛盾」。その葛藤の中で、まんじりともせず過ごした、あの闇夜が蘇る。

主人公も同じような気持ちだったに違いない。部隊を追われ、病院からも見捨てられ、山中をさまよう。その時、行く手に、一筋の野火が立ち上る。

主人公はつぶやく。

「比島（フィリピン）人の観念は私にとって野火の観念と結びついている。秋の穀物の殻を焼く火か、牧草の再生を促すために草を焼く火か、あるいは私たち日本兵の存在を、遠方の味方に知らせる狼煙《のろし》か、部隊を離脱してからの孤独なる私にとって、野火はその煙の下にいる比島人と因果関係にある」

傷病兵として、一人の下士官として、私には、主人公のこの気持ちが、痛いほどわかる。

私は職業軍人である将校とは違う。戦争に行くのは嫌だった。その思いを押し殺して、現役兵として応召され、軍曹となって野火を見た。野火のもとに行けば、人間がいる。人間が恋しい。そこには、水がある。食い物がある。人間らしい暮らしがある。

水をくれ！　食い物をくれ！　ゆっくり眠らせてくれ！

そこへ行って、人間らしい暮らしをしたい。でも、行ったら、敗残兵である私も主人公も、現地の農民に通報され、アメリカ軍に殺される。

頭の中では、行きたくて、行きたくてたまらないのに、殺されると思うと、意志とは関係なく足が突然動かなくなる。

「おい、なぜ動かないんだ」。足に聞いても、答えはない。

亜熱帯地方のフィリピンの平和な風景。その中で、人間と人間が、敵と味方に別れ、織りなす殺戮。誰もが、被害者であり、加害者である。

複雑な心境で、野火の複雑な風景を見る。そこには、日常があり、非常がある……。

あの時から五十五年——。私の心の中で、あの野火がいつも燃えている。昭和から平成へ、戦争は、だんだん忘れ去られて、風化していく。けれども、心を焦がすように、野火が燃え続けている。大岡昇平氏が書いた『野火』と、同じ野火が燃えている。

戦地から帰って、彼に会ったことがある。一緒に食事をしたが、彼は過去の話はいっさいしなかった。その代わりに、彼は、『野火』を残した。記憶から消えていく本が多い中で、この本は私の心にしっかり根を下ろしている。彼が、あの短編の中に凝縮した悲惨な戦争への思いを、自らの戦争体験に照らして伝えることが私の仕事だと思う。

今の若者が生まれた時、すでに民主主義も、自由も、この国にあった。テレビも、冷蔵庫も、クーラーも、車もあった。なんでもあるのが当たり前の世の中で、ないのは「戦争」だけだった。

つい数十年前、自分の意志で戦争を拒否できなかった人々がいた。望郷の念を胸に、戦死した人々がいた。無差別の戦略爆撃で生を失った人々がいた。

敗戦を終戦と言い換えた国があった。

あの狂気とあの敗北とを、隠し続ける大人たちがいた。

若者は、それを知っているのか。知ろうと努力したのか。見て見ぬふりをしているのか。

八月十五日とは、と問われたら、なんと答えるのか。「お盆だよね、そうだろ、おじさん」で、すませるのか。

私は、けっして、「八月十五日」を忘れない。歴史というのは輪廻についての教科書である。何があったかを伝えるのは、私の仕事である。何があったかを学ぶのは、若者の仕事である。

日本は、明治以来、富国強兵、殖産興業のスローガンの下で、欧米先進国の真似をして、資源を求め、アジア周辺諸国に対する植民地化政策をとった。明治二十七年（一八九四年）の日清戦争以来、日露戦争（一九〇四年）、満州事変（一九三一年）、日華事変（一九三七年）、太平洋戦争（一九四一年）を繰り返し、昭和二十年（一九四五年）八月十五日に敗戦を迎えた。私は、この歴史的事実を事実として、二十一世紀を担う若者に伝える。

（中略）

昨年、社長を譲り、会長に専任する時の記者会見で、「四十年間、楽しいことは何もなかった」と発言して、物議を醸した。

「経営者が、そういうことではいけない」「楽しいと言える人生を歩む努力をすべき」「そこまで働き続けた中内さんに、そう言われると」。なにかと、世間は口うるさい。私の時間観念が人とは少し違うことに、こう答えさせる原因があるのか。

私には、今しかない。それが、わが人生。神戸高等商業学校時代に、田辺元という哲学者の『歴史的現実』という本を読んで目から鱗が落ちた。

「現在を中心として過去と未来は交互関係にあり、円環が円環を包んで重なっていくところに、時が考えられる」。まさに、刹那を単位とした、今の連続。極め付きは、「時は、過去、現在、未来と、直線的、一方的に流れていくものでない」の一言。

「われわれが、働いて生きていくことが、時間を、歴史を成り立たしめる」「歴史は、過去にあるのではなく、現在に、否、未来にあるとさえいえる」

二十一世紀が、どうなるかではなく、二十一世紀をどう創っていくのか。若者には、主体性を持って、新しい時代を切り拓いてほしい。

私は、私の仕事をし続ける。この国の戦争の歴史、流通革命の歴史を、二十世紀と二十一世紀の狭間に立って、新時代につながるように語り続けることは、私にしかできない。

草むす屍となった戦友たちの声なき声が、私を勇気づける。（中略）社会で活躍する心ある教え子が、「まだまだ、これからですよ」と、肩を押す。どんなに、この身がボロボロになろうと、今を生きる。生き続ける。

人間が人間らしい暮らしができる「人間化の世紀」を創るための「流通革命」の道の一筋。この道を貫くことを通じて、若者に語り続ける。

生涯現役、生涯学習、生涯伝承。

人生は、一期一会の出会いの旅。若者との対話を大切にし、逃げていく今を懸命に生きる。緊張感を持った、今、今、今の連続。刹那生滅、刹那無情。

四十年間、楽しいことは何もなかった。これからも、そう感じることはない。私の戦争はまだ終わっていない。野火が、心の中で燃え続け、心を焦がす。

私が、志、道半ばで倒れようと、若者よ、わが屍を乗り越え、一歩でも前へ進め。流通革命の一筋の道から、若い力によって幾筋もの道が生まれ、二十一世紀には、この道が本流になることを信じて。

『流通革命は終わらない――私の履歴書――』（二〇〇〇）

Ⅱ 「経営者」としての姿

誰と出会い、誰を信頼するか

経営者・中内㓛は、どちらかと言えば中央集権的な経営を好んだ。何度か触れたが、強い権限を与えられたダイエー「商品部」はその典型だろう。流通末端の店舗の売場の運営にまで、商品部は介入した。また、「店舗の業態転換戦略」も集権的組織を前提とした戦略だ。GMS店の業績がよくないとみると、すかさずトポスなどのディスカウント業態に切り替える戦略がそれだ。ライバルのイトーヨーカ堂やジャスコが、店舗業績が悪くなった時、改装したり改築したりしながらその現場での存続を図ったのと好対照だ。

また、本書では触れていないが、「桜前線戦略」も中内が好みそうな取り組みだ。一九八五（昭和六〇）年頃の「ニューメディアブーム」のさなか、私はダイエーの取り組みを知るべく情

経営者としての事績が一望できる中内㓛記念館

報システム部を訪問した。その時、説明されたのがこの戦略だった。春になり桜前線が北上し始めると、それに合わせて南の地域の店から北の地域の店に向けて春物・夏物商品が北上する。南の地域で売れた商品を、北の地域で品揃えするというわけだ。逆に紅葉の頃は、北の地域から南の地域に商品が南下する。情報システムを社内に完備させることで、この方策が可能になるというのだ。当時日本全国に一五〇〇を超える店を構え、業界一の情報システムを持つダイエーだからできる戦略というわけだ。

これらいずれの取り組みも「店舗現場レベルの問題を本社で解決する」集権思想の表れだろう。そしてそれが、中内が渥美俊一と共に推進した考えの中心部分だったと思われる。それがダイエーの高度成長を可能にし、そしてそれまでにない流通の姿を創り出した。

ダイエーの集権組織のトップに君臨するのは、もちろんのこと中内である。彼は強いリーダーであったが、強いリーダーだけで組織が動くものではない。強いリーダーであればあるほど、そこで必要とされるのは補佐役の存在だ。

ホンダのケースがわかりやすい。ホンダ創業以来、トップは本田宗一郎だったが、その補佐役に常に藤沢武夫がいた。二人の関係を示す有名なエピソードがある。

ホンダ社内の中で、水冷式でいくか空冷式でいくかで技術陣が揉めたことがある。しかも、その時、社長である本田自身がかかわっていた。本田は空冷式のエンジンを推し、若手技術者たちは水冷式のそれを推した。普通であれば、社長の本田が推す空冷式が採用されるだろう。しかし、ここに本田の女房役だった藤沢が中に割って入った。そして社長の本田とこんなやりとりをしたという（藤沢武夫『経営に終わりはない』文春文庫）。

「『あなたは本田技研の社長としての道をとるのか、それとも技術者として本田技研にいるべきだと考えるのか、どちらかを選ぶべきではないでしょうか』といった。彼（本田―引用者注）はしばらく黙っていましたが、『やはり、おれは社長としているべきだろうね』と答えました。『水冷でやらせるんですね？』『そうしよう。それが良い』」。

藤沢は本田に〝技術者として若手に対抗することと、社長として若手の提案を認めることと道は二つあるが、あなたにとってどちらが大事か〟と問うたわけだ。そして、そう問われた本田は、あらためて自分には社長としての立場もあることを再確認することで、技術者としては身を引いた。その結果、組織において大きな亀裂を生む可能性のあった技術における社内対立の根っこが自然と消えた。

本田宗一郎や松下幸之助がそうであったように、強大な権力を持ったリーダーが組織を専制的に引っ張っていくことはありうることだ。意思決定のスピードが速くなり、一枚岩の実行力を組織することができるというメリットは小さくない。しかし、その一方でリスクも生じる。

リーダーの判断の間違い、あるいはリーダーのある判断が組織に深い亀裂を入れるケースにおいて、誰もリーダーの判断を押しとどめることができないというリスクがそれだ。あるいは、リーダーの判断でたとえうまくいったとしても、組織のメンバーがリーダーに依存してしまい、自分から何かをしようという意欲を消してしまうのも、リスクに入るだろう。

リーダーの権力が強大であればあるほど、これらのリスクは大きくなる。そしてその分だけ藤沢のような補佐役の存在の価値が増すことになる。

ダイエーの強いリーダーである中内㓛の最初の補佐役は末弟の中内力だった。だが、彼はダイエーを去った。その後、その役を務めたのは加古豊彦だ。加古は、第三神戸中学校で中内㓛と同級生だった。その後、神戸大学を出て川崎製鉄に勤務。そこで中内に懇請されて一九六九年に中内力がやめた後、ダイエーに途中入社した。中内の期待に応え、中内の女房役として会社に尽くした。第二部第Ⅰ章で清水信次が述べているように、ビジネス上の補佐役として内外の信頼を得た。それだけでなく、中内にとっては「人生最高の友」でもあった。それだけに、加古の死は中内にとってかえすがえすも残念なことであっただろう。

ここでは、葬儀委員長も務めた中内の〝想い〟を紹介する。それは、加古豊彦追悼集編集委員会が編纂した『熱血の人　加古豊彦』（発行・加古裕子）に、「カチューシャの唄」という題名で収録されている。「カチューシャの唄」は、加古豊彦が戦後、ソ連収容所に捕虜として抑留していた時を偲び、いつも唄っていた。その早すぎる死に際し、加古に贈った中内の言葉は熱い。

文献

カチューシャの唄◉中内㓛

昭和六十年二月十二日。私にはとても長く辛い一日になってしまった。

その日は一月末以来の冷え込みも少し緩み、外出の足を止めさせるような空でもなかった。なのに、午後、松ケ丘町の加古邸に向かうころには、私はもうすっかりふさぎこんでいた。そして、遺骨を抱いて楠会館へ行く道程では、なんとか今日はなかったことにならないか、と思ったりもした。

そんな気持ちで、ふと外に目をやると、夙川の土手に並ぶ桜のつぼみはまだ固く、時至らざるさまを見せていた。故人がこよなく愛した夙川沿いの桜花未だしを詫び、故人の暖かな人柄に報いたのが今日のほのかなぬくもりなのか、などと思いを馳せているうちに、車は合同葬の会場に着いてしまった。

私はこれまで、仕事の上では一度も「辛い」と思ったことはない。何日も寝なくても、困難な交渉が続いても、それはむしろ私には励みであった。しかし、今回故人を送るのは、なんとも辛いものであった。もう、私の生涯でこの人以上の男に出会うことはあるまいという、人生の先輩でもあり、友人でもあったその人を見送るのは、苦しい役目以外の何ものでもなかった。

葬儀委員長、この響きは重く私にのしかかっていた。そして、少しでも故人のことを思い出せば、平静な状態でいられるはずのないことは、私自身が一番よく知っていた。だから、今日の予定はキャンセルになりました、という言葉を聞くことができないものかと思ったし、望むべくは、故人に二度と会えなくなってしまったことそのものが消えてしまうことだ、と心の中で叫んでいた。

読経に始まった式が進むにつれて、思い出が次から次へと私を襲い始めた。クラスは違ったが、お互いに希望とロマンに満ち、気の合う同級生だった神戸三中時代のこと。川崎製鉄で、コンピュータを単なる計算機ではなく、生産効率の向上に使うという画期的な仕事をされていたこと。そして、その気鋭の人材を是非とも我が社にと無理なお願いをした、神戸オリエンタルホテルのこと。ダイエーをチェーンストアとして初めて上場させるについて、大業を一身に背負ってやりとげられたこと……

温厚な人柄だったから、あまり表立って言うことはなかったけれども、海外での証券市場への上場や外債の発行など、資金面での故人の苦労は、私の思っていた以上のものがあったのではないか、などと考えていた。

その時、株主総会のあとの役員懇親会で故人がいつも歌っていた『カチューシャの唄』の旋律が浮かんできた。

〽カチューシャかわいや、わかれのつらさ……

おそらく、シベリアでの抑留生活への万感の思いを込めてもいたのだろう。故人の卓越した記憶力と結びついて、歌い始めると容易に終わることはなかった。毎年聞いていたときには、またか、とも思ったが、今は、もう一度、いや何度でも聞きたい！

逝ってしまうには、あまりに早過ぎる！

そんな気持ちのまま、私は挨拶に立たねばならなくなった。会葬の御礼を言っているうちに、故人との別れの悲しみがこみあげてきた。しかし、涙だけでは故人に叱られる、私はそう思った。故人が手がけ、そして、望んでいたダイエーグループの発展こそが残された者の使命であり、それをやりとげることが、こうして故人を送ること以上に、故人と私との長い友情に報いるみちなのだ。

「そうですよ」、遺影が私にこう語りかけてくれたように思えた。故人がこの長く辛い日を解き放ち、これからも大好きな今の仕事に打ち込めと励ましてくれたようで、やっと立ち直れそうな気がしてきた。

この日を境に『カチューシャの唄』は、加古豊彦という人物を憶う歌になってしまった。同時に、悲しみをこらえ激励に応えねばならない、という私の使命感をわきたたせる大切な財産になっている。

最期の最期まで、貴重なものを私に残してくれた人生最高の友に、今、心から叫びたい。

「ありがとうございました！」

『熱血の人　加古豊彦』（一九八六）

Ⅲ　「思想家」の情熱

みずから問うて生きてこそ

第三の思想家・中内㓛の側面だが、徹底した自由主義者・デモクラットとしての中内には、筆者はことのほか強い印象を受けた。自由やデモクラシーの思想を説く人は少なくないが、その思想を拠りどころにして自身で事業に挑み、教育分野にまで進出し実践した人は多くはない。

ダイエーは、昭和末期頃から本書でいう「複数路線戦略」を突き進んだ。それがダイエーの衰退を加速化したという意見がある。そうかもしれない。だが、中内には、自社組織の抱える課題解決よりも、「日本の物価を半分に下げる」とか、「自由で反管理的な教育を実現する」とか、「消費者（中内の言葉では「生活者」）中心の社会をつくる」とか、そうしたわが国の社会課題の解決のほうが喫緊の課題に見えたのだろう。そして自身、事業家としてそれらの実現に貢献できる力を持つだけでなく、責任もあると考えたのだと思う。思想家・中内の面目躍如たるところだ。

ここでは、教育論を熱く語る中内の文献を附しておきたい。彼の自由とデモクラシーの思想の一端を読みとることができるだろう。

第１回中内ゼミで学生たちに熱く語りかける

第一は「『願』を説いた中学校長」である。本エッセイは、「私の選んだ道」ということで、『日本経済新聞』一九七九（昭和五四）年九月一七日に掲載された。自身が第三神戸中学校の学生であった当時の近藤英也校長の思い出を書いたものである。

近藤校長は学生たちに、なによりまず「願」を立てることが大事だと説いた。「神を動かし仏をも感じさせるような強い願い」が、彼のいう『願』である。「自分はいかなる人物となり、何を目的に生きていくべきか」の決意である。中内はこの頃、大学設立構想を発表しているのだが、校長のこの言葉は、中内が師と仰いだピーター・F・ドラッカーが大切にした心掛けとも重なる。ドラッカーは、著作『非営利組織の経営（邦題）』によると、世の人にどのような存在として〝憶えられたいか〟という自問を常々していたという。それは、人生の焦点・目的はいずれにありや、を尋ねるものである。それなしには、確かに自分の人生の設計などできないであろう。

いずれにしろ、中内にとって近藤校長の言葉は、大学設立の一つの原点になったと思われる。

第二は「流通科学大学への夢」(『季刊 消費と流通』一九八六年夏号、日本経済新聞社)である。大学設立の夢はもちろん、流通分野の屋台骨を背負う人物を育てることだ。それと同時に、〝流通〟という分野の価値が説かれる。それを背景に、経済学や商学の一部としての〝流通学〟ではなく、〝流通学〟の中に、経済学や経営学や自然科学、さらには情報科学などを含むようなそれまでになかった学問体系を構想し提起する。こうした新しい流通概念を説く中内から、あらためてみずから設立した〝流通科学大学〟の名への思いの強さがわかるだろう。

第三は「『個性』をはぐくむ教育を」(『経済人』一九九〇年九月号、関西経済連合会)である。中内は教育分野に関心が目覚めてのち、一貫して教育における個性主義と反管理主義を訴える。一九八四(昭和五九)年にスタートした中曽根首相が主導した「臨教審」においても、この考えを主張し国の教育方針の基軸となることを願った。だが力及ばず、それはならなかったが、流通科学大学はそれを理念として設立した。個々人の個性の伸長こそが学びの目的であること、そして「自分は何になりたいのか」、「自分はどう生きたいのか」をみずから問うところから学びが始まることを説く。新しい教育概念を説く中において、中内のデモクラシーの思想や自由への思いの深さを知ることができる。

文献〈一〉

『願』を説いた中学校長◉中内㓛

若いときの私に影響を与えたもの。それは戦争体験と、中学時代に受けた教育であったと思う。

私は大正十一年に生まれた。ものごころがついたときは昭和の大恐慌である。とにかくたいへん暗い印象のなかで、私の人生は始まった。

私たちの家族は、神戸市の川崎造船所(当時)の前に住んでいた。下町の行きづまりである。その町で、父は小さな薬屋を開いていた。一階は全部が店で、二階は四畳半と六畳。ここで男ばかり四人の兄弟が育った。

とにかく暗い世の中で、富山で始まった米騒動が神戸まで波及してきたし、賀川豊彦のキリスト教集会があったり、鈴木文治の友愛会が活動したり、印象的なことが多かった。

こんなご時世のなかで、小さな薬屋に客の絶える日はなかった。毎日の売り上げが五円とか十円とかある。毎日物が売れるということが、私には不思議で仕方がなかった。店を開きさえすれば必ず売り上げがある。それが子供の私を不思議がらせた。店の手伝いをしながら、五銭、十銭のお客さまを大切にして、そういうお客さまから一銭とか二銭の口銭をいただくのだ、ということを私は覚えた。

あまり勉強のできる小学生ではなかったので、一中はむずかしいという予想だ。二中もすれすれというところだろう。三中ならなんとか行けるんじゃないか。そんなわけで兵庫県立第三中学校、現在の長田高校に入った。そして、さいわいにも、この三中は私に対して非常に大きな影響を与えるのである。

当時、一中と二中に入る男には、官僚とか医者を志す者が多かった。それに立憲政体などということをやっている。三中ではそんなことは禁止していたし、実に自由の気風があった。

私が三中で出会うことができたのは、近藤英也という校長である。ちょうど三中が火災にあい、三十の教室が焼けた一年後の入学である。昭和九年の春だったか。仮校舎での入学式で私はその人を見た。そして、その人の話を聞いた。校長は、生徒の一人一人に「しょし」と呼びかけた。「諸子」である。

「三中に入ろうとする諸子は、まず入門第一の鍵（かぎ）を握らねばならない。この鍵を握ることができなければ、せっかく入学してもムダとなるほかない」

こんな調子でしゃべる。感動がある。心がふるい立つ。

「入門第一の鍵を握るというのは『願』を立てることである。『願』とは、中学教育を受けて一人前の立派な中堅国民になりたいと熱望することである」

中堅国民とは、当時としてはユニークな発想であろう。大将になれ大臣になれ、としりをたたいた時代である。中堅国民が日本を支えるという考えは、まさに近藤英也校長の教育の原点であったのかもしれない。

「軽い意味の志や、ただの希望というようなことは『願』とはいえない。神を動かし仏をも感じさせるような強い強い願いが『願』なのだ。『願』は、強く考えて自分で悟るべき一大事であり、他人にもらい受けたり、また他人に教えさずけられたりするものではない。父兄や教師の意見を聞き、指導を受けることは、もちろん必要だが、結局は一代の間に、自分はいかなる人物となり何を目的に生きていくべきかということについて、深く自ら考えた結果でなければならない」

自由でありながら、きびしい。きびしくあって、しかも自由である。

「このような『願』がなければ『行』をする必要はない。学校に入ることも無用である。的なき矢は放つ必要がない。人間は二度生まれるものである。一度は身体をもって生まれ、一度は『願』をもって生まれる。初めの生まれは動物的な生まれだが、後の生まれは人間的な生まれである。『願』なきものは人間としての意義をもたぬ酔生夢死の徒である」

かなり、きびしい。そして真実である。

「この『願』は、三中の教育の門を開く鍵であるが、また一代の運命を開拓する鍵ともなる。ゆえに、これを入門第一の鍵というのである」

近藤校長の話を、私は興奮のなかで聞いていた。目の前に気宇壮大な世界が広がっていった。なお、校長のいう『行』とは『修行』のことで、『願』あれば必ず『行』がなければならぬと、校長は教えた。

なんでも県立長田高校では、近藤英也初代校長のこのような教育理念を、一冊の本にして、いまも入学式の当日、新入生に配付しているのだという。いいことだと思う。

三中教育の影響で、海外に行きたいと考えていた私は、商社へ入るために神戸高商に進んだ。しかし、戦争が激しくなって大学どころではなくなり、あげくのはてに、まったく不本意な形で、海外に連れて行かれることになった。兵隊である。

関東軍野戦重砲隊。満州の国境守備からフィリピンへと転じる。そのなかで戦争の悲惨さをいやになるほど経験した。

とにかく、自決したいという誘惑を断ち切ることに苦労する毎日であった。死ぬことがいちばん楽であり、生きていく苦痛は何にもたとえようがなかったのである。だから、死なないという意思を貫き通すのは、たいへんなことであった。

そんな体験のなかで私が得た一つの考えは、この世界は、人間と人間がどのように信頼し合うかということしかないということである。信頼のほかに道はない。

それはちょうど、私が中学時代に受けた教育の理念に通じるように思えて仕方がないのである。『信頼』は『願』に通じるのではあるまいか。

『日本経済新聞』一九七九年九月一七日

文献〈二〉

流通科学大学への夢◉中内㓛

「商売人が学校など作ってどうするのだ」とよく人に聞かれる。たしかに商売人としての本分をわきまえ、儲けることに徹すればよいのかもしれない。これはこれで立派だと思う。しかし、私は、それとは違った道を歩みたい。

私の生まれ育った神戸の先輩達は、美田でなく学問を後世に残した。神戸には昔から、このような気風がある。私もこれに習い、百年の計として、流通という分野の屋台骨を支える人間を育てたい。これこそ流通という仕事に一生を捧げ、その発展を願う私の夢である。

では、なぜ、「流通」にこだわるのか。それは、二十一世紀に向けて「世界の中の日本」の在り方を探る時、流通が非常に重要な意味を持つようになる、と考えるからだ。もはや、日本の利益だけを考える、という小国の論理は通用しない。生産拠点を世界に拡大し、先進工業国の一員として発展途上国と共に「住み分ける」ことのできる産業構造に転換していくことが必要となってきた。こうした中で、生産と消費の接点として流通の役割が、重要度を増すことは間違いない。それは、国内における生産と消費の接点というだけではない。世界の中での生産と消費の接点という意味も含めてのことだ。これは過去に例のない、画期的なことである。

かつて高度成長期に、流通革命論が盛んに議論されたことがある。それは、単なるパイプとしての流通の在り方を説いたものであった。この時代、生活全般にわたって人々は飢えており、それを満たすことが大きな目的であった。すべてにおいて「作る側の論理」が優先し、メーカーが作ったものを、消費者に向けて流すことだけが、流通に求められた。流通に主体性などなかった。

しかし、時代は変わった。人々の「飢え」は満たされ、「ニーズ」が多様化してきた。個性化時代の幕開けであり「使う側の論理」が台頭し始めた。このような時代には、日々刻々と変化し続ける「ニーズ」をどう捕えるかが大きな問題である。二十一世紀へ向けて、この傾向はますます強くなっていく。

こうした状況で、流通に求められるのは、これまでのような単なるパイプ役ではない。それは、多様化し個性化し続ける生活者としてのニーズを受信し、その情報を生産者に伝え、その情報を商品化して、生活者の必要な時に、必要な量を、買いたい値段で届けることのできる双方向のコーディネーターとしての役割である。流通のポジショニングが、これまでとは全く違ってくるべきである。

流通に求められるものがこれほど大きく変化しているのに、流通を真正面から「科学」しようとする大学がないのはどうしたことか。既存の大学では、流通を経営学や商学の一部として見ているにすぎない。これから必要なのは、このように断片的な知識としての流通ではない。たんに経済学、経営学、商学にとどまらず自然科学、社会科学、人文科学はもとより情報制御、システム工学などにかかわるインターディシプリナリーな学問としての「流通」である。私が、流通科学大学を設立しようとする理由も、まさに、この点にある。

このためには、この大学をできるだけ「開かれた大学」にするべきだと考えている。大学の開放については、これまでの臨時教育審議会でも再三議論を行ったが、現在の高等教育の大きな課題である。既存の大学は、内部の学部間はもちろんのこと、外部に対しても非常に閉鎖的であったことは否定できない。例えば、他の大学との単位の互換制はほとんどないし、留学生の受け入れにも積極的ではない、さらに産学協同もなかなかうまくいかないのが現状である。「変化の少ない時代」ならこれでもよい。

しかし、時代は激しく変化する。これからは「際のない時代」がやってくる。国と国、産業と産業、男と女の際さえなくなり、それぞれがダイナミックに、相互に刺激し合う新しい時代である。例えば、モノやカネに、もはや国境はない。ヒトにも国境がない時代が近づいてきた。そして、この来たるべき時代にこそ「開かれた大学」が必要とされる。

私は、日本の中から世界を見ることを脱却して、世界の中の日本という視点から、この大学を「国際的に開かれた大学」にしたい。東京が欧米に向けた顔だとすれば、京阪神はアジア、アフリカに顔を向けるべきである。なかでも、神戸は最も開放的な国際都市であり、アジアの情報センターになる可能性が強い。流通科学大学はその核として、アジアに開かれた大学を目指す。留学生はもちろんのこと、外国人の教授も積極的に受け入れる。当然、英語を含めた語学も重視する。カリキュラムについても国際資源論、国際商品市場論、国際物流論など国際化をにらんだ学科を充実するつもりだ。真の国際人は、このような異質な人との交流、異質な文化との出会いを通じて初めて育成されると思う。

次に、産学協同という観点から、この大学を「産業界に開かれた大学」にしたい。これからの大学では産業との共同研究が不可欠である。象牙の塔にだけ籠っていては、この変化の激しい世の中に適応できない。有能な人がいれば民間人を教授に登用するし、講師として企業経営者などその道で専門知識をもった人も招くつもりだ。また、夜間講座や集中講座を設けて民間人にも大学を開放し、一方で、学生が企業に実習に出かけるようにもする。このような産業界との交流を通じて、この大学も、社会に役立つ教育や研究のできる実学の場となり得ると考えている。

私は、「開かれた大学」である流通科学大学で学んだ人々が、世界中で、それぞれの国の生活や文化の発展のために活躍することを期待している。二十一世紀へ向けて世界の中の日本を考える時、日本だけを良くするという視点は、もう通用しない。日本から見てこうなるべきだと考えるのではなく、世界から日本を見る、という視点がどうしても必要だ。流通科学大学における教育、研究を通じて、真の流通革命を完遂できる人材を育成すること、それが、この大学にかける私の夢である。

『季刊 消費と流通』一九八六年夏号

文献〈三〉

「個性」をはぐくむ教育を◉中内㓛

「この大学の歴史をつくるのは君達自身である」

一昨年、神戸市の西の一隅に流通科学大学を開学したが、新入生を迎えるたびに、こう強調している。

たとえば、流通科学大学には、校章も、校旗も、校歌もない。といっても、必要がないと言っているわけではない。事実、教職員の間で、大学のオフィシャルなマークがないと困る、という声が根強い。

しかし、「これが流通科学大学の校章であり、校旗であり、校歌である」と大学側が一方的に決めつけ、学生達に押しつける管理主義的な運営だけは絶対にしたくない。

校章も、校旗も、校歌も、長い歴史の中で、学生達によって、大学の理念にあったものが作られていくべきである。そのプロセスを大切にしたい。

先日、体育の授業で着るTシャツになにかマークを入れようという話が持ち上がった。その際、大学側がこのデザインにすると決めるのではなく、いくつかのデザインの中から学生達に投票で選んでもらったらどうかという提案をした。ただし、投票は記名式にして、自分の主張に責任を持たせるべきだという注文をつけてである。

校章、校旗、校歌は一例にすぎない。あらゆることに関して、学生自身が主体性を持って選び、その結果については、学生自身が責任を持つ。そういう仕組みで運営される大学を、これからも目指していきたい。

これは、当大学だけの問題ではない。管理主義から脱却し、「自主自律の精神」をはぐくむことこそ、これからの日本の教育にとって最も必要なことだと思う。


「…今次改革の方向が『画一主義から個性主義への、大胆かつ細心な移行、改革』にあることは明らかである。この個性主義とは、個人の尊厳、個性の尊重、自由、自律、自己責任の原則の確立であることを確認した…」

これは、昭和六十年二月十一日、臨時教育審議会・第一部会が、合宿で自由化論を徹底的に議論した後に発表したメモの一部である。

その後、「個性主義」が、「個性の尊重」になり、結局、「個性の重視」という狭義の言葉になってしまった。そして、臨教審がその任を終え、三年が過ぎたいまでは、「個性の重視」すら跡形もなく消えさり、管理主義がさまざまな形で新聞紙上をにぎわしている。

（中略）

私は教育改革の原則を「個性主義」に決めたことは、いまでも正しかったと信じている。他人に迷惑をかけないという基本的ルールを守れば、人間は本来自由である。

大学はもちろんのこと、小学校・中学校・高校でも、基本的には同じである。教育そのもののあり方を、上から押しつけで決められた枠に合うような人間をつくる画一的教育から、一人ひとりの学生の個性を大切にする教育へと変革しなければならない。

時代の流れを大きくとらえると、二十世紀は工業化の時代だったといえよう。この時代には、効率化が最重要課題であった。人間の個性は否定され、人間は顔を失った。〝非人間化〟の時代だった。

二十一世紀は、人間が失った自分自身の顔を取り戻す時である。キーワードは「人間化（ヒューマナイゼーション）」である。あらゆることを人間に対する効果を中心に考えていく時代にしていかなければならない。

そのためには、「作る側の論理」「売る側の論理」から「使う側の論理」「買う側の論理」へ、そして、「教える側の論理」から「学ぶ側の論理」へと発想を大胆に転換することが必要である。

流通の分野でいえば、メーカーの作ったものを押しつけられる客体としての「消費者」という言葉はもう古い。自らの意志で、自らのライフスタイルを作りあげる「生活者」という言葉を使うべきである。

「教育」という言葉も、否定すべき言葉である。相手の意志に関係なく、上から押しつけるというニュアンスが強いからである。これからは、学ぶ側が、自らの意図と意志で、主体的に学ぶ「学習」という言葉が、主流になるべきである。

学習することに、年齢的な制限はない。人生八十年時代には、大学をでるまでの一時期だけに学ぶのではなく、生きている限り学び続ける「生涯学習」という考え方が当たり前になってくる。学ぶことが生きること、という時代がやってくるのである。

学ぶことの根本にあるのは、各人の知的好奇心である。学習意欲といってもいい。その意欲こそ「自分はなにができるのか」「自分はどう生きたいのか」という自分の存在意義をかけて、生涯を通じ学び続けるための基盤となるものである。

その意味では、二十一世紀への準備の時代であるこの一九九〇年代に、学ぶ意欲をそぐためにあるとしか思えない現在の学校教育の抜本的改革を、本気で考えなければならない。

いま、世界は、歴史の大きなうねりの中にある。新しい時代の新しい枠組みづくりを、世界各国が模索しているのである。その中で、世界第二位の経済大国として、日本の果たすべき役割は今後ますます大きくなるだろう。

これから必要なのは、日本のことしか考えられない視野の狭い人間ではなく、グローバルな発想を持ち「世界の中の日本人」として活躍できる人間である。

自分の個性をはっきりと主張できる人間、相手の立場にたってものを考えることのできる人間、変化への柔軟性をもった人間、創造性にあふれた人間…、そういう人間を輩出できる学校教育が、いま求められている。

日本では、教育は聖域だ、という教育租界的な風潮が根強い。その意識を打破し、社会と共に歩む教育のあり方を考えることこそ、教育改革の第一歩である。

『経済人』一九九〇年九月号

謝辞

本書の執筆にあたっては、多くの方々にご支援を頂いた。お忙しい中、何人もの方々にインタビューに応じて頂いた。そこから、本書の成り立ちにかかわる多くの貴重な事実を知り洞察を得ることができた。なかには、インタビュー時のお言葉を直接本文に引用させて頂いた方もおられる。感謝の気持ちを込めて、その方々のお名前を列挙させて頂くことにする。

セブン&アイ・ホールディングス名誉会長の伊藤雅俊氏、イオン名誉会長相談役・岡田卓也氏、ライフコーポレーション代表取締役会長兼CEO・清水信次氏、アークス代表取締役社長／新日本スーパーマーケット協会会長・横山清氏、ヤオコー代表取締役会長・川野幸夫氏、オール日本スーパーマーケット協会名誉会長（前会長）・荒井伸也氏、カスミ取締役会長・小濵裕正氏、かつて中内㓛の秘書室長を務められた現ファンケル取締役 副会長執行役員の宮島和美氏。

さらには、中内と千林開店時から共に苦労された末角要次郎氏、元ダイエー副社長で中内学園専務理事を務められた川一男氏、元ダイエー常務取締役で流通科学大学事務局長を務められた岩谷堯氏、中内の右腕となり調査・編集の仕事に携わられた元岡俊一氏と大溝靖夫氏、故河島博・ダイエー副社長の秘書を務められた中間徳子氏。研究者では、流通研究の第一人者である石原武政・大阪市立大学名誉教授、実業家中内㓛を長く深く知り現代流通史の碩学である矢作敏行・法政大学名誉教授、中内の最後のインタビュアーとして革命家像を浮き彫りにされた松島茂・東京理科大学教授、そして現代流通の論客である結城義晴・商人舎代表。

また、流通科学大学関係者では、理事長・学長の中内潤氏をはじめ、同副学長の福井誠氏と藤井啓吾氏、前流通科学大学研究科科長で現関西大学教授の崔相鐵氏、そして流通科学大学同窓会組織初代・二代目の会長を務められた岩崎健二氏と永田知靖氏にもお話を伺ったり草稿に目を通して頂いたりした。加えて、流通科学大学事務局長の大野康人、同総務人事室次長の津田雅世、そして平江文乃の各氏には、関連資料の収集や整理にお世話頂いた。

以上すべての方々に、この場を借りて、心よりお礼を申し上げる次第である。

多くの方からこうした暖かいご支援を頂けたというのも、元はと言えば、中内㓛が実業や教育の世界で築いてこられたネットワークがあったからこそ。その意味で、本書はまさに〝中内㓛ネットワーク〟の賜物とも言えるものだ。

最後に、中内㓛研究を通じて、現代史さらには社会理論上の知ることのなかった知見を得ることができたことを感謝したい。このような素晴らしい機会を与えて頂いたPHP研究所ならびに編集に校正に助言にと支援して頂いた同社の藤木英雄氏には、改めて厚くお礼を申し上げたい。

二〇一七年二月、初春の陽ざしが届く信州の朝に、著者記す

「企業家・中内㓛」略年譜

西暦	和暦	齢	関係事項	社会状況
一九二二	大正一一		8月2日、大阪府西成郡で父・秀雄、母・リエの長男として生まれる	2・6ワシントン海軍軍縮条約
一九二六	昭和 元	4	この年、神戸市兵庫区に移住、東出町で父がサカエ薬局を開業する	12・25大正天皇崩御、昭和と改元
一九二八	三	6	4月、神戸市立入江尋常小学校に入学する	4・10日本商工会議所設立
一九三四	九	12	4月、兵庫県立第三神戸中学校（現長田高校）に進学する	7・8岡田啓介内閣発足
一九四一	一六	19	12月、神戸高等商業学校（現兵庫県立大）を繰り上げ卒業	12・8太平洋戦争始まる
一九四二	一七	20	3月、神戸商業大学（現神戸大学）の受験に失敗、その後、日本綿花（現ニチメン）に入社する	6・5ミッドウェー海戦
一九四三	一八	21	1月、入営後、ソ満国境守備隊となり、翌年夏にはフィリピンへと赴き、過酷な戦場を生き抜く	2・1日本軍ガダルカナル島から撤退
一九四五	二〇	23	11月、鹿児島県の加治木港に復員、その後、神戸の実家で家業を手伝う	8・15昭和天皇の玉音放送
一九四七	二二	25	この年、神戸経済大学（現神戸大学）の第二課程（夜間）に入学（一九五〇年に中退）	5・3日本国憲法施行

一九五一	二六	29	8月、父がサカエ薬品を大阪市東区平野町に設立、やがて㓛とともに次男・博、末弟・力も、家業を手伝うようになる	9・8サンフランシスコ条約
一九五二	二七	30	11月、萬亀子と結婚する	8・13日本がＩＭＦに加盟
一九五七	三二	35	4月、大栄薬品工業㈱を神戸市長田区片山町に設立する 9月、ダイエー薬局の第一号店を大阪市旭区の千林駅前に開店	この年、なべ底不況始まる
一九五八	三三	36	12月、神戸三宮に二号店「主婦の店ダイエー」を開店	4・5長嶋茂雄4三振デビュー
一九六一	三六	39	4月、三宮の店舗（売場面積）拡張	1・20米大統領にケネディ就任
一九六二	三七	40	5月、初訪米、全米スーパーマーケット大会に出席する	10・5ビートルズレコードデビュー
一九六三	三八	41	3月、九州の福岡（天神）に進出、以降、「瀬戸内海ネックレス構想」を掲げ、中四国地方にも進出	11・23日米間のテレビ宇宙中継実験
一九六四	三九	42	この年、花王石鹸と松下電器との抗争が始まる	10・10東京オリンピック
一九六七	四二	45	8月、日本チェーンストア協会設立、会長に就任する（一九七六年まで）	3・6日本航空、世界一周路線の運航開始
一九六九	四四	47	年初に末弟の力（当時ダイエー専務）が退社 この年、「流通元年」を宣言、さらに『わが安売り哲学』を刊行（同年、みずから絶版にする）	1・18〜19東大安田講堂事件
一九七〇	四五	48	この年、父・秀雄（ダイエー会長）死去	3・14大阪で万国博覧会開催
一九七一	四六	49	3月、大証二部上場	8・15ニクソンショック

			10月、初訪中	
一九七二	四七	50	1月、大証一部上場を果たす（3月には東証一部上場）、小売業の売上高日本一へ	2・19連合赤軍あさま山荘事件
一九七三	四八	51	3月、ダイエーは「物価値上がり阻止運動」を宣言 この年、百貨店法撤廃を要請する声明も発表する 前年から継続し、「第二次物価値上がり阻止運動」を継続	10～第一次オイルショック
一九七五	五〇	53	4月、東京目黒区に碑文谷店を出店、生活情報産業への転換を期す 12月、花王石鹸との紛争に終止符、花王とのストア・ブランド商品を発売する	11・15第一回先進国首脳会議開催
一九七八	五三	56	この年、ダイエーはNB（ナショナルブランド）商品に対抗する「ノーブランド」を開発	5・20成田空港が開港
一九八〇	五五	58	この年、ダイエーはPB商品「セービング」を開発	この年、日本の車生産台数世界一
一九八二	五七	60	5月、ダイエー代表取締役会長兼社長に就任	11・27中曽根康弘内閣成立
一九八四	五九	62	9月、臨時教育審議会委員に就任し、「個性主義」といった教育理念を唱道する	1・9日経平均株価が初めて一万円台
一九八八	六三	66	1月、学校法人中内学園の学園長兼理事長に就任 11月、福岡ダイエーホークス誕生、この八〇年代後半に生活提案型産業の具現に向け、流通業以外にも積極的に進出、複数路線戦略をとる	6～リクルート事件
一九九〇	平成 二	68	12月、経団連副会長に就任	この年、湾岸危機が始まる

一九九一	三	69	この年、「中国からソ連にかけての内陸地域を縦断する」調査プロジェクト（流通科学大学中国東北部・ソ連極東部調査走破隊）を企画し実施	4・1牛肉・オレンジ自由化 この年、バブル崩壊、平成不況突入
一九九二	四	70	この年、リクルート買収	6・15国際平和協力法成立
一九九三	五	71	11月、勲一等瑞宝章受章	8・9細川護熙内閣成立
一九九五	七	73	1月、阪神・淡路大震災（五時四六分発生）後、約一時間後には災害対策本部をダイエーに設置、救援活動を素早く開始	1・17阪神・淡路大震災
一九九七	九	75	9月、流通科学大学創立一〇周年記念として中内記念館（現中内㓛記念館）を開館する	11・24山一證券が自主廃業
一九九九	一一	77	1月、ダイエーの社長を退任、会長となる	3・27日産とルノーが資本提携
二〇〇〇	一二	78	10月、会長を辞任、ダイエー取締役最高顧問に就任	4・1地方分権一括法施行
二〇〇一	一三	79	1月、ダイエー取締役を辞任、名誉職のファウンダーとなる 9月、流通科学大学で「中内ゼミ」を開講する	4・26小泉純一郎内閣発足 9・11同時多発テロ
二〇〇四	一六	82	7月、普通自動車免許を取得する	4～国立大学が独立行政法人化
二〇〇五	一七	83	9月19日午前九時半、永眠	4・1個人情報保護法全面施行

※年齢については、その年の誕生日を迎えた時の満年齢を記した。

〈著者略歴〉

石井淳蔵（いしい・じゅんぞう）

1947年大阪府生まれ。神戸大学経営学部卒業。同大学経営学研究科修士課程を修了後、同研究科博士課程に学ぶ。86年に同志社大学商学部教授。89年から神戸大学経営学部教授、同大学大学院経営学研究科教授、2008年に退官、同大学名誉教授。同年、流通科学大学学長となる（任期８年間）。現在は同大学特別教授、学校法人中内学園流通科学研究所所長。商学博士（神戸大学）。日本マーケティング学会会長として、日本のマーケティング研究を牽引してきた一人であり、著書に『ブランド――価値の創造』『マーケティングの神話』（以上、岩波書店）、『商人家族と市場社会――もうひとつの消費社会論』（有斐閣）、『マーケティングを学ぶ』（筑摩書房）、『寄り添う力』（碩学舎）など多数がある。

PHP経営叢書
日本の企業家６
中内　功
理想に燃えた流通革命の先導者

2017年５月８日　第１版第１刷発行

著　者　石井淳蔵
発行者　清水卓智
発行所　株式会社ＰＨＰ研究所
京都本部　〒601-8411　京都市南区西九条北ノ内町11
70周年記念出版プロジェクト推進室　☎075-681-4428（編集）
東京本部　〒135-8137　江東区豊洲5-6-52
普及一部　☎03-3520-9630（販売）
PHP INTERFACE　http://www.php.co.jp/
組　版　朝日メディアインターナショナル株式会社
印刷所
製本所　図書印刷株式会社

ISBN978-4-569-83426-9

PHP経営叢書「日本の企業家」シリーズの刊行に際して

わが国では明治期に渋沢栄一のような優れた企業家が幾人も登場し、中世、近世に営々と築かれた日本の商売道は近代へと導かれることになりました。以後の道程において、昭和期に戦争という苦難に遭いますが、すぐさま復興に立ち上がる中で、多くの企業家が躍動し、人々を束ね、牽引し、豊かな生活の実現に大いに貢献しました。一九四六（昭和二一）年一一月に弊社を創設した松下幸之助もその一人でした。事業経営に精励する一方で、「人間は万物の王者である」という言の葉に象徴されるみずからの人間観を、弊社の様々な活動を通じて世に訴えかけ、繁栄・平和・幸福の実現を強く願いました。

こうした時代を創った多くの企業家たちの功績に、素直に尊敬の念を抱き、その歩みの中の真実と向き合うところから得られる叡智は、お互いの衆知を高め、個々の人生・経営により豊かな実りをもたらしてくれるにちがいない。そうした信念のもと、弊社では創設七〇周年記念事業としてPHP経営叢書を創刊し、まずは日本の近代、現代に活躍した理念重視型の日本人企業家を一人一巻でとり上げる図書シリーズを刊行することにいたしました。空翔ける天馬の姿に、松下幸之助はみずからの飛躍を重ね合わせましたが、その天馬二頭が相対立しつつも調和する姿をデザインしたロゴマークは、個を尊重しつつも真の調和が目指される姿をイメージしています。「歴史に学び　戦略を知り　人間を洞察する」――確かな史実と学術的研究の成果をもとに論述されたこのシリーズ各巻が、読者諸氏に末永く愛読されるようであればこれに勝る喜びはありません。

二〇一六年一一月

株式会社PHP研究所